Ustensiles de cuisine

Ustensiles de cuisine

Christine McFadden

Préface d'Anne Willan

Photographies de Mark Williams et David Munns

Ce livre est dédié à feu Alan Fletcher, le designer dont l'œuvre sert toujours de source d'inspiration.

Édition originale publiée en 2000 par Jacqui Small LLP
Une marque d'Aurum Press Ltd
7 Greenland Street
London NW1 0ND

Édition révisée et remise à jour en 2007

Éditeur	Jacqui Small
Conseiller d'édition	Nicola Graimes
Contributeur	Roz Denny
Directrice de la publication	Judith Hannam
Designer	Janet James
Styliste pour les aliments	Alice Hart
Styliste pour les accessoires	Victoria Allen
Production	Peter Colley

Toutes les photographies ont été prises par Mark Williams et David Munns, sauf pour les pages suivantes : 67, Gus Filgate, de *Burgers* par Paul Gayler ; 71, Peter Cassidy, de *Steak* par Paul Gayler ; 94-95, Janine Hosegood, de *Spectacular Cakes* par Mich Turner ; 117 et 248, Peter Cassidy, de *For Chocolate Lovers* par les Tanner Brothers ; 258, Janine Hosegood, de *Fantastic Party Cakes* par Mich Turner ; 290, Richard Jung, de *World Breads* par Paul Gayler.

Traduction d'Ariel Marinie

Mise en page pour la version française : Alinéa

Connectez-vous sur :
www.editionsminerva.fr

ISBN : 978-2-8307-1055-7

Achevé d'imprimer en Chine en juillet 2008
Dépôt légal septembre 2008

NOTE POUR LES RECETTES

Dans la mesure du possible, efforcez-vous d'utiliser des casseroles et des poêles de la taille indiquée, faute de quoi vous devrez adapter les temps de cuisson et les quantités de liquide. Dans les listes d'ustensiles qui précèdent les recettes, les mots « petit », « moyen » et « grand » correspondent aux tailles suivantes :

Poêles	Casseroles
petite : 18-20 cm	petite : 1,3-1,8 litre
moyenne : 24 à 28 cm	moyenne : 2-3 litres
grande : 32 à 38 cm	grande : 4-5 litres

Mesures indiquées en cuillerées

Ces mesures utilisent des cuillères à mesurer et non pas des cuillères de table. Toutes les cuillerées sont rases.

Herbes et épices

Toutes les herbes et épices sont fraîches, sauf indication contraire.

Huiles

Lorsqu'une recette utilise une huile végétale, préférez une huile légère au goût neutre comme l'huile de tournesol, de pépin de raisin, de carthame ou d'arachide. Les huiles mélangées et l'huile de maïs ne sont pas recommandées. Pour l'huile d'olive, prenez une huile d'olive ordinaire – un mélange d'huile raffinée et d'huile extra-vierge. N'utilisez d'huile extra-vierge que lorsque c'est précisé.

Autres ingrédients

Les légumes et les fruits sont de taille moyenne, sauf indication contraire. Les œufs sont de gros calibre.

Sommaire

Préface

Un bon ustensile est un véritable trésor. Il est équilibré et facile à tenir en main, prêt à passer à l'action. Avec l'ustensile adéquat, il ne faut que quelques instants pour monter des œufs en neige ou dénoyauter des olives. Le zeste des oranges se laisse découper facilement, dégageant un délicat parfum. Comment réaliser une génoise sans moule à gâteau ou une sauce sans passoire conique ? Grâce à la traditionnelle poêle en fonte noire aux parois orientées précisément à l'angle souhaité, l'omelette cuit sans coller et glisse sans effort sur l'assiette. Mon ustensile favori est le couteau mandoline, qui découpe les pommes de terre et autres racines en tranches, en bandes, en dés et en losanges en un clin d'œil, pourvu que vous sachiez exécuter la bonne manœuvre.

Ne vous y méprenez pas : il ne s'agit pas de gadgets. Comme tout cordon-bleu qui se respecte, je déteste ces couteaux à trois sous et autres bricoles de plastique dont on fait la promotion dans les supermarchés. Ils ne font qu'encombrer les tiroirs de cuisine et se cassent dès la première utilisation. Non, je parle ici de ces robustes ustensiles qui simplifient la vie du cuisinier et sont construits pour durer – les lourdes casseroles de cuivre, les solides rouleaux à pâtisserie. Ainsi, ma balance a plus de cent ans et a sans doute appartenu autrefois à un épicier, car les plateaux de laiton portent la marque du contrôle annuel qui garantissait leur exactitude. Ils permettent de peser 5 kg de marchandises à 5 grammes près – quelle merveille électronique peut en faire autant ?

Les trésors ne sont pas toujours bon marché, encore que l'un de mes instruments préférés soit une simple brochette de métal qui me sert de thermomètre à viande. Mais ce qui coûte cher, surtout, ce sont les couteaux, outils de base dans une cuisine. Un bon couteau reconnaît son propriétaire : le manche est poli, usé, pour s'adapter à la main de son utilisateur. La lame, aiguisée avec amour, accomplit les tâches presque instinctivement sous la direction du maître. Les deux travaillent en harmonie pour accomplir des miracles de précision et de rapidité.

Tous ces ustensiles et bien d'autres encore sont présentés dans ces pages. Ce livre montre qu'un bon outil est l'un des grands plaisirs de la vie, tant dans la cuisine qu'ailleurs.

Introduction

Le choix de ces ustensiles ne cesse de s'élargir, ce qui peut sembler paradoxal, compte tenu du fait que, dans l'ensemble, les gens ont de moins en moins de temps à consacrer à la cuisine.

Le changement le plus remarquable est l'augmentation du nombre de sites Internet offrant tout ce dont cuisiniers amateurs et professionnels peuvent avoir besoin – ce qui témoigne d'une aisance de plus en plus grande avec les achats sur la Toile. Outre ces sites, il existe des magasins spécialisés qui fournissent les professionnels, tandis que de plus en plus de boutiques sont destinées aux amateurs. Malheureusement, on a assisté à la disparition de nombreuses quincailleries à l'ancienne, où l'on trouvait un choix étonnant d'ustensiles de bonne qualité.

Outre la quantité, la qualité n'a cessé d'augmenter. On trouve désormais des couteaux, des casseroles et des poêles fabriqués avec des matériaux de pointe et des formes ergonomiques d'une grande élégance. Toutefois, les changements de design ne sont parfois guère plus que du stylisme de surface – les ustensiles de base ont été redessinés, les formes traditionnelles arrondies et lissées, tandis que les gammes de couleurs utilisées sont passées du pastel à des teintes primaires plus vives.

Indépendamment de l'importance accordée au design, je crois que la fonction l'emporte invariablement sur le style – si la forme est déterminée par l'emploi, l'ustensile est plus crédible que s'il se plie aux dictats à court terme de la mode. Pour ce livre, les critères retenus ont donc été l'efficacité et le confort d'utilisation, la solidité et le rapport qualité-prix, et enfin, l'aspect esthétique. J'ai néanmoins inclu quelques modèles de « designers » pour leur apparence attractive. Pour la même raison, on trouvera aussi dans ces pages quelques « vilains petits canards ».

Avec un choix plus large que jamais, les consommateurs ont besoin d'être mieux informés. Quel type de couteau utiliser pour accomplir telle ou telle tâche ? La lame doit-elle être droite ou incurvée ? rigide ou souple ? longue ou courte ? Pourquoi certaines poêles sont-elles équipées d'un couvercle ? Les ustensiles en acier inoxydable sont-ils préférables aux ustensiles en fonte ?

Cet ouvrage répond à bien d'autres questions encore. Il contient des renseignements précieux pour vous aider à choisir de nouveaux ustensiles, depuis l'humble éplucheur jusqu'aux robots ménagers les plus élaborés. Vous trouverez des explications sur le fonctionnement des ustensiles, lorsqu'il n'est pas évident ainsi qu'un guide des « pour » et des « contres » quant aux différents matériaux existants et des précisions sur leur entretien.

Ce que vous avez dans votre cuisine est une affaire de choix personnel. Si vous êtes novice en cuisine, équipez-vous progressivement, en vous laissant un peu de champ pour évoluer à mesure que votre style se précise. Personnellement, j'ai tendance à utiliser les mêmes bons vieux ustensiles année après année, mais lorsque mon style culinaire change, parfois à la suite d'un voyage, d'une lecture ou de la découverte d'un nouvel ingrédient, je m'octroie le droit d'acheter un nouvel ustensile ou un nouvel appareil. Et avec quel plaisir !

Que vous soyez un cuisinier débutant ou vétéran, j'espère que cet ouvrage vous aidera et vous inspirera. Et surtout, qu'il puisse vous ouvrir la voie vers de nouvelles et passionnantes expériences culinaires !

Christine McFadden

Choix des matériaux

Cette liste énumère en quelques mots les « pour » et les « contre » des principaux matériaux à partir desquels sont fabriqués les équipements de cuisine et donne quelques conseils d'entretien.

ALUMINIUM

Utilisations Casseroles, poêles, moules à gâteau, plats à rôtir, bouilloires, feuilles d'aluminium.
Pour Bon marché, léger, conduit bien la chaleur et de façon égale tant qu'il demeure suffisamment lourd.
Contre Réagit aux substances contenues dans les aliments et peut, par conséquent, les décolorer ou leur donner un goût métallique. Le métal lui-même peut se décolorer ou se piquer. Les ustensiles en aluminium peu épais tendent à gondoler et chauffent de façon irrégulière.
Entretien Laver à l'eau chaude savonneuse, en utilisant un tampon à récurer si nécessaire. Pour ôter les taches, faire bouillir dans une solution à base de vinaigre ou de crème de tartre.

ALUMINIUM ANODISÉ

Utilisations Identiques à celles de l'aluminium.
Pour L'anodisation est un procédé électrochimique qui donne à l'aluminium un revêtement d'oxyde dense et dur, destiné à lui permettre de résister à la corrosion et change sa structure moléculaire. L'aluminium devient par ce procédé plus dur que l'acier tout en préservant sa capacité de distribution de la chaleur.
Contre Les détergents pour lave-vaisselle tendent à décolorer les casseroles en aluminium anodisé.
Entretien Laver à l'eau chaude savonneuse. Ne pas utiliser de tampon à récurer.

FONTE

Utilisations Casseroles, poêles, plaques chauffantes, grils, rôtissoires, cocottes, plats à rôtir.
Pour Solide, résistante, ne gondole pas, conduit la chaleur de façon régulière et la conserve bien. Excellente pour les cuissons lentes à feu doux.
Contre Très lourde, aussi convient-elle mieux aux ustensiles que l'on ne déplace pas pendant la cuisson, par exemple les cocottes. Chauffe lentement en raison de sa densité. Peut se casser si elle tombe sur un sol dur. Lorsque le revêtement d'émail ou antiadhésif est usé, a besoin d'être huilée pour empêcher de coller et pour éviter la rouille.
Entretien Éviter de laver les ustensiles en fonte non émaillée et non antiadhésive. Essuyer avec de l'essuie-tout. Pour décoller les résidus, gratter légèrement sous l'eau courante très chaude. Bien essuyer et huiler avant de ranger. Badigeonner la surface de cuisson avec de l'huile avant chaque utilisation, puis essuyer et remettre de l'huile pour la cuisson. La fonte émaillée ou antiadhésive se lave à l'eau chaude savonneuse, mais sans gratter. Pour retirer les aliments collés, laisser tremper pendant une à deux heures.

CUIVRE

Utilisations Casseroles, poêles, plats à gratin, plats à rôtir, bols à œufs, moules.
Pour Le choix traditionnel des chefs, car ce matériau est imbattable pour conduire la chaleur rapidement et uniformément. Dure indéfiniment.
Contre Coûteux, nécessite beaucoup d'entretien. Sans revêtement, réagit à la plupart des aliments, entraînant une décoloration et une légère toxicité en cas de contact prolongé. Le cuivre non doublé ne conserve pas la chaleur. Le traditionnel revêtement de fer-blanc se boursoufle ou fond en cas de chaleur excessive. Les revêtements d'argent noircissent au contact de l'air et de certaines substances soufrées contenues dans les aliments. Il faut changer le revêtement régulièrement.
Entretien Laver à l'eau chaude savonneuse. Ne jamais utiliser de tampon à récurer. Laisser tremper pour décoller les résidus. Sécher avec un chiffon doux pour faire briller. Utiliser un produit approprié pour l'extérieur ou frotter avec un mélange de sel et de vinaigre ou de sel et de jus de citron. Pour les ustensiles aux parois intérieures revêtues d'argent, nettoyer à l'aide d'un produit approprié.

TERRE CUITE

Utilisations Cocottes, bols à mélanger, plats à gratin, pierres à cuire.
Pour Ne réagit pas aux aliments, bon marché, retient bien la chaleur et l'humidité. Excellente pour les cuissons lentes à four bas ou au micro-ondes.
Contre N'aime pas les changements de température brusques. Ne résiste pas à la chaleur, mais les ustensiles en terre de bonne qualité peuvent être utilisés à feu doux sur un diffuseur de chaleur. Les plats ronds résistent mieux à la chaleur que les grands plats ovales ou rectangulaires.
Entretien Laver les récipients de terre vernis à l'eau chaude savonneuse sans les gratter. Les récipients non vernis comme les briques à poulet ou les plats à pommes de terre doivent être grattés avec de l'eau salée. Ne pas utiliser de détergent, car cela donnerait un goût aux aliments.

POLYTÉTRAFLUOROÉTHYLÈNE (revêtements antiadhésifs)

Parmi les grandes marques, citons Probon®, Silverstone®, Tefal®, Teflon®, Xylan®.
Utilisations Casseroles, poêles, plats à rôtir, grils, tôles à pâtisserie, cocottes, moules à pâtisserie, ustensiles.
Pour Les revêtements antiadhésifs modernes sont très résistants et durent longtemps. Ils ne réagissent pas aux aliments. Faciles à nettoyer, ils sont très pratiques pour cuire les aliments qui tendent à coller comme le lait et idéaux pour faire une cuisine sans graisses.

Contre Le revêtement finit tout de même par s'user. Utiliser des ustensiles faits avec des matériaux moins durs que le revêtement pour éviter de l'endommager (par exemple, des cuillères en bois, en caoutchouc ou en plastique). En général, le revêtement ne résiste pas à l'épreuve du lave-vaisselle.
Entretien Suivre les instructions. Éviter les tampons et les produits à récurer. Faire tremper dans l'eau chaude pour décoller les résidus.

PORCELAINE

Utilisations Moules à soufflé, ramequins, plats à gratin, moules à tarte.
Pour La porcelaine a l'air fragile, mais elle supporte bien la chaleur, aussi fait-elle d'excellents plats de cuisson aussi bien que des plats à servir très présentables. Retient bien la chaleur et la conduit de façon régulière. Peut être utilisée rapidement sous le gril. Non poreuse et non réactive.
Contre Les changements de température extrêmes la font craquer. Utiliser un diffuseur de chaleur avant de la poser sur une plaque. Peut s'avérer difficile à nettoyer.
Entretien Laver à l'eau chaude savonneuse. Faire tremper pour décoller les résidus. Pour récurer, utiliser un tampon en plastique.

ACIER INOXYDABLE

Utilisations Casseroles, poêles, plats à rôtir, grilles, bols, bouilloires, couteaux, ustensiles.
Pour Dure longtemps, hygiénique. Contient du chrome, ce qui l'empêche de tacher, de rouiller et de réagir aux aliments. Les poêles et casseroles en acier inoxydable contiennent aussi du nickel. La proportion de chrome et de nickel est respectivement de 18 % et 10 % (18/10). L'acier inoxydable ne se tache pas et échappe à la corrosion. L'acier inoxydable utilisé pour les couteaux de cuisine contient moins de chrome – au moins 12 % – et 0,15-0,80 % de carbone. À cause de la plus faible proportion de chrome, l'acier de ces couteaux se tache plus facilement, mais son contenu en carbone le rend très résistant.
Contre L'acier inoxydable conduit mal la chaleur et de façon irrégulière. Les fabricants surmontent le problème en donnant aux casseroles une base faite de cinq couches contenant des métaux très conducteurs comme l'aluminium ou le cuivre. La base des casseroles en acier inoxydable de bonne qualité contient au moins 5 mm d'aluminium ou 3 mm de cuivre. Dans les casseroles de très haute qualité, ce contenu se prolonge dans les parois, ce qui empêche les aliments chauds de grésiller et de coller.
L'acier inoxydable n'est cependant pas totalement inoxydable. Il se décolore, se tache ou se pique lorsqu'on le laisse en contact avec de l'eau dure, de l'eau salée, du citron, du vinaigre ou même certains détergents. Il faut donc le rincer et le sécher avec soin après chaque lavage.
Entretien Laver à l'eau chaude savonneuse, avec un tampon de Nylon si nécessaire. Éviter l'eau de Javel et les substances abrasives. Laisser tremper les résidus collés. Pour ôter les taches tenaces, utiliser un nettoyant spécial acier inoxydable.

GRÈS

Utilisations : Cocottes, bocaux de rangement, bols.
Pour : Plus résistant que la terre cuite du fait qu'il est cuit à plus haute température. Non poreux, il n'a pas besoin d'être verni. Idéal pour les plats qui requièrent une cuisson lente dans un four très bas.
Contre : Ne supporte pas les changements de température brusques.
Entretien : Identique à celui des terres cuites vernies.

VERRE TREMPÉ

Verre allant au feu (Pyroflam®) et allant au four (Duralex®, Pyrex®).
Utilisations Allant au feu : casseroles, cocottes, plats à rôtir. Allant au four : cocottes, plats à rôtir, bols, verres à mesurer.
Pour Les deux types retiennent bien la chaleur, ne réagissent pas aux aliments et sont idéaux pour le micro-ondes. Le verre allant au feu peut être utilisé sur une plaque chauffante et dans un four. Il peut passer directement du congélateur au four.
Contre Le verre allant au feu coûte cher. Il conduit la chaleur de façon irrégulière et, sur une plaque chauffante, risque de faire brûler les aliments par endroits. Le verre allant au four risque de se fendre en cas de changements de température brutaux. Sur la plaque, il faut l'utiliser avec un diffuseur de chaleur.
Entretien Faire tremper dans l'eau chaude savonneuse pour retirer les résidus brûlés. Éviter les tampons à récurer métalliques et les produits abrasifs trop puissants.

TITANE

Utilisations Cocottes, poêles, grils.
Pour Un métal léger extrêmement dur qui ne colle pas et résiste à la corrosion. Idéal pour les cuissons sans graisse – les aliments grésillent, même sans huile. On peut utiliser des ustensiles en métal sans l'abîmer.
Contre Coûteux. Ne peut pas être utilisé sur les plaques à induction.
Entretien Laver à l'eau chaude savonneuse. Ne pas récurer.

ÉMAIL VITRIFIÉ

Utilisations Casseroles, poêles, cocottes, plats à tarte, bols, plats à rôtir.
Pour Utilisé pour revêtir la fonte, l'aluminium ou l'acier. Donne un revêtement non poreux facile à nettoyer qui ne se tache pas et ne se raye pas.
Contre Risque de s'écailler si l'on utilise des ustensiles de métal pointus.
Entretien Laver à l'eau chaude savonneuse. Ne pas récurer avec des abrasifs puissants. Laisser tremper si nécessaire.

Couper, râper et éplucher

Après vos mains, le couteau est sans doute l'outil le plus important dans votre cuisine – c'est indiscutablement l'un des plus élémentaires et des plus anciens. Même si les couteaux, comme tant d'ustensiles de cuisine, ont subi de nombreux changements de design, les bons vieux principes de base restent en vigueur : ils doivent être bien aiguisés, équilibrés et confortables à utiliser. Si vos couteaux répondent à ces critères et si vous les entretenez avec soin, ils devraient vous durer toute la vie.

Couteaux et accessoires

Les lames de base

Toutes les lames de couteau sont en acier, c'est pourquoi elles sont traditionnellement fabriquées dans des centres métallurgiques tels que Solingen en Allemagne ou Sheffield en Angleterre. La composition de l'acier varie, la quantité de carbone utilisée déterminant la capacité de la lame à garder son tranchant. Les lames en acier enrichi en carbone sont plus tranchantes, mais le métal se tache et se corrode, aussi faut-il ajouter d'autres agents. L'acier inoxydable contient du chrome, qui résiste à la rouille mais est aussi plus difficile à aiguiser. Aujourd'hui, les couteaux de bonne qualité sont fabriqués avec un acier fortement enrichi en carbone. Malgré leur contenu en carbone, ces couteaux ne rouillent pas et résistent à la corrosion.

Les lames sont soit forgées soit étampées, et la différence de qualité est évidente. Les lames forgées sont bien équilibrées et magnifiquement fuselées du côté du bord tranchant, ce qui leur donne une plus grande flexibilité. Les couteaux à lame étampée sont étroits et plats, et le manche semble lourd. Il faut serrer la main plus fort et exercer davantage de pression sur le devant pour compenser.

Choisir ses couteaux

Choisissez vos couteaux séparément – n'achetez pas un ensemble. Il faut tenir le couteau en main pour le juger. Il doit sembler lourd, et le poids doit être bien réparti – il ne doit pas être trop lourd devant ou derrière. Ne vous laissez pas rebuter par le poids – un couteau pesant est plus efficace qu'un couteau léger et son utilisation est plus facile.

Le manche du couteau doit être confortable. S'il a des rivets, les têtes doivent être lisses et ne pas dépasser. Vérifiez que la virole (voir « Lexique », p. 19) se fond en douceur au manche.

Chaque couteau a une fonction, aussi faut-il bien réfléchir aux types d'aliments que l'on prépare régulièrement avant de faire son choix. Il convient d'utiliser le couteau adéquat pour chaque tâche. Si votre budget est limité, optez pour la qualité et contentez-vous de moins de couteaux. On peut se débrouiller avec un bon couteau de cuisine et un bon éplucheur. Mais les six couteaux de base présentés ici élargiront vos horizons.

1 COUTEAU À PAIN

La longue lame à dents de scie coupe le pain ou d'autres aliments mous entourés d'une croûte ou d'une peau dure. N'utilisez pas de couteau à dents de scie pour couper la viande ou des fruits et légumes à chair dense – vous ne feriez que les déchiqueter.

2 COUTEAU DE CUISINE

Incontestablement le cheval de labour de la cuisine. Ce couteau possède une large lame, dont le bord tranchant est gracieusement incurvé afin de résister aux impacts répétés contre la planche à découper. Utilisez-le pour hacher ou couper en dés tout ce que vous voudrez depuis les gros morceaux de viande aux fines herbes. Les couteaux de cuisine existent en différentes longueurs ; une lame de 20-25 cm sera la plus utile.

3 COUTEAU UTILITAIRE

Comme son nom l'indique, ce couteau se plie à différentes fonctions, pouvant servir à trancher, éplucher et, suivant la longueur de sa lame, découper. Même s'il n'est pas particulièrement fait pour résister aux impacts (la lame est plus étroite et moins incurvée que celle du couteau de cuisine), il peut servir à hacher de petites quantités d'aliments pas trop durs comme les champignons ou les crevettes. Choisissez un couteau dont la lame mesure 13-18 cm.

4 COUTEAU À TOMATE/SANDWICH

Indispensable pour les tâches où un couteau à pain s'avérerait trop grand. La lame à dents de scie permet de trancher les aliments mous au milieu et durs à l'extérieur comme le salami.

5 COUTEAU À ÉPLUCHER

Version miniature du couteau de cuisine, le couteau à éplucher sert à éplucher, gratter et trancher les fruits et légumes de petite taille. Il est plus facile à utiliser qu'un couteau de cuisine lorsqu'on hache menu du gingembre ou de l'ail. La lame doit être courte : 8-10 cm.

6 COUTEAU À LÉGUMES

Avec sa pointe légèrement retroussée et sa courte lame incurvée, ce couteau est très pratique pour éplucher de petits légumes ronds et pour retirer les « yeux » des pommes de terre ou épépiner les courgettes.

Au-delà des ustensiles de base

En acquérant de l'expérience, vous voudrez sans doute enrichir votre collection de couteaux. Les couteaux présentés ici sont destinés à des tâches ou des aliments spécifiques. Certains coûtent cher, mais il est utile de posséder de bons couteaux. Une fois que vous les aurez, vous serez obligé de les amortir : alors, n'hésitez pas à acheter des huîtres, à manger des pamplemousses ou à préparer vos propres filets de poisson.

Consignes de sécurité

Les couteaux sont des ustensiles dangereux. Mais s'ils sont manipulés avec attention, ils risqueront moins de provoquer des accidents.

• Ne vérifiez jamais le tranchant de la lame en passant le doigt dessus. Si vous ne pouvez résister à l'envie de la toucher, passez légèrement le doigt en travers.

• Un couteau bien aiguisé est plus sûr qu'un couteau émoussé. Il faut exercer davantage de pression sur un couteau émoussé pour qu'il coupe ; il risque donc plus de glisser.

• Si vous utilisez un râtelier magnétique, accrochez-le assez haut pour qu'il soit hors de portée des enfants et des animaux.

• Ne laissez pas vos couteaux dans l'eau savonneuse au fond de l'évier.

• N'utilisez jamais un couteau au manche gras.

• Si vous laissez un couteau sur le plan de travail, assurez-vous que ni le manche ni la lame ne dépasse du bord. Un enfant pourrait l'attraper, ou il risquerait de tomber par terre.

1 COUTEAU À DÉCOUPER LE JAMBON / LE SAUMON FUMÉ
Ce couteau sert à couper de longues tranches fines. La lame, étroite et assez souple, doit mesurer 25 cm de long. Il est légèrement fuselé en raison de son épaisseur, ce qui permet d'obtenir des tranches parfaitement droites.

2 COUTEAU À FREEZER
Il n'est pas particulièrement recommandé d'utiliser un couteau à freezer, car les aliments risquent d'être déchiquetés si on les coupe encore congelés – il vaut mieux les décongeler avant. Mais si vous en achetez un, il faut choisir une lame résistante pourvue de dents profondes. La lame doit être plus longue que les aliments que vous comptez couper.

3 COUTEAU À FILETS
Ce couteau élégant possède une lame fine légèrement incurvée et suffisamment souple pour rester en contact avec les contours du poisson ou de la volaille. La lame doit mesurer au moins 18 cm de long et être toujours parfaitement aiguisée.

4 COUTEAU À DÉSOSSER
Le couteau à désosser possède une lame fuselée et très pointue. La lame est plus ou moins souple et mesure environ 1,5-2,5 cm de large. Une lame large et rigide permettra de détacher un gros morceau de viande d'un os simple, tandis qu'une lame étroite et souple sera plus indiquée pour la volaille ou le poisson.

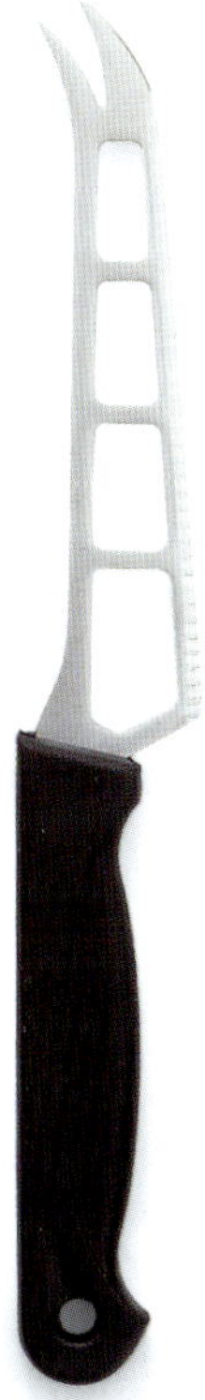

5

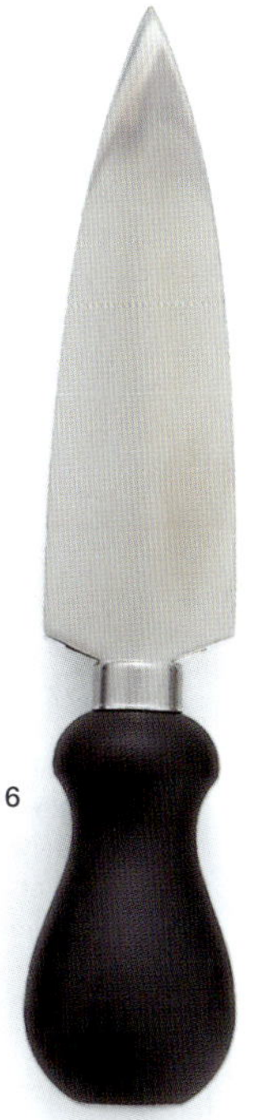

6

5 COUTEAU À FROMAGE UNIVERSEL

La lame de ce couteau est équipée de trous qui empêchent le fromage de coller, tandis que le bord coupant à dents de scie permet de couper les fromages durs. La pointe fourchue aide à transférer le fromage sur une assiette.

6 COUTEAU À PARMESAN

La lame rigide en forme de feuille de ce petit couteau courtaud permet de couper de gros morceaux de fromage dur comme le parmesan. Enfoncez-la dans le fromage et tournez.

7 COUTEAU À PAMPLEMOUSSE

La longue lame étroite en dents de scie à l'extrémité arrondie permet de couper bien proprement entre la chair et la membrane blanche en suivant les contours du fruit.

8 COUTEAU À HUÎTRES

Les deux bords coupants courts et arrondis permettent d'ouvrir l'huître. La garde du manche protège la main et empêche le couteau de s'enfoncer dans la coquille et de ressortir de l'autre côté. La pointe sert à décoller la chair de la coquille.

7

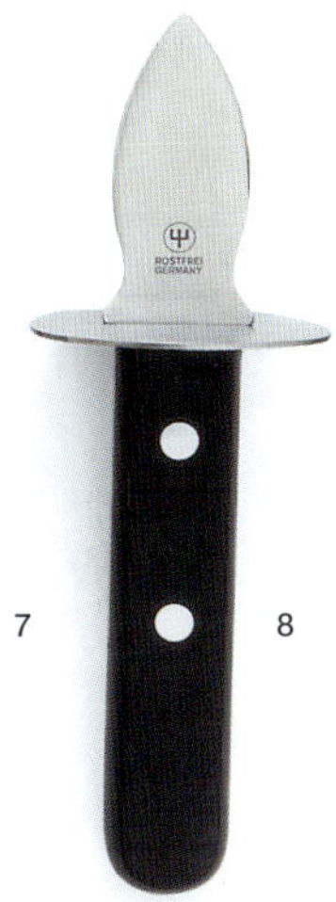

8

9

9 COUTEAU ET FOURCHETTE À DÉCOUPER

Le couteau à découper glisse à travers la viande comme si c'était du beurre, tandis que la fourchette vous aide à maintenir la viande en place sans l'abîmer. Choisissez un couteau avec une lame d'au moins 20 cm de long. Celui-ci a le dos légèrement fuselé et une pointe allongée qui lui permet d'explorer la viande et les os. La courbe généreuse du dessous prolonge le bord tranchant. La fourchette a des dents en baïonnette, à la différence du modèle incurvé qui épouse de plus près les contours de la viande. Appuyez fermement les côtés des dents sur la viande pour la maintenir en place pendant que vous découpez.

Lexique

POMMEAU L'extrémité arrondie du manche. Elle protège votre main des chocs lorsque vous hachez.
MANCHE La partie fixée à la soie. Vérifiez qu'il est confortable et facile à tenir, ni trop gros ni trop petit.
SOIE La partie non aiguisée de la lame qui se prolonge à l'intérieur du manche. Plus la soie est longue, plus le couteau est équilibré.
VIROLE Anneau de métal enserrant l'extrémité du manche dans laquelle est enfoncée la lame et qui empêche le manche de se fendre.
MITRE Petit rebord métallique qui tient à la lame et s'applique sur l'épaisseur du manche.

Couteaux japonais

De la fabrication des couteaux, les Japonais ont fait un art. Les forgerons japonais sont devenus des maîtres reconnus dont les couteaux, fabriqués à la main, peuvent atteindre des prix fort élevés. Aussi n'est-il pas surprenant que de nombreux chefs du monde entier soient très attachés à ces couteaux qui, bien entretenus et aiguisés régulièrement, peuvent durer plusieurs dizaines d'années. Il y a à cela de multiples raisons.

Tout d'abord, le choix du matériau est essentiel. La plupart des couteaux japonais sont façonnés avec un acier fabriqué au Japon et non pas importé, combiné avec d'autres éléments qui le rendent plus dur, plus résistant, plus inoxydable.

L'acier est un alliage de fer et de carbone. Le carbone durcit l'acier, et un bon couteau doit avoir un noyau central à contenu en carbone élevé. Le fait de tremper l'alliage (le chauffer et le refroidir à des températures extrêmes) augmente également la résistance de l'acier. L'ajout de chrome empêche l'acier de s'ébrécher et de rouiller, mais si l'on en met trop, la lame devient difficile à aiguiser.

Pour durcir l'acier des couteaux de très haute qualité, on remplace le chrome par du molybdène et du vanadium. L'acier est ensuite laminé, disposé en couches ou plié.

Une bonne lame de couteau sera notée sur l'échelle de Rockwell, qui évalue le degré de dureté de l'alliage. Il faut un indice d'au moins 56-58 ; plus l'indice est élevé (jusqu'à 66), meilleure est la qualité. Un couteau de très haute qualité à triple couche aura un noyau de carbone dur qui lui donnera un bord tranchant avec des couches externes moins dures pour permettre l'aiguisage.

Comment choisir un couteau japonais

Même si tous les couteaux japonais sont un plaisir des yeux, faites votre choix en fonction de vos besoins et de votre style de cuisine, sans vous laisser distraire par l'aspect esthétique. Les meilleures lames doivent glisser à travers la viande ou autre matière comme dans du beurre. Les lames longues sont idéales pour couper la chair crue et molle, les tomates, les légumes et la viande. Le nom de la lame (et non sa marque) donne des indications sur son utilisation. Les lames en biseau sont plus faciles à aiguiser. Les lames plus larges servent à hacher.

1

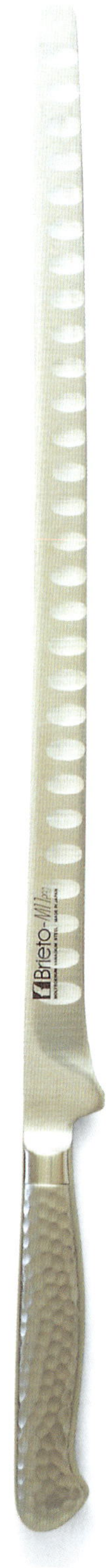

2

1 YANAGIBA (FEUILLE DE SAULE)
La lame ressemble à une feuille élancée. Cette lame biseautée est idéale pour couper de fines lamelles de poisson pour les sashimis et les sushis. Elle peut aussi servir à trancher la viande crue pour le carpaccio, mais comme elle est longue et élancée, elle ne convient pas pour hacher les aliments.

2 BRIETO PRO
Un élégant couteau très long, léger comme une plume. Conçue pour couper la chair de poisson ou la viande crue ou cuite, cette lame festonnée permet d'obtenir des tranches plus nettes qui ne collent pas les unes aux autres.

3 USUBA
Ce couperet dont l'acier a un fort contenu de carbone est idéal pour hacher des oignons ou pour couper de fines lamelles de julienne. Le large manche confortable et l'arrondi de la lame le rendent facile à manipuler lorsqu'on hache, tandis que la largeur de la lame permet de ramasser les légumes et les oignons hachés.

4 SANTOKU
Cette forme de lame est idéale pour trancher, couper en dés et hacher. Inventée par Takeo Murata, l'un des grands maîtres du couteau japonais, cette lame (faite en acier enrichi de carbone et de tungstène) a un revêtement noir caractéristique, dû au procédé d'oxydation destiné à créer une couche protectrice tout en permettant l'aiguisage. Le santoku est considéré comme l'un des meilleurs couteaux au monde.

5 PETTY
Un petit couteau utilitaire dont la lame est faite d'un acier au nickel de 49 couches (appelé « acier de Damas » dans la profession) qui renferme un noyau d'acier hautement enrichi en carbone. Grâce à la combinaison de couches extérieures plus molles et de noyau dur, cette lame est aussi tranchante qu'un scalpel et le reste pendant très longtemps. Le motif tremblé caractéristique est typique de cet acier de très haute qualité et donne au métal une surface qui n'adhère presque pas.

3 4 5 6 7

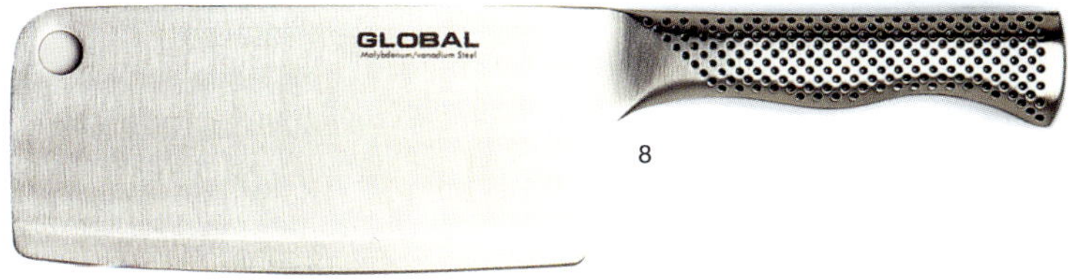

8

8 COUPERET

Utilisé dans tous les pays orientaux, le couperet sert à briser les os aussi bien qu'à hacher les oignons. La lame est épaisse et rigide sur presque toute sa largeur, avant de s'amincir brusquement en biseau sur le tranchant. Plus l'ustensile est lourd, moins il est facile à utiliser. Une lame de 15 cm de long est idéale. Ce modèle moderne est fait d'une pièce, ce qui facilite le nettoyage. Le trou permet de l'accrocher au mur, hors de portée des enfants.

9 DEBA

Ce deba de taille moyenne à lame large sert à ôter les arêtes du poisson et à découper celui-ci en filets. La lame est taillée en biseau sur une grande partie d'un côté, tandis que l'autre côté est plat, ce qui donne un fil extrêmement tranchant qui glisse sans effort entre la chair et les arêtes.

6 COUTEAU EN CÉRAMIQUE DE ZIRCONIUM

La céramique vient tout de suite après le diamant en terme de dureté. Ce couteau utilitaire a été durci au feu à des températures extrêmes et glisse sans effort à travers la viande, le poisson, les fruits et les feuilles de salade sans les tacher ni les abîmer. Mais il ne peut pas servir à hacher du fait qu'étant fragile, il risque de se briser. Il est préférable de s'en servir sur une planche en bois. Il ne rouille pas et ne se décolore pas. On ne peut l'aiguiser (occasionnellement) qu'à l'aide d'un affiloir en diamant.

7 KODEBA

Ce « frère » à lame courte du traditionnel deba japonais (9) est idéal pour vider les poissons, couper les têtes et confectionner des filets. Il est également très pratique pour hacher les herbes et les légumes. Seul un côté de la lame est aiguisé. L'autre est légèrement concave pour empêcher les aliments de coller.

10 YANAGI LONG

Parfois appelé « couteau à sashimis », il est biseauté d'un côté, comme le deba (voir ci-dessus). La lame glisse dans le poisson cru comme dans du beurre, permettant d'obtenir de minces lamelles parfaitement droites, idéales pour les sushis. Ce couteau sert aussi à trancher et hacher les légumes, ainsi qu'à créer des garnitures orientales aux motifs délicats.

9

10

« Un bon couteau reconnaît son maître – la lame, aiguisée avec amour, accomplit les tâches presque instinctivement. »

ANNE WILLAN

Rangements

Rangez vos couteaux dans un bloc à couteaux pour que les lames soient protégées et les manches accessibles. Vous pouvez aussi accrocher au mur un support magnétique, mais certains trouvent cette formule moins sûre. N'entassez pas vos couteaux dans un tiroir, car les tranchants seraient endommagés par les chocs répétés avec d'autres ustensiles. Évitez de laisser les couteaux au fond de l'évier. Certains couteaux de qualité supérieure peuvent aller au lave-vaisselle, mais, si ce n'est pas le cas, il faut les laver, les rincer et les sécher aussitôt après usage.

1

1 CASIER EN TOILE
Pour les cuisiniers qui se déplacent, le bon vieux casier en toile permet de ranger les couteaux dans des poches séparées, quelle que soit leur longueur : vous les glissez dedans, vous repliez le rabat et vous nouez le cordon. La toile est suffisamment résistante pour empêcher les pointes de la traverser. Et lorsqu'elle devient sale, il suffit de retirer les couteaux et de laver le casier en machine.

2 CASIER MAGNÉTIQUE
Le système de rangement le plus simple. Il suffit d'appuyer les lames sur la double bande magnétique avec le manche tourné vers le haut, et la loi de la gravité fait le reste.

2

3

3 BLOC DE COUTEAUX
À la place des rainures habituelles, ce bloc est bourré de filaments de Nylon qui maintiennent les couteaux en place.

4 BLOC MAGNÉTIQUE
Ce bloc que l'on peut poser n'importe où est fabriqué par un célèbre manufacturier de Sheffield (Angleterre). Il se compose d'une large surface magnétique et d'une barre d'acier qui renforce la sécurité. Le bloc est vendu avec cinq couteaux classiques (ici, on en voit trois), dont un petit couteau à légumes, un couteau de cuisine standard et un couteau à pain à dents de scie.

4

Aiguisoir

Pour que vos couteaux restent en bon état, aiguisez-les avant chaque utilisation. Tenez le couteau à un angle de 20 degrés par rapport à l'affiloir et aiguisez la lame sur toute sa longueur (voir « Comment utiliser un affiloir », page ci-contre).

Pour épargner la lame, utilisez une planche à découper en bois ou en polyéthylène. N'utilisez surtout pas une assiette ou votre surface de travail, car les matériaux durs comme le verre, le granit ou le métal risquent d'endommager le bord tranchant.

2 PIERRE À AIGUISER

Une bonne pierre à aiguiser en carborundum doit d'abord être mise à tremper dans l'eau froide, puis posée à plat sur la surface de travail. On fait passer la lame dessus plusieurs fois à un angle de 10-15 degrés. Une bonne pierre à aiguiser traditionnelle vous durera toute la vie. Les pierres à aiguiser existent en différents grains – pour une utilisation générale, choisissez un grain moyen de 1000. Ce modèle est fixé sur un support de plastique équipé de pieds antidérapants.

2

1 AFFILOIR EN V

Le boîtier extérieur renferme deux paires de tiges d'acier montées sur ressort et placées à l'angle idéal de 20 degrés. Les tiges reproduisent l'action d'un affiloir traditionnel lorsqu'on passe la lame dessus. Un excellent appareil pour les personnes qui n'aiment pas se servir d'un affiloir.

1

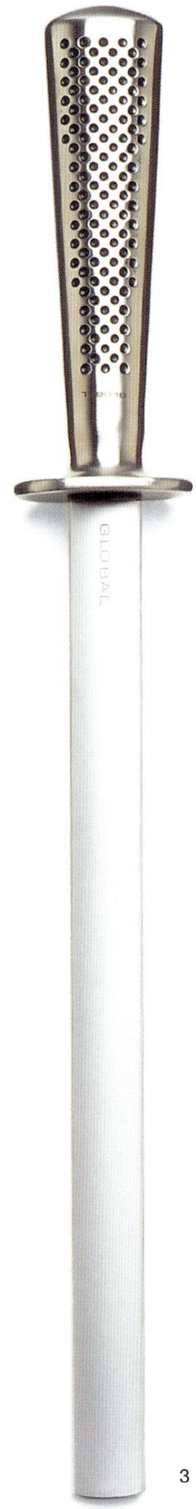

3

3 AFFILOIR

Curieusement, l'affiloir n'aiguise pas mais réaligne les molécules qui forment le bord tranchant. En effet, cet alignement est modifié par les hachages répétés.

L'affiloir doit être fait dans un matériau plus dur que la lame de couteau. Les affiloirs les plus durs sont ceux en céramique ou revêtus de diamant. Les affiloirs traditionnels sont cylindriques, avec des rainures tout au long de la tige, mais certains sont ovales ou plats, tandis que d'autres présentent une surface plus lisse. Plus la surface est fine, plus la lame sera aiguë. Choisissez un affiloir dont la tige est plus longue que la lame de votre plus grand couteau.

Ce superbe affiloir est revêtu de diamant et possède une surface plate relativement lisse qui offre plus de contact que celle d'un affiloir cylindrique.

4 AIGUISOIR À ROUE HYDRAULIQUE

Pour ceux qui trouvent l'utilisation d'une pierre à aiguiser traditionnelle un peu compliquée, un aiguisoir à roue manuel posé à plat sur la surface de travail peut être une alternative intéressante. Cet appareil, équipé de deux petites roues de pierre placées à des angles différents, est maintenu humide grâce à une ouverture où l'on verse de l'eau. Enfoncez la lame dans la rainure n° 1 huit à quinze fois de suite, puis encore plusieurs fois dans la rainure n° 2. Idéal pour les passionnés de cuisine.

5

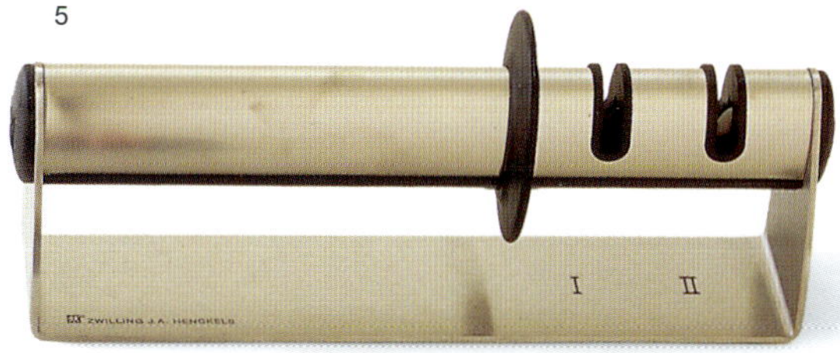

4

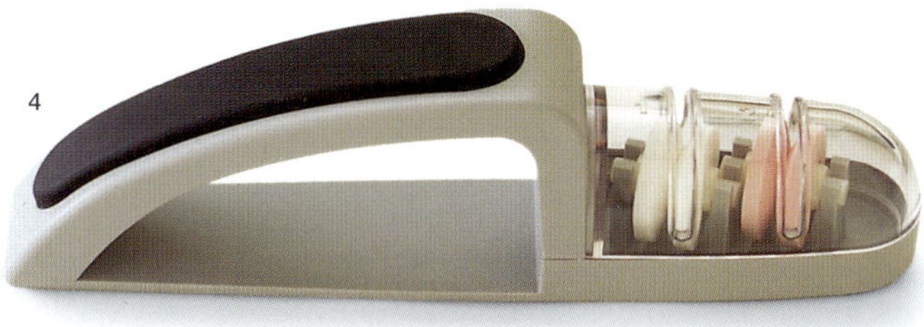

5 AIGUISOIR À COUTEAUX

Cet outil facile à utiliser se compose de deux modules : l'un pour un aiguisage grossier, l'autre pour un aiguisage plus affiné. Il n'est pas nécessaire de le mouiller. Adapté aux couteaux à lame d'acier droite, il convient aussi bien aux gauchers qu'aux droitiers. Laissez-le en permanence sur votre surface de travail et passez vos couteaux dedans avant chaque utilisation.

COMMENT UTILISER UN AFFILOIR : MÉTHODE N° 1

Posez l'affiloir à la verticale sur une surface ferme. Tenez le couteau par le manche, assez bas, en l'inclinant à 20 °. Descendez-le au bas de l'affiloir, latéralement, en le ramenant vers vous de façon que la pointe touche la tige à la base. Inversez en tenant l'autre côté de la lame contre l'autre côté de l'affiloir et en le poussant loin de vous. Recommencez jusqu'à ce que la lame soit aiguisée.

COMMENT UTILISER UN AFFILOIR : MÉTHODE N° 2

Tenez l'affiloir d'une main et le couteau de l'autre. Placez l'extrémité des deux manches côte à côte, avec la lame à un angle de 20 degrés par rapport à l'affiloir. Levez les coudes et séparez vos mains pour que la lame remonte le long de l'affiloir, jusqu'à ce que la pointe de la lame touche l'affiloir. Répétez en inversant les côtés de la lame et de l'affiloir. Recommencez jusqu'à ce que la lame soit aiguisée.

Planches à découper

Les planches à découper ne servent pas seulement à protéger votre surface de travail, elles empêchent aussi les lames de couteau de s'émousser. Comme on peut les utiliser pour couper des aliments crus aussi bien que cuits, elles doivent toujours rester parfaitement propres pour éviter la contamination. Les chefs cuisiniers professionnels doivent se conformer à des règles d'hygiène extrêmement strictes, et les cuisiniers amateurs feraient bien de les imiter. L'industrie de la restauration utilise des planches en polypropylène de couleurs différentes pour la viande, la volaille, le poisson, les légumes et les produits laitiers, qui seront de préférence rangées à la verticale dans un support. Si vous ne disposez pas de suffisamment de place pour avoir un assortiment de planches à découper, il vous en faut au moins deux : une pour les aliments crus et l'autre pour les aliments cuits. Les planches en bois, autrefois considérées comme peu hygiéniques, car ne pouvant pas être stérilisées, retrouvent leur place aujourd'hui du fait qu'elles possèdent naturellement des vertus antibactériennes. Quel que soit votre choix, nettoyez toujours vos planches avec un bon détergent (dans le sens du grain) entre les différents aliments. Rincez sous le robinet d'eau chaude et séchez bien.

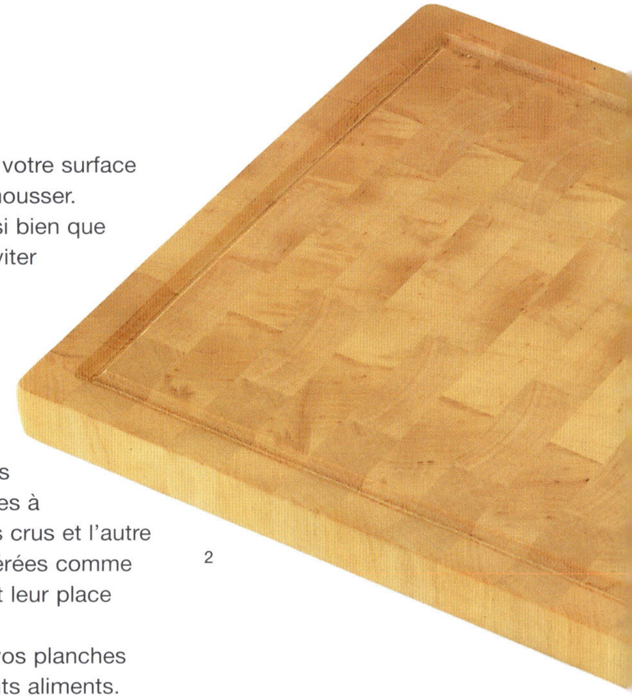
2

1

1 PLANCHE À DÉCOUPER

Le bois est le matériau le plus couramment utilisé pour les planches à découper, mais il n'est pas recommandé pour la volaille crue, car on ne peut pas le stériliser. Il est esthétique, facile à entretenir et n'endommage pas les lames de couteau. Choisissez la planche la plus solide possible, de préférence de 4,5 cm d'épaisseur. Celle-ci a des tasseaux de chaque côté pour l'empêcher de gondoler et de se fendre. Les planches en polypropylène, bien que moins agréables visuellement, ont l'avantage de pouvoir être stérilisées avec du détergent ou de l'eau bouillante, ce qui est essentiel quand on vient de préparer une volaille crue. Elles peuvent également aller au lave-vaisselle. La surface rugueuse empêche la nourriture et la planche de glisser, tandis qu'une rainure autour du bord empêche les liquides de déborder.

2 PLANCHE EN BAMBOU

Cette planche est faite de petits morceaux de bambou allongés, assemblés avec de la colle comestible, puis coupés horizontalement de façon à former une planche épaisse. Le résultat est une planche résistante qui ne gondolera pas même si vous la plongez dans l'eau chaude savonneuse. Ce type de planche, qui épargne les lames de couteau, présente des vertus antibactériennes naturelles et peut durer de longues années.

3 PLANCHES SOUPLES EN SILICONE

Aussi fines et légères que du carton, ces planches existent en quatre couleurs qui permettent de se conformer aux règles d'hygiène les plus strictes : vert pour les légumes et les oignons, rouge pour la viande, bleu pour le poisson et jaune pour les produits laitiers. Idéales pour emporter en pique-nique et faciles à nettoyer et à sécher pour garantir une hygiène maximale. On peut également les enrouler en entonnoir pour faire glisser les légumes hachés dans la poêle.

4

4 PLANCHE DOUBLE

Cette planche est faite de deux couches assemblées à l'aide d'aimants puissants, qui peuvent se séparer si on les pousse latéralement. L'une est en bois de hêtre et l'autre en polypropylène moulé. Toutes deux sont faciles à nettoyer à l'eau chaude savonneuse et peuvent supporter une chaleur de 80 °C. Utilisez la planche en polypropylène pour hacher les oignons, le poisson et la viande, et celle en bois pour couper le pain et les fromages. Cela diminuera les risques de contamination.

3

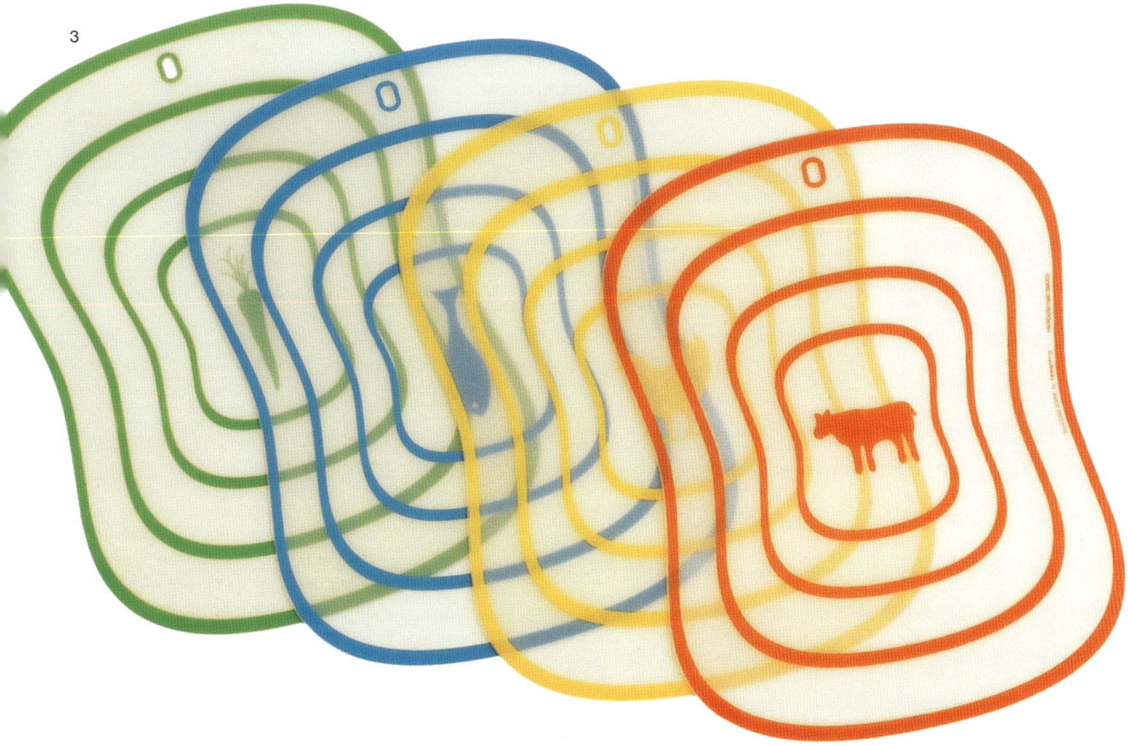

Filets de poisson plat

1 Posez le poisson sur une planche à découper. Avec la pointe d'un couteau à filet, coupez derrière les branchies jusqu'à l'arête, puis jusqu'à la queue et, enfin, tout autour de la chair. C'est ce qui détermine la forme des filets. Coupez tout au long de la grande arête de la tête à la queue.

2 En tenant le couteau presque à plat, glissez-le sous la chair, en partant de l'arête principale. Toujours en tenant le couteau à plat, ébauchez un léger mouvement de scie pour détacher le premier filet des arêtes. Répétez l'opération de l'autre côté de l'arête principale pour le deuxième filet.

3 Retournez le poisson. Avec la pointe du couteau, définissez la forme des troisième et quatrième filets, puis coupez jusqu'à l'arête principale, comme indiqué dans l'étape 2.

Désosser un poulet entier

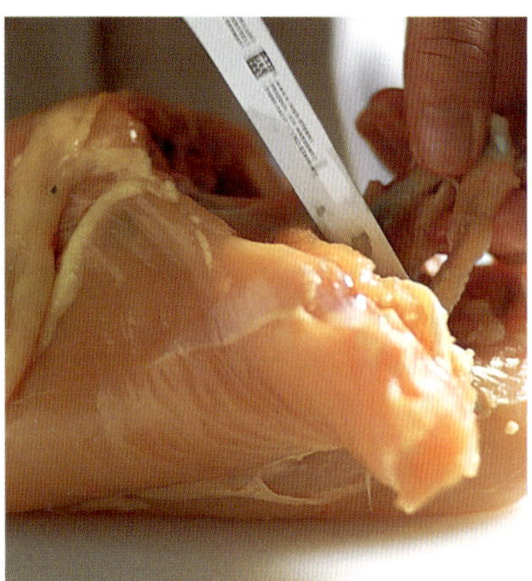

1 Placez le poulet sur une planche de polypropylène avec la peau tournée vers le bas. Prenez la poitrine de chaque côté et tirez vers l'arrière pour séparer les blancs de la clavicule. Enfoncez un doigt dans la chair pour localiser le bréchet, puis retirez-le à l'aide de la pointe d'un couteau à désosser.

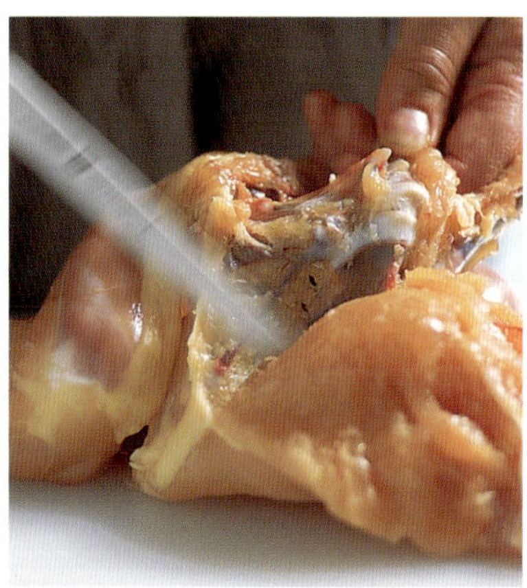

2 Toujours avec la peau tournée vers le bas, ébauchez un léger mouvement de grattage à l'aide de la pointe du couteau pour détacher la chair de chaque côté du sternum.

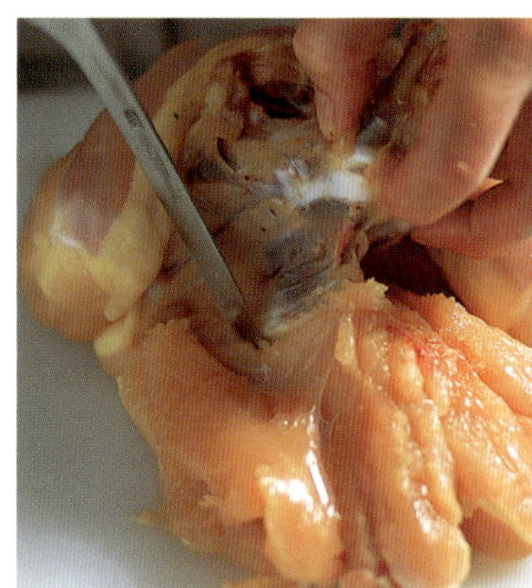

3 Écartez la chair des côtes en suivant le contour des os et en coupant aussi près que possible de ceux-ci. Retirez les côtes et découpez le reste du cartilage. Coupez les blancs de façon bien nette suivant la recette de votre choix.

Découper un gigot d'agneau

1 Placez le gigot d'agneau sur une planche à découper avec le côté le plus charnu vers le haut. Enveloppez le jarret dans une serviette. Coupez de fines tranches dans la partie arrondie du gigot en travaillant vers l'extérieur, presque parallèlement à l'os.

2 Retournez le gigot et coupez environ le même nombre de tranches que précédemment, en taillant sur toute la longueur du gigot, presque parallèlement à l'os.

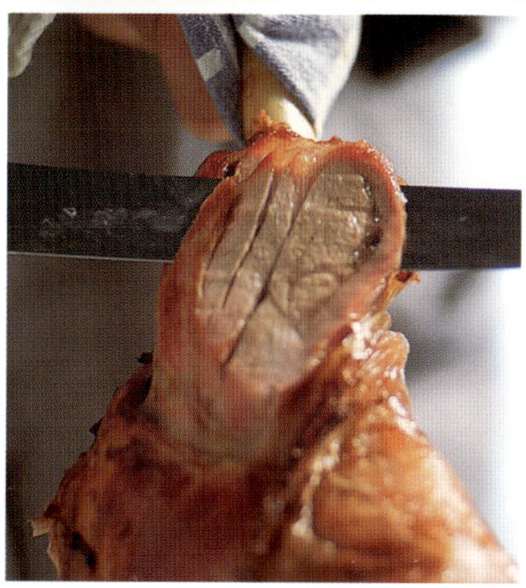

3 Insérez le couteau à découper dans le jarret et détachez de petites tranches fines de l'os. Essayez de couper un nombre égal de tranches de part et d'autre du gigot.

Couper les légumes

Les légumes coupés en morceaux de taille égale cuisent plus uniformément et améliorent l'apparence du plat fini. La plupart des légumes doivent être coupés d'une façon particulière suivant la méthode de cuisson. Avec sa large lame rigide et son bord tranchant doucement incurvé, le couteau de cuisine est le plus adapté pour hacher, trancher et couper en dés. Le couteau à légumes convient davantage pour éplucher et trancher les petits légumes et pour retirer les yeux des pommes de terre. Lorsque vous coupez des légumes, utilisez toujours une planche afin de protéger la lame de votre couteau.

HACHER LES OIGNONS

Épluchez l'oignon en laissant la racine, puis coupez-le en deux de haut en bas à l'aide d'un couteau de cuisine. Posez chaque moitié sur la planche avec le côté coupé sur le dessous. Tranchez finement dans le sens de la longueur, en vous arrêtant juste à la racine (pour retenir les morceaux ensemble), puis tranchez finement dans le sens de la largeur. Jetez le morceau auquel est attachée la racine. Cette méthode fait moins verser de larmes, du fait que l'oignon reste « entier » pendant le hachage – les substances irritantes pour les yeux restant emprisonnées dedans.

TRANCHER DU CHOU CHINOIS

Retirez les feuilles extérieures abîmées. À l'aide d'un couteau de cuisine, coupez le chou en quatre ou en deux de haut en bas. Mettez-le sur une planche à découper avec le côté coupé sur le dessous et tranchez en diagonale en partant de la tige. Les tranches coupées en biais sont plus jolies et offrent une surface coupée plus importante à la chaleur ou au liquide, ce qui permet de réduire le temps de cuisson.

TAILLER LE CÉLERI EN DÉS

À l'aide d'un couteau de cuisine, coupez la racine et les feuilles pour ne garder que la tige. Retirez les fibres ligneuses à l'aide d'un éplucheur. Posez les tiges sur une planche et coupez-les en trois ou quatre segments égaux dans le sens de la longueur. Coupez la partie la plus large de la tige, près de la racine, en segments plus courts. Posez tous les morceaux à plat et taillez-les en travers afin d'obtenir de petits carrés.

COUPER LES CAROTTES EN JULIENNE

Coupez les racines à l'aide d'un couteau à légumes ou d'un couteau de cuisine. Épluchez les carottes avec un éplucheur ou un couteau à légumes. Avec un couteau de cuisine, coupez une mince bande sur le côté de façon que la carotte puisse reposer à plat. Tranchez transversalement en tronçons de 5 cm. Coupez ces morceaux dans le sens de la longueur en segments verticaux aussi fins qu'une allumette. Empilez les segments et coupez à nouveau en fines lamelles en laissant la pointe de la lame reposer sur la planche tandis que vous soulevez et abaissez la lame.

COUPER LES LÉGUMES RONDS EN SEGMENTS

Suivant la taille du légume, utilisez un couteau de cuisine ou un couteau à légumes. Si vous coupez des tomates, comme ci-dessus, utilisez un couteau à légumes très pointu ou un couteau à dents de scie. Coupez le légume en deux de haut en bas. Posez les deux moitiés à plat sur la planche avec le côté coupé sur le dessous et recoupez en deux. Tranchez chaque quart.

COUPER LES LÉGUMES FEUILLUS EN RUBANS

Pour pouvoir enrouler plus facilement les feuilles, retirez les tiges épaisses à l'aide d'un couteau de cuisine. Si les feuilles sont très larges, coupez-les en deux dans le sens de la longueur. Empilez-les et enroulez-les serré. Tranchez le rouleau transversalement de façon à obtenir des bandes de la largeur souhaitée.

Brocoli et mini-maïs à la mode de Hong-Kong
KEN HOM

Créé par Ken Hom, l'un des maîtres de la cuisine asiatique, ce sauté fait bon usage du couperet. Pour reprendre les mots de Ken : « Une fois que vous êtes à l'aise avec cet ustensile, vous vous rendez compte qu'on peut l'utiliser pour trancher, hacher, écraser, couper en dés, en filets ou en lamelles tous les types d'aliments. »

POUR 4 À 6 PERSONNES, COMME GARNITURE OU POUR UN REPAS LÉGER

USTENSILES
bols à mélanger
passoire
couperet
couteau à éplucher
grande casserole
wok ou grande poêle
louche à wok ou cuillère en bois à long manche

INGRÉDIENTS
50 g de champignons noirs chinois séchés
450 g de brocolis
225 g de mini-maïs
1 cuillerée à café de sel
1/2 cuillerée à café de poivre noir
1 cuillerée à café de sucre
1 cuillerée à soupe de vin de riz Shaoxing ou de sherry sec clair
1 cuillerée à soupe de sauce soja claire
3 cuillerées à soupe de sauce à huîtres ou de sauce soja foncée
1/2 cuillerée à soupe d'huile d'arachide
2 cuillerées à soupe d'huile de sésame foncée

1 Faites tremper les champignons noirs dans l'eau chaude pendant 20 minutes. Égouttez-les et pressez-les pour en extraire le reste du jus. Coupez et jetez les tiges puis taillez les chapeaux en fines lamelles. Réservez.

2 Séparez les têtes de brocolis en petits fleurons, puis épluchez les tiges et coupez-les en tranches. Blanchissez les morceaux de brocolis et les mini-maïs dans une grande casserole d'eau bouillante salée pendant 3 minutes. Plongez-les dans l'eau froide puis égouttez bien.

3 Mélangez le sel, le poivre, le sucre, le vin de riz, la sauce soja et la sauce à huîtres dans un petit bol.

4 Faites chauffer un wok ou une grande poêle à feu vif. Versez l'huile d'arachide et, dès qu'elle commence à fumer, déposez les brocolis, le maïs et les champignons. Faites sauter pendant 3 minutes.

5 Incorporez l'assaisonnement et continuez de faire sauter à feu moyen pendant 2 minutes.

6 Ajoutez l'huile de sésame, faites sauter pendant 30 secondes supplémentaires. Servez.

UTILISER UN COUPERET Tenez les légumes en repliant le bout des doigts de façon que vos articulations guident la lame. Ne levez pas le couperet plus haut que vos articulations. Positionnez la lame à environ 3 mm du bord des aliments et tranchez vers le bas. Pour contrôler l'épaisseur des tranches, écartez vos doigts du bord que vous êtes en train de couper ou, au contraire, rapprochez-les. Pour trancher diagonalement, inclinez vos doigts à l'oblique de façon à guider la lame.

Nigiri de thon moderne

EMI KAZUKO

Le sushi a été la réponse du Japon au sandwich. Cette interprétation moderne d'un vieux classique fut inventée par Emi Kazuko, journaliste et auteur de livres de cuisine japonais de renom travaillant à Londres. Selon Emi, la clef de la réussite lorsqu'on prépare des sushis est de mouler des portions de riz de forme et de dimension égales.

POUR 12 SUSHIS

USTENSILES

passoire
grande casserole à couvercle
spatule en bois
tasse
handai ou bol à mélanger non métallique
brosse à pâtisserie
brochette en métal

INGRÉDIENTS

POUR LE RIZ DES SUSHIS

225 g de riz à sushi
250-300 ml d'eau
3 cuillerées à soupe de vinaigre pour sushi ou 2 cuillerées à soupe de vinaigre de riz japonais ou vinaigre de vin blanc
1 1/2 cuillerée à café de sucre (2 cuillerées à café si vous utilisez du vinaigre de vin blanc)
1/2 cuillerée à café de sel
450 g de filet de thon ou de saumon frais, sans la peau
vinaigre balsamique
sel et poivre noir du moulin
1 ciboule hachée menu
2 cuillerées à café de mayonnaise
1/2 gousse d'ail râpée
quelques gouttes de shoyu (sauce soja)
1/2 oignon rouge haché menu
2 tranches de citron coupées en morceaux
persil pour garnir

POUR LA SAUCE

1 cuillerée à soupe de jus de citron
1 cuillerée à soupe d'huile d'olive extra-vierge
1 cuillerée à café de shoyu (sauce soja)

1 Lavez le riz dans plusieurs eaux jusqu'à ce que l'eau soit claire, puis laissez égoutter dans une passoire pendant au moins 30 minutes, idéalement 1 heure (le fait d'absorber l'eau lentement lui donne une couleur blanche laiteuse).

2 Égouttez le riz et versez-le dans une grande casserole. Ajoutez l'eau jusqu'à un tiers de la profondeur. Couvrez et portez à ébullition sur feu moyen – environ 5 minutes. Baissez le feu au minimum et, à l'aide d'une spatule en bois, remuez le riz de haut en bas. Couvrez et laissez mijoter à feu très doux pendant 9-10 minutes, jusqu'à ce que l'eau soit absorbée mais qu'il reste encore des bulles à la surface du riz. Tournez légèrement le riz de haut en bas avec la spatule et laissez mijoter, à couvert, pendant 1 minute. Retirez du feu et laissez reposer, couvert, pendant 10 minutes.

3 Si vous n'utilisez pas de vinaigre à sushi prêt à l'emploi, mélangez le vinaigre de riz avec le sucre et le sel dans une tasse.

4 Débarrassez le riz chaud dans un handai (ou un bol à mélanger non métallique). Versez quelques gouttes d'assaisonnement par-dessus et, à l'aide de la spatule, incorporez au riz tout en refroidissant celui-ci à l'aide d'un éventail. Réservez.

5 Coupez le poisson en 12 morceaux de 7 x 3 x 5 cm. Sur 4 morceaux, d'un côté seulement, faites des entailles en croisillons. Faites légèrement griller ce côté sur feu vif pendant quelques secondes. Retirez du feu et badigeonnez avec un peu de vinaigre balsamique.

6 Faites griller 4 autres morceaux d'un côté seulement et, à l'aide d'une brochette en métal, dessinez un motif de croisillons sur le côté grillé.

7 Pour confectionner le nigiri de thon parfumé au vinaigre balsamique, prenez 1 cuillerée à café de riz dans une main et moulez-la en un rectangle de 1,5 x 1,5 x 3 cm. En tenant le morceau de thon dans l'autre main, placez le riz par-dessus et pressez doucement. Retournez et moulez de façon à former un nigiri bien net. Badigeonnez avec un peu de vinaigre balsamique, salez et poivrez, puis garnissez de ciboule hachée. Préparez trois autres nigiri parfumés au vinaigre balsamique.

8 Pour le morceau de thon grillé orné de croisillons : mélangez la mayonnaise avec l'ail râpé et quelques gouttes de shoyu et placez un peu de ce mélange par-dessus.

9 Pour le thon cru, mélangez l'oignon rouge haché avec les morceaux de citron, puis déposez un quart de la mixture sur chaque morceau. Mélangez les ingrédients de la sauce, salez et poivrez et répartissez l'assaisonnement sur le mélange à base d'oignon.

10 Dressez tous les nigiri sur un plat de service et garnissez avec un brin de persil.

Ces ustensiles spécialisés facilitent certaines tâches qui prennent beaucoup de temps comme l'épluchage et le hachage. S'ils ont parfois une drôle de forme, c'est qu'ils sont conçus pour des tâches spécifiques. Le résultat est souvent bien meilleur que celui que vous auriez obtenu sans cet outillage. Loin d'être des gadgets, ces ustensiles sont un excellent investissement. La plupart existent depuis des années et ont fait leurs preuves.

Autres ustensiles pour couper

1 MEZZALUNA
Utilisée surtout pour couper les herbes, la mezzaluna fonctionne de la même façon que le couteau de chef – une lame courbe va et vient sur les aliments. Les deux poignées permettent d'exercer une poussée vers le bas régulière, tandis que la lame en forme de croissant augmente la longueur du bord tranchant. Certains types ont deux, voire trois lames ; toutefois, si cela accélère le hachage, il faut passer plus de temps à débarrasser les lames des herbes.

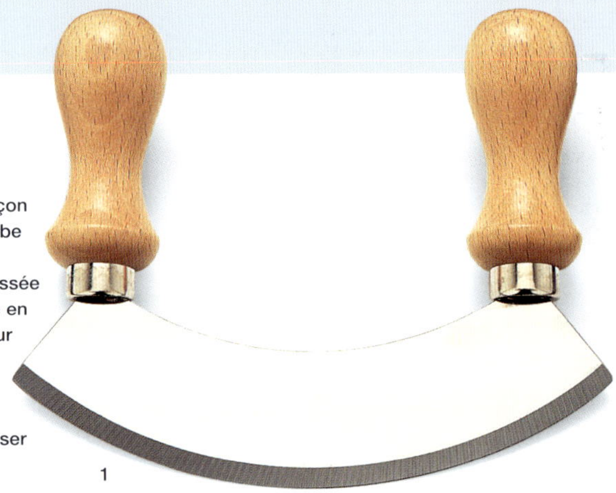

1

2

2 MANDOLINE
Ce modèle en fibre de verre noire et en acier coupe les légumes avec la plus grande précision. Suivant la forme et la position de la lame, vous pouvez couper n'importe quel légume ferme en tranches, en allumettes, en gaufres ou en vagues. Tenez fermement le morceau de légume et passez-le en travers des lames. Il existe plusieurs lames, et un dispositif permet de modifier l'épaisseur de la coupe. Des patins de caoutchouc empêchent l'appareil de glisser et une garde protège vos doigts. Cependant, cet appareil coûte cher.

3 HACHOIR
La lame en forme de demi-lune et le bol aux courbes adaptées conviennent à la perfection pour hacher le gingembre, l'ail et de petites quantités d'herbes.

3

4 **ÉPLUCHEUR À LAME MOBILE**
Pratique et économique, cet éplucheur est pourvu d'une fente suffisamment longue et large pour ne pas emprisonner les épluchures. La fente est aiguisée des deux côtés, aussi peut-elle être utilisée par les gauchers comme par les droitiers. Le mouvement tournant permet de suivre de plus près le contour des légumes, ce qui évite le gâchis.

5 **ÉCONOME EN V**
Cet ustensile possède une lame en forme de V pourvue d'une fente étroite qui retient parfois les épluchures. La pointe bien aiguisée permet de retirer les yeux et les parties abîmées.

6 **ÉPLUCHEUR EN Y**
Cet éplucheur en forme de Y fut initialement inventé pour les handicapés. Il possède une lame pivotante, et le manche est fait d'un matériau composite antidérapant à base de caoutchouc et de polypropylène. Son épaisseur le rend plus facile à manier.

7 **ÉPLUCHEUR AVEC ARRACHEUR DES YEUX DES POMMES DE TERRE**
Cet éplucheur à lame latérale pivotante est équipé d'une lame très aiguisée des deux côtés qui le rend maniable pour les gauchers comme pour les droitiers. Au centre se trouve une petite languette métallique qui permet d'arracher les yeux des pommes de terre. Grâce à son design contemporain robuste, cet ustensile pourrait bien vous durer toute la vie.

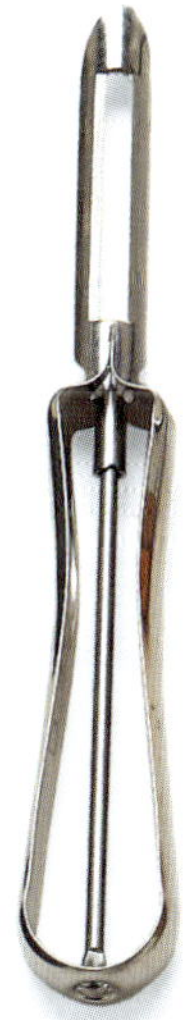
4

5

6

7

8

8 **ÉPLUCHEUR DOUBLE LAME**
Idéal pour les cuisiniers enthousiastes qui veulent imiter leur chef préféré avec des juliennes de légumes sans recourir au couteau de cuisine. Cet éplucheur en acier inoxydable pourvu d'un bord tranchant en dents de scie est assez efficace, mais il faut placer les légumes à plat sur une planche. En outre, il ne convient que pour les carottes et les racines, pas pour les poireaux ou les ciboules. La lame au bord tranchant tout simple permet de faire des tranches de légume très minces.

9

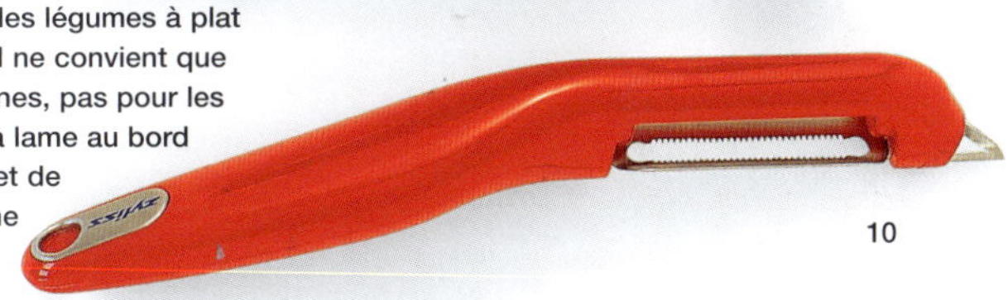

10

9 **ÉPLUCHEUR CÉRAMIQUE**
Les Japonais ont porté à son plus haut niveau l'art de fabriquer des lames de céramique ultratranchantes. Non seulement cet éplucheur glisse sans effort à travers la peau des légumes et des fruits, mais, en outre, le manche facile à tenir et le cadran tournant le rendent idéal pour les gauchers comme pour les droitiers. On peut éplucher verticalement ou latéralement.

10 **ÉPLUCHEUR POUR FRUITS MOUS**
Jusqu'ici, lorsqu'on voulait éplucher des pêches, des prunes ou des tomates, il fallait d'abord les plonger dans l'eau bouillante. Maintenant, on peut les éplucher comme des pommes ou des poires à l'aide de cet éplucheur à lame latérale en dents de scie. Cet ustensile existe également en forme de Y. On peut aussi l'utiliser pour les kiwis.

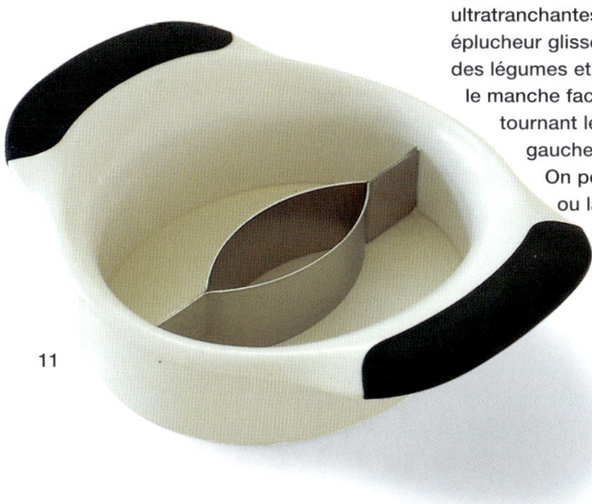
11

11 **TRANCHEUSE À MANGUE**
La mangue possède un gros noyau central plat et une chair fibreuse qui la rendent difficile à préparer. Nombre d'apprentis cuisiniers se sont fait prendre à la couper de la mauvaise manière. Cet ustensile astucieux permet d'ôter le noyau et de trancher le fruit en deux en une seule poussée sur les poignées confortablement protégées.

1 ZESTEUR CANNELEUR

Une langue saillante en forme de V permet d'ôter de minces bandes d'écorce d'agrumes. Ce couteau peut aussi servir à découper de fines cannelures dans les concombres non pelés ou dans les champignons, ce qui donne un bord festonné quand les légumes sont coupés en tranches. L'ustensile présenté ci-contre est conçu pour les droitiers, mais il existe aussi des modèles pour gauchers.

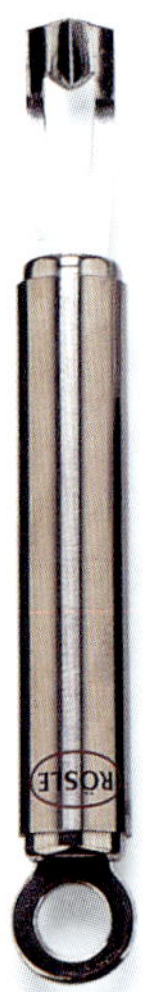

1

2

2 ZESTEUR À CITRON

Cinq trous aux bords aiguisés dans une lame biseautée permettent de découper de tout petits bouts de zeste de citron pour décorer gâteaux et desserts. Grâce à son angle peu profond, la lame ne pénètre que dans le zeste et épargne la membrane blanche amère.

TRANCHEUSES À HARICOTS

3 Cette robuste trancheuse en fonte sert à couper de grandes quantités de haricots de toutes sortes. Les haricots sont introduits dans l'appareil par les fentes et coupés par trois lames très acérées logées dans un disque que l'on actionne en tournant la manivelle. Ils ressortent sous forme de tranches taillées extrêmement fines en diagonale, sans un fil. Le seul inconvénient est que la pince ne peut pas être fixée à une surface de travail de plus de 3 cm d'épaisseur.

4 Cette petite trancheuse en plastique permet d'éplucher les haricots verts et de les couper en tranches aussi fines que des spaghettis. Il suffit de glisser un haricot dans le trou et de le pousser pour le faire passer à travers les quatre lames. Lorsqu'il ressort, attrapez la pointe et tirez. Les haricots doivent être fermes et craquants, et cet ustensile n'est pratique que pour les petites quantités.

3

4

5

6

5 ROULETTE À PIZZA

Rien ne vaut une roulette à pizza pour couper une pizza. La lame circulaire tranche de façon chirurgicale à travers la garniture et la croûte, donnant des parts aux bords parfaitement nets. La garde vous empêche de vous couper les doigts.

6 RACLOIR À FROMAGE

Cet ustensile efficace fut conçu initialement pour réaliser de très fines tranches de fromage scandinave, trop fort pour être mangé en plus grandes quantités. Le bord tranchant biseauté guide les tranches à travers la fente et sur le plat de la lame. Celle-ci permet de faire glisser le fromage sur les assiettes sans casser les tranches.

7 PINCE À ARÊTES

Cette pince permet de traquer les arêtes qui se cachent dans le poisson. Les deux leviers de 15,5 cm de long se terminent par des bouts arrondis striés à l'intérieur de façon à pouvoir attraper et arracher les arêtes.

7

8 ÉCAILLEUR À POISSON

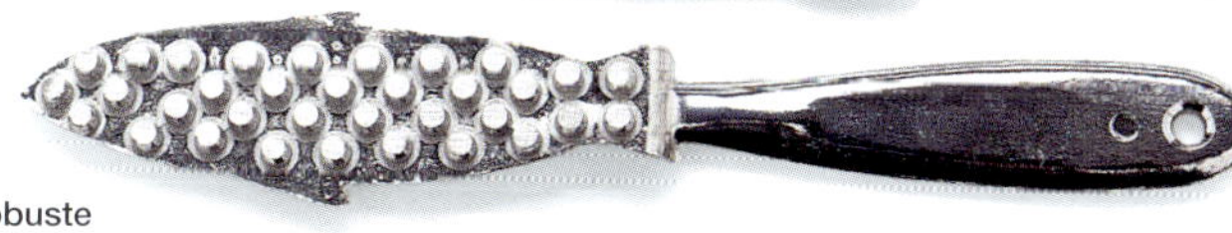

8

Le dessous de ce robuste ustensile en aluminium est hérissé de crampons qui accrochent les écailles, les soulèvent et les arrachent lorsqu'on le passe sur le poisson. Il est préférable d'écailler le poisson avant de le vider : il sera plus ferme et plus rond, et par conséquent plus facile à manipuler.

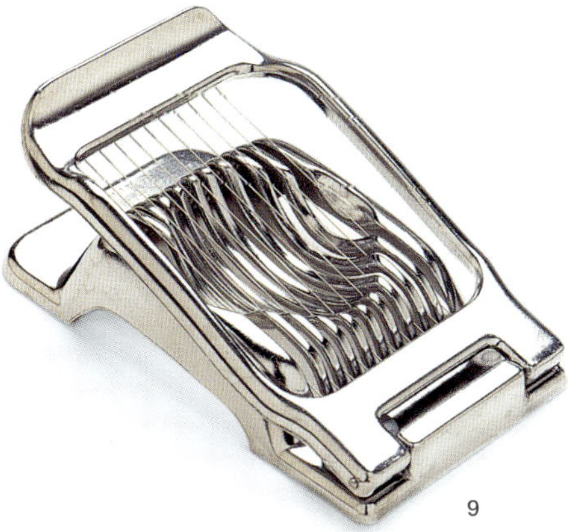

9

9 TRANCHE-ŒUF

Dix fils de fer tendus fixés sur un cadre rectangulaire permettent de trancher les œufs durs de façon nette et régulière, sans que les jaunes se désintègrent.

10 COUPE-FRITES

Un ustensile idéal pour ceux qui préfèrent les frites de même calibre aux frites coupées à la main, plus irrégulières. Poussez la poignée vers le bas pour enfoncer la pomme de terre épluchée dans la grille coupante. Il existe plusieurs types de grilles que l'on peut changer suivant la grosseur des frites souhaitée.

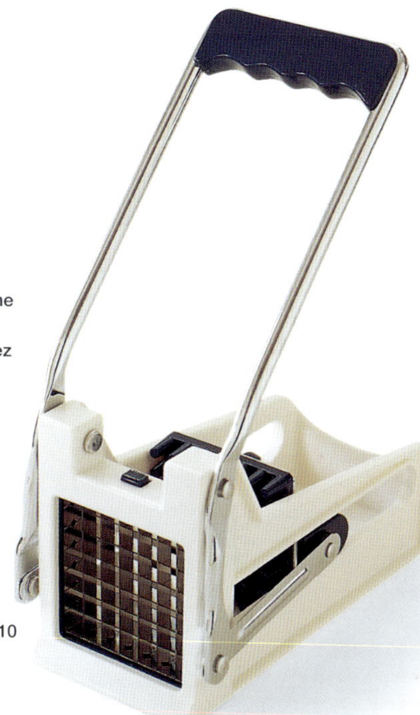

10

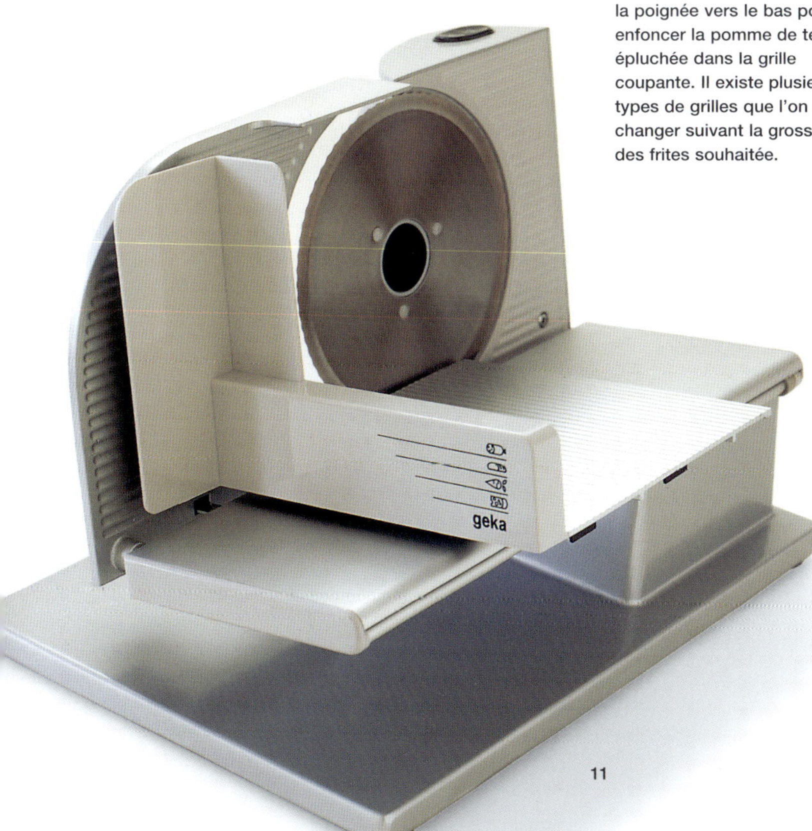

11

11 TRANCHEUSE À JAMBON

Pour une famille nombreuse ou un petit restaurateur, une trancheuse électrique permet de trancher rapidement un salami entier ou un jambon cuit désossé. Cette machine peut aussi servir à trancher des miches de pain lorsqu'on souhaite des tranches fines et régulières pour préparer des sandwiches. La lame circulaire est actionnée par un moteur électrique, ce qui vous laisse les mains libres pour pousser la viande dessous. Attention toutefois, cette lame est tranchante comme celle d'un rasoir !

Couper des légumes en lanières

a

b

USTENSILES : éplucheur, planche à découper, bol en verre de taille moyenne, bâtons de cocktail (cure-dents)

1 Choisissez des carottes, concombres ou courgettes de taille égale et d'au moins 2 à 3 cm de diamètre. Coupez les deux extrémités, puis faites des lanières de 3-5 mm d'épaisseur à l'aide d'un éplucheur large (a). Mélangez.

2 Les lanières de carotte peuvent être enroulées sur elles-mêmes, fixées à l'aide d'un cure-dents, puis mises à tremper pendant 1 à 2 heures (b).

Enlever les arêtes d'un poisson

USTENSILES : pince à arêtes

Après avoir coupé les filets, traquez les dernières arêtes cachées en passant le bout des doigts sur la chair, de la queue à la tête. Attrapez le bout des arêtes avec la pince et tirez d'un coup sec avec la pince vers l'arrière. Enlevez les éventuelles arêtes autour des nageoires sur le côté.

Écailler le poisson

USTENSILES : écailleur, grand sac plastique

Mettez le poisson dans un sac plastique et passez l'écailleur le long du poisson en partant de la queue. Il vaut mieux écailler les poissons avant de les vider pour qu'ils conservent leur fermeté. Les poissons à écailles molles peuvent être écaillés à la main. Prenez garde quand vous écaillez des poissons à écailles dures : elles peuvent blesser.

Avec ses deux poignées et son mouvement de balancier, la mezzaluna permet d'exercer une poussée vers le bas qui accélère le hachage des herbes aromatiques fraîches et évite de les écraser.

Pâtes aux herbes fraîches, au citron et aux fèves

Cette recette qui fait intervenir toute une gamme d'ustensiles à couper mélange des herbes aromatiques comme le thym, la sarriette et l'origan avec une bonne quantité de zeste de citron pour donner un plat coloré et très parfumé. La sarriette se marie particulièrement bien avec les fèves, et la chapelure rôtie ajoute une texture croustillante fort agréable. Commencez par préparer les herbes, le zeste de citron et les copeaux de parmesan.

POUR 4 PERSONNES

USTENSILES
- mezzaluna
- petit couteau de cuisine
- planche à découper
- zesteur à agrumes
- éplucheur à lame pivotante
- petit plat à rôtir pour la chapelure

INGRÉDIENTS
- 250 g de pâtes plates longues (linguine ou fettucine)
- 200 g de petites fèves fraîches ou surgelées
- 8 cuillerées à soupe d'huile d'olive
- 1 gousse d'ail hachée menu
- 1 petit bouquet de persil plat haché menu
- 1 bonne poignée d'herbes fraîches mélangées (basilic, origan, thym, sarriette…) hachées menu
- le zeste d'1 1/2 citron haché menu
- 4 cuillerées à soupe de chapelure rassie rôtie au four
- gros sel
- poivre noir moulu
- copeaux de parmesan frais pour garnir

1 Faites cuire les pâtes « al dente » dans une grande quantité d'eau bouillante salée. Égouttez bien et versez dans un plat de service chaud.

2 Plongez les fèves dans une casserole d'eau bouillante et laissez bouillir pendant 1 minute à partir de la reprise de l'ébullition. Égouttez.

3 Faites chauffer l'huile dans une poêle jusqu'à ce qu'elle soit très chaude mais sans fumer. Mettez l'ail, faites cuire pendant quelques secondes, puis enlevez la poêle du feu dès que l'ail commence à dorer. Ajoutez aussitôt les herbes et le zeste de citron.

4 Versez le contenu de la poêle sur les pâtes. Salez et poivrez généreusement et mélangez. Ajoutez les fèves et la chapelure. Mélangez à nouveau et parsemez de copeaux de parmesan.

UTILISER UNE MEZZALUNA
En travaillant d'une extrémité à l'autre, hachez les herbes perpendiculairement en segments de 2 à 3 mm. Si vous voulez les hacher plus finement encore, tournez et hachez dans l'autre sens.

UTILISER UN ZESTEUR À AGRUMES
Pour ôter le zeste sans entamer la membrane amère, tirez le zesteur en travers de l'écorce en exerçant une pression ferme. Avec de la pratique, vous ferez des pelures plus longues.

COPEAUX DE PARMESAN
Prenez un gros morceau de parmesan dans une main et un éplucheur à lame tournante dans l'autre. Tirez l'éplucheur sur la surface de façon à obtenir de minces copeaux de fromage.

« Une mandoline Matfer® glisse sans effort à travers la courge, la coupant en minces bâtons de julienne. »

ANNE WILLAN

Salade de courges
ANNE WILLAN

La recette de cette salade estivale et colorée est due à Anne Willan, fondatrice de la célèbre école de cuisine de La Varenne, au château du Fey, en Bourgogne, et l'un des professeurs de cuisine les plus réputés au monde. Cette salade peut être servie sur-le-champ ou très légèrement flétrie et ramollie au bout d'une heure ou deux.

POUR 6 À 8 PERSONNES COMME HORS-D'ŒUVRE

USTENSILES
couteau de cuisine
mandoline
bol
presse-agrumes
petit fouet plat

INGRÉDIENTS
4 petites courgettes vertes (environ 450 g)
4 petites courgettes jaunes ou autres courges jaunes (environ 450 g)
le jus de 2 citrons jaunes ou verts
2 échalotes hachées menu
sel et poivre noir moulu
8 cuillerées à soupe d'huile végétale (huile de pépins de raisin ou de tournesol)
2 cuillerées à soupe d'aneth haché (ou autre herbe aromatique fraîche)
aneth frais ou autre herbe pour garnir

1 Coupez l'extrémité des courgettes et taillez celles-ci en segments de 5 cm de long.

2 Coupez les segments de courgette dans le sens de la longueur sur la lame à julienne de votre mandoline en les tournant pendant l'opération, puis jetez les graines et le cœur du milieu. Versez les bâtonnets dans un bol.

3 Préparez une vinaigrette en mélangeant le jus de citron avec les échalotes, le sel et le poivre. Incorporez l'huile en fouettant et ajoutez les herbes.

4 Mélangez la julienne avec la vinaigrette, goûtez et ajustez l'assaisonnement si nécessaire. Répartissez dans des assiettes individuelles et garnissez avec un petit brin d'aneth ou autre herbe de votre choix.

UTILISER UNE MANDOLINE
Pour couper des légumes ou des fruits à chair dense en tranches, insérez le côté lisse ou gaufré de la lame réversible dans sa fente, puis tournez le bouton sous la plaque de support pour amener le bord plus près de la lame à trancher. Quand vous avez ajusté la distance entre les deux, serrez le bouton sous la plaque de support. Pour faire des allumettes, glissez la lame de votre choix à sa place et ajustez le calibre comme précédemment. Pour une meilleure stabilité, coupez les légumes en deux afin d'obtenir une surface plate qui repose complètement sur la plaque de support. Placez le pousseur par-dessus, appuyez fermement, puis utilisez le pousseur pour faire glisser les légumes vers la lame. Ne travaillez jamais sans le pousseur : vous risqueriez de vous couper le bout des doigts !

Salsa de mangue aux haricots noirs
BOBBY FLAY

Création de Bobby Flay, l'un des plus grands chefs américains, cette salsa peut être préparée la veille et conservée au réfrigérateur. La trancheuse à mangue vous facilitera vraiment le travail.

POUR 4 PERSONNES

USTENSILES
trancheuse à mangue
grand bol

INGRÉDIENTS
200 g de haricots noirs cuits ou en boîte, égouttés
1 mangue épluchée, dénoyautée et coupée en dés
1/2 oignon rouge haché menu
1 jalapeño ou piment de Serrano épépiné et coupé en petits dés
4 cuillerées à soupe de jus de citron vert frais
1 ou 2 cuillerées à soupe de miel
4 cuillerées à soupe d'huile d'olive
4 cuillerées à soupe de coriandre fraîche hachée
sel et poivre noir fraîchement moulu

Mélangez tous les ingrédients sauf le sel et le poivre dans un grand saladier. Assaisonnez à votre goût et servez.

NOTE
Si vous préparez votre salsa à l'avance, portez-la à température ambiante 1 heure avant de servir.

« La trancheuse à mangue me coupe le souffle – elle permet de faire le travail en un clin d'œil avec des résultats parfaits. » BOBBY FLAY

Les ciseaux et cisailles de cuisine font des coupures parfaitement nettes. Beaucoup de gens préfèrent utiliser des ciseaux plutôt qu'un couteau, car ils permettent d'exercer plus de contrôle musculaire tout en gardant les doigts à l'écart des lames. Une bonne paire de ciseaux de cuisine peut servir à accomplir toutes sortes de tâches, comme couper du papier et de la ficelle, retirer des arêtes de poisson, ciseler des herbes, enlever la couenne du bacon ou tailler des fruits séchés en petits morceaux.

Ustensiles pour couper et percer

Il est parfois nécessaire de percer certains aliments ou certains types de contenants. Il existe toutes sortes d'ustensiles conçus pour accomplir ces tâches. Ceux destinés à percer, comme les brochettes et les tire-bouchons, sont indispensables dans une cuisine. Cependant, certains ustensiles sont tellement spécialisés que cela prête à rire. D'autres sont si peu solides qu'ils ne valent même pas l'espace qu'ils occupent. Mais il y a des surprises – on s'attache souvent aux ustensiles, qui deviennent vite indispensables.

1 CISAILLES DE CUISINE

Les lames de ces cisailles à tout faire ont une brèche qui permet de couper les articulations des volailles, tandis que diverses parties des oreilles peuvent servir à ouvrir les bocaux et les bouteilles, à soulever des couvercles ou encore faire office de tire-bouchon. On peut démonter les cisailles pour les nettoyer (elles vont au lave-vaisselle) et les affûter.

2 CISEAUX DE CUISINE

Les ciseaux de cuisine ont des lames plus longues que les ciseaux ordinaires, dont une en dents de scie, ce qui permet de couper poulets et poissons. Les meilleurs ciseaux ont des lames forgées en acier inoxydable, et, par conséquent, ne rouillent pas. Choisissez des ciseaux à écrou plutôt qu'à rivet, de façon à pouvoir les démonter pour le nettoyage et l'affûtage. Les oreilles doivent être confortables.

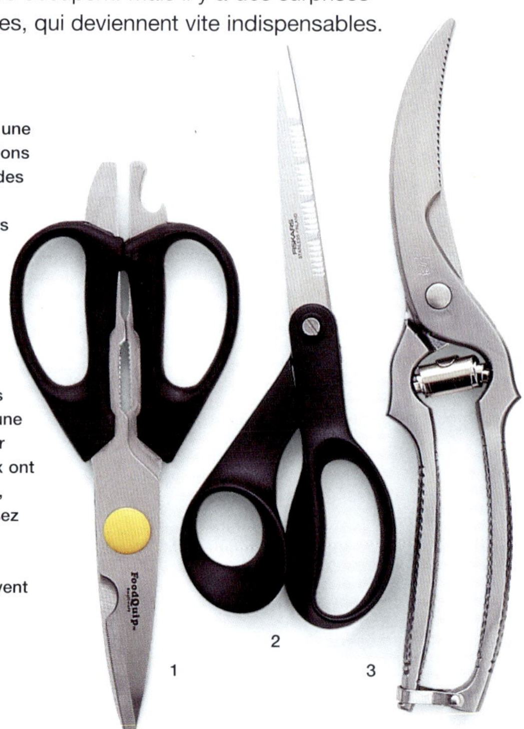

3 CISAILLES À VOLAILLE

Ces cisailles coupent aisément les os, les tendons et la chair. Les lames sont incurvées et pointues pour les tâches compliquées, et une brèche permet de retenir les os fermement lorsqu'on casse les articulations. Un solide ressort facilite l'écartement des oreilles, mais il tend à retenir le jus des volailles crues, aussi doivent-elles être nettoyées avec le plus grand soin après usage. Un crochet permet d'attacher les oreilles pour ranger les cisailles.

VIDE-POMME ET VIDE-LÉGUMES

Pour utiliser un vide-pomme, enfoncez le bord coupant circulaire à la verticale au milieu du fruit ou du légume, puis retirez-le. Le cœur viendra avec, coincé dans le cylindre. Si vous déviez de la verticale, il restera des pépins et une partie du cœur dans le fruit ou le légume, de même que si le diamètre du cœur est plus important que celui du cylindre.

4 Le vide-pomme court fonctionne relativement bien avec les pommes et les poires, mais il ne convient pas aux fruits et légumes plus longs.

5 Pour vider les courgettes, les aubergines et autres légumes allongés, vous aurez besoin d'un vide-légumes plus long.

6 CUILLÈRE À MELON

La cuillère à melon (ou cuillère à pomme parisienne) est utile pour réaliser, entre autres, des petites boules de melon. Pour l'utiliser, enfoncez-la profondément dans la chair jusqu'à ce que le jus ressorte par le trou situé à la base du bol puis tournez et retirez. Certaines cuillères à melon ont un bol plus petit à l'autre extrémité pour racler l'écorce.

7 VIDE-ANANAS

Cet ustensile fonctionne, mais ne l'achetez que si vous êtes un grand amateur d'ananas. Coupez la couronne du fruit, puis enfoncez le vide-ananas jusqu'au fond. Tirez ensuite vers le haut : vous retirerez une spirale continue de chair d'ananas, sans la moindre tache brune. L'écorce demeure intacte et peut faire office de décoration.

Épépiner un concombre

USTENSILES

Cuillère à melon, planche à découper

Coupez le concombre en deux dans le sens de la longueur et posez-le sur la planche avec le cœur vers le haut. Passez une cuillère à melon le long du cœur pour retirer les pépins. (Vous pouvez également utiliser le bout d'une petite cuillère pour cette tâche, mais le résultat sera moins net.)

Vider une pomme

USTENSILES

Vide-pomme, planche à découper

Posez la pomme sur une planche avec la tige sur le dessus et enfoncez le vide-pomme autour du cœur, puis, dès que vous touchez la base, tournez le vide-pomme sur lui-même deux ou trois fois et tirez. Le cœur viendra avec. Retirez-le du cylindre. Il est parfois nécessaire de répéter l'opération pour retirer le reste du cœur.

4

5

6

7

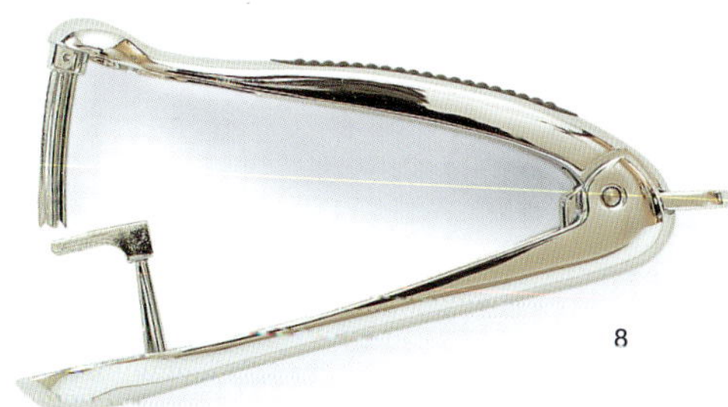

8

8 DÉNOYAUTEUR D'OLIVES

Cet ustensile permet de dénoyauter les olives en un clin d'œil. Il peut également servir à dénoyauter les cerises fraîches – placez le fruit au fond de la petite tasse avec la tige sur le dessus et pressez.

BROCHETTES

Les brochettes conduisent la chaleur à travers les aliments. Elles aident à les maintenir en place, à vérifier si les gâteaux et les viandes sont suffisamment cuits ou à piquer les volailles pour permettre au jus et aux graisses de s'en échapper pendant la cuisson.

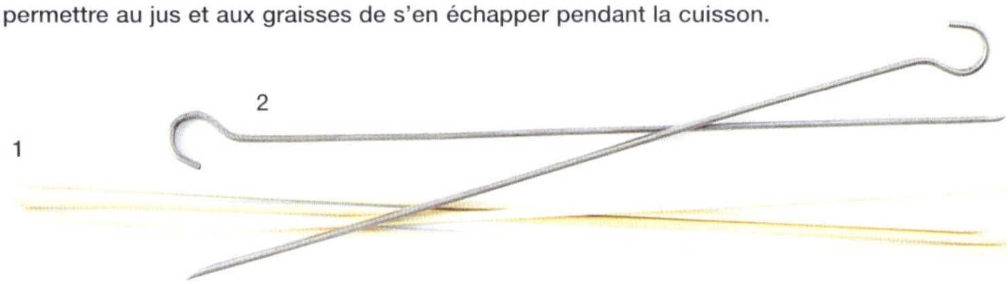

1 2

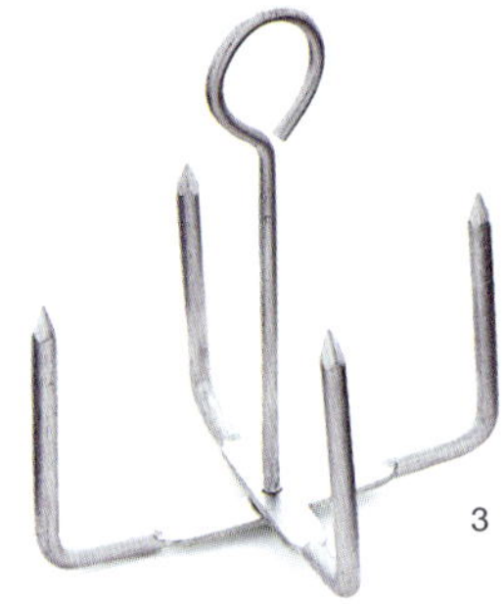

3

1 BROCHETTES EN BAMBOU

Ces brochettes ne conduisent pas la chaleur aussi bien que les brochettes de métal, mais elles sont parfaites pour les petits kebabs comme le satay de poulet. Certains chefs conseillent de les faire tremper dans l'eau avant utilisation ; personnellement, je ne le fais jamais, et cela ne m'a jamais posé de problème.

2 BROCHETTES À CHICHE-KEBAB

Ces tiges métalliques plates empêchent les aliments de tourner lorsque vous retournez la brochette. La taille la plus couramment utilisée est de 25-30 cm, mais il existe des modèles plus longs pour les barbecues. Les brochettes en acier inoxydable ne rouillent pas et sont plus faciles à nettoyer.

3 PIQUE POMMES DE TERRE

Quatre pointes de métal accélèrent la cuisson au four en conduisant la chaleur au centre des pommes de terre. L'inconvénient est que l'amidon cuit est difficile à nettoyer. De plus, le pique prend beaucoup de place dans le four, et si l'on cuit moins de quatre pommes de terre, il est déséquilibré. Cet ustensile reste très utile si vous faites souvent des pommes de terre au four pour quatre personnes.

4 PETITES BROCHETTES RONDES

Ces brochettes existent en plusieurs tailles et sont idéales pour fermer les orifices des volailles. On peut fixer un cordon dans l'anneau afin de clore les cavités plus sûrement. Ces brochettes servent aussi à fermer les petits paquets de nourriture. Les brochettes de boucher s'utilisent à peu près de la même façon.

4

OUVRE-BOÎTES

Un bon ouvre-boîte doit ouvrir les boîtes de façon bien nette et continue sans accrocher à mi-parcours. Il doit être confortable à tenir et s'utiliser sans effort.

5 L'ouvre-boîte bleu est facile à utiliser et convient aux gauchers comme aux droitiers. Il est cependant un peu moins sûr que d'autres modèles, car il découpe tout le dessus de la boîte, laissant un bord bien net mais tranchant.

6 L'ouvre-boîte chromé a une poignée papillon facile à attraper et les coussins de plastique noir protègent les paumes. La lame d'acier se recourbe sur le bord de la boîte, la laissant en place la tâche accomplie.

5

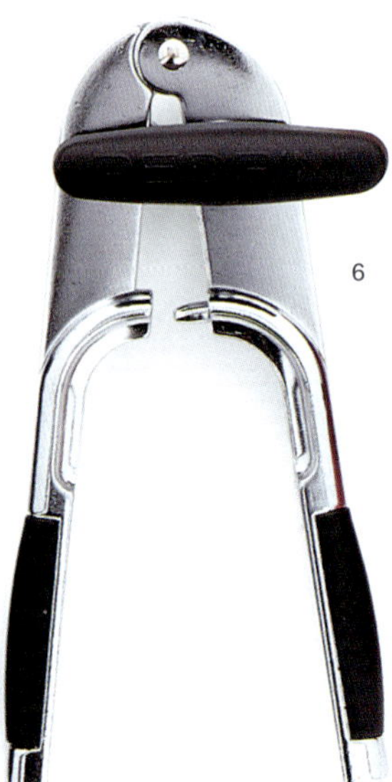

6

7

7 OUVRE-TOUT

Cet ustensile permet de venir à bout des couvercles les plus réticents et s'adapte à plusieurs tailles. Les bords internes en dents de scie créent suffisamment de traction pour agripper et relâcher le couvercle pendant que vous tournez, tandis que les poignées antidérapantes vous permettent d'exercer une grande pression. Diverses protubérances servent à ôter les capsules et à percer les boîtes de conserve.

8

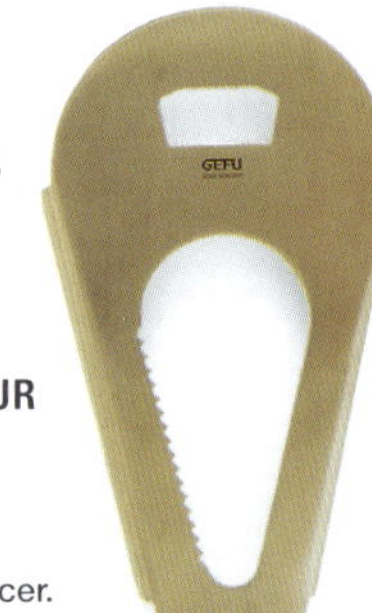

8 OUVRE-BOCAL/DÉCAPSULEUR

Glissez la grande ouverture de cet ustensile en acier inoxydable sur le goulot d'un flacon de métal ou d'un bocal et tournez pour le décoincer. Pour décapsuler une bouteille de bière, utilisez la petite ouverture rectangulaire placée à l'autre extrémité.

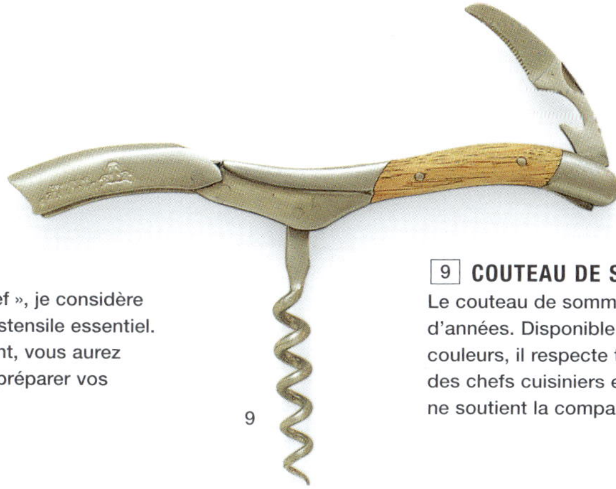

9

TIRE-BOUCHONS

Adepte de la « goutte du chef », je considère le tire-bouchon comme un ustensile essentiel. Même si vous buvez rarement, vous aurez toujours besoin de vin pour préparer vos sauces et vos jus de viande.

9 COUTEAU DE SOMMELIER

Le couteau de sommelier existe depuis une soixantaine d'années. Disponible en toutes sortes de designs et de couleurs, il respecte toujours le même principe, et la plupart des chefs cuisiniers estiment qu'aucun autre tire-bouchon ne soutient la comparaison avec lui !

10 TIRE-BOUCHON AILÉ

Facile à utiliser et fiable, ce tire-bouchon ailé en acier inoxydable est composé d'un cylindre creux que l'on pose sur le goulot de la bouteille et qui guide l'hélice à travers le bouchon. Tournez la poignée jusqu'à ce que les ailes soient complètement soulevées, puis abaissez-les lentement pour extraire le bouchon.

11 SCREWPULL®

Le tire-bouchon Screwpull® de Le Creuset possède un manche confortable et une hélice en Téflon sans fin qui tourne jusqu'à ce que le bouchon sorte du goulot. Le manche est ouvert, avec un profil bien conçu qui permet d'agripper le bouchon fermement.

12 TIRE-BOUCHON À LEVIER

Si intimidant qu'il paraisse au premier abord, ce modèle de pointe est très facile à utiliser. En agrippant la bouteille avec les pinces, soulevez le levier et mettez-le en position fermée pour enfoncer l'hélice dans le bouchon. Remettez le levier en position ouverte pour extraire le bouchon.

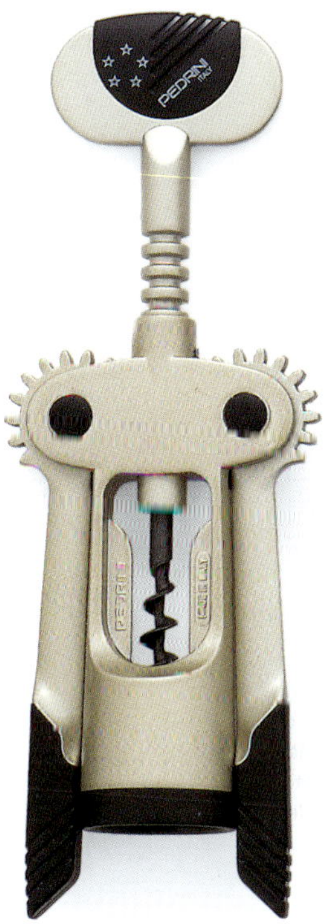

10

11

12

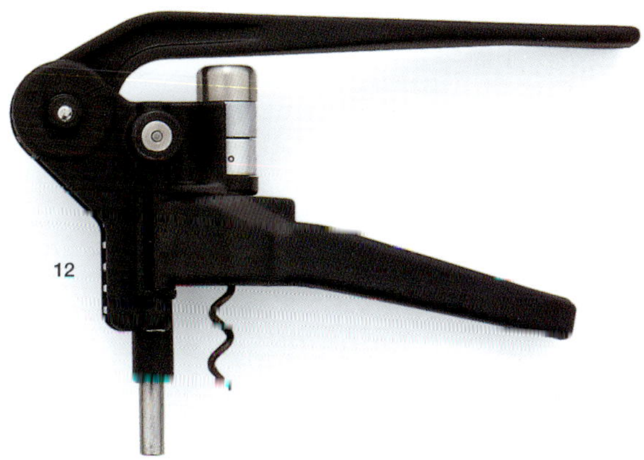

« On ne peut pas se passer de tire-bouchon dans une cuisine, car presque toutes les recettes comportent une giclée de vin, sans parler des besoins du chef. »

FERGUS HENDERSON

a

b

c

Utiliser un couteau de sommelier

Posez toujours la bouteille sur la table. Pour ôter la capsule, placez la lame sur le goulot de la bouteille (a). En exerçant une légère pression sur la lame, tournez la bouteille d'une main, puis tournez la lame dans l'autre direction jusqu'à ce que la capsule soit coupée tout autour. Fermez la lame et retirez la capsule de façon à exposer le bouchon.

Ouvrez l'hélice et le levier. La bouteille toujours posée sur la table, placez la pointe de l'hélice au milieu du bouchon. Enfoncez l'hélice dans le bouchon en tournant légèrement la bouteille sur la table (b). Ayez soin de garder l'hélice centrée verticalement dans le bouchon.

Continuez à tourner la bouteille jusqu'à ce que l'hélice soit suffisamment enfoncée pour reposer sur le bord du goulot. En attrapant le col de la bouteille d'une main et en vous assurant que le levier reste bien en place sur le bord, tirez la partie du manche où est rentrée la lame vers le haut. Le bouchon devrait venir sans difficulté.

L'effort requis pour extraire le bouchon dépend de l'angle du levier par rapport à l'hélice. Les bouchons synthétiques sont plus tenaces que les bouchons en liège et exigent davantage d'efforts pour actionner le tire-bouchon.

Coquelets entrelardés, beurre au romarin et à l'orange

Le meilleur moyen de griller des volailles entières est de retirer l'épine dorsale avec des cisailles à volaille et d'aplatir les carcasses. Elles cuisent vite et de façon homogène. Les broches redonnent de la rigidité quand on les retourne et elles conduisent la chaleur dans la partie épaisse de la cuisse. Glissez du beurre aux herbes sous la peau pour que la chair reste juteuse.

POUR 4 PERSONNES

USTENSILES
mezzaluna ou couteau de cuisine
presse-ail
râpe à agrumes
pilon et mortier
petit bol
fourchette
planche à découper en polypropylène
cisailles à volaille ou ciseaux de cuisine résistants
4 brochettes en métal plates
gril

INGRÉDIENTS
100 g de beurre doux à température ambiante
2 cuillerées à soupe de romarin haché menu
1 grosse gousse d'ail écrasée
le zeste finement râpé d'1 petite orange
1/2 cuillerée à café de poivre noir concassé
1 bonne pincée de gros sel
2 coquelets de 450 g chacun
quelques brins de romarin pour décorer

1 À l'aide d'une fourchette, mélangez le beurre avec le romarin, l'ail, le zeste d'orange, les grains de poivre noir concassés et le gros sel.

2 Placez les volailles sur une planche en polypropylène avec la poitrine en dessous. À l'aide de cisailles ou de ciseaux de cuisine, coupez l'extrémité des ailes et les articulations noueuses au bout des pattes. Retirez l'épine dorsale et le croupion en coupant tout au long du coquelet, de part et d'autre de la colonne vertébrale (a).

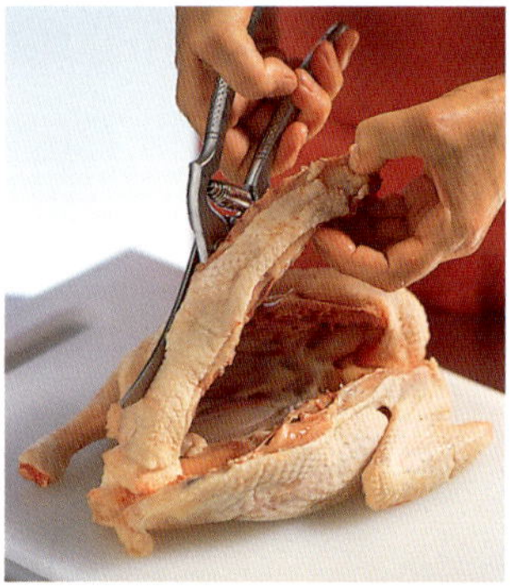
a

3 Ouvrez les volailles et retournez-les. Pressez fermement dessus avec le plat de la main pour briser et écraser la clavicule (b).

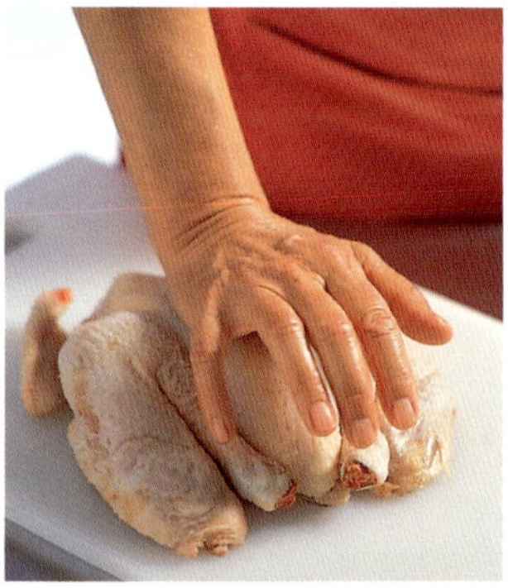
b

4 Décollez la peau des blancs, des pattes et des pilons en glissant le doigt entre la peau et la chair. Glissez des noisettes de beurre aromatisé sous la peau en l'étalant le plus régulièrement possible (c). Couvrez d'un linge et laissez reposer au réfrigérateur pendant au moins 2 heures et jusqu'à 24 heures.

c

5 Au moment de faire griller, disposez les volailles aplaties de façon que les pilons soient tournés vers l'intérieur, logés près de la cage thoracique. Enfoncez une brochette plate diagonalement à travers la cuisse, le croupion et la poitrine d'un côté en ressortant à travers l'aile de l'autre côté (d). Insérez une deuxième brochette en procédant de la même manière, mais de l'autre côté.

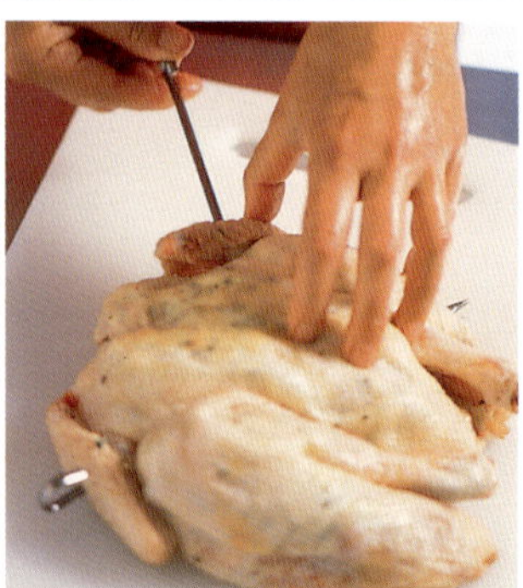
d

6 Faites chauffer le gril du four jusqu'à ce qu'il soit très chaud. Placez les coquelets avec la poitrine sur le dessous dans un plat sur une grille, à 15 cm de la source de chaleur. Faites dorer 15 minutes, puis retournez la volaille et laissez dorer encore 15 minutes.

7 Retirez les brochettes à l'aide d'une manique. Avec les cisailles ou ciseaux de cuisine, coupez chaque coquelet en quatre. Empilez les morceaux sur un plat de service chaud. Versez le jus au beurre par-dessus en grattant le délicieux sédiment qui a collé au fond. Décorez avec 1 ou 2 brins de romarin et servez.

« La râpe Microplane® facilite tellement la tâche lorsqu'il s'agit de râper du gingembre ou de l'ail, le zeste d'un citron ou du parmesan qu'elle est devenue aussi indispensable dans ma cuisine qu'un bon couteau. » BILL GRANGER

Une râpe est une surface couverte de rangées de petits bords coupants ; elle fait le travail du couteau en beaucoup moins de temps et permet d'obtenir des copeaux plus homogènes. Certaines râpes s'utilisent dans les deux sens. Quand vous choisissez une râpe, assurez-vous qu'elle est en acier inoxydable, sinon elle rouillera. Pour nettoyer votre râpe, rincez-la à l'eau courante, puis frottez-la avec une brosse à ongles.

Râpes

1 RÂPE ZESTEUR

En acier inoxydable, la râpe à citron a des perforations très fines qui permettent de râper l'écorce sans entamer la membrane blanche amère.

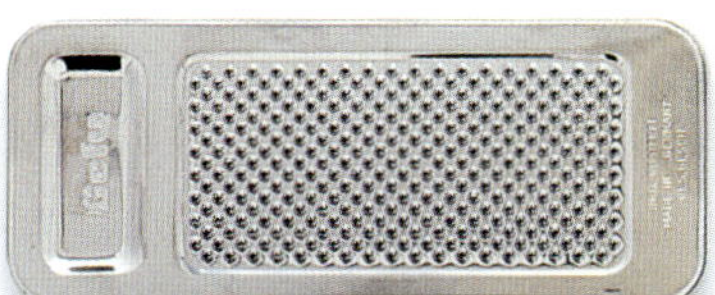

1

2 RÂPE JAPONAISE EN PORCELAINE (OROSHIGANE)

Cette épaisse râpe en porcelaine est un plaisir à utiliser. Elle est pourvue de rangées de dents en pyramide orientées dans deux directions. Utilisée pour les racines de gingembre et les daïkon, elle donne une pulpe humide, parfumée et pas trop fibreuse. On peut aussi s'en servir pour les noix de muscade.

2

3 CARTE À RÂPER

Cette carte flexible est hérissée d'un côté d'arêtes rugueuses qui réduisent les gousses d'ail en une pulpe juteuse. Il n'y a pas de trous à nettoyer après usage. Il suffit de laver la carte à l'eau courante après usage.

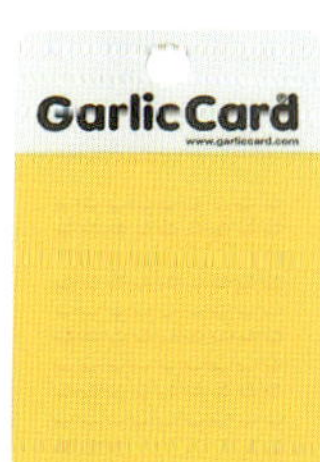

3

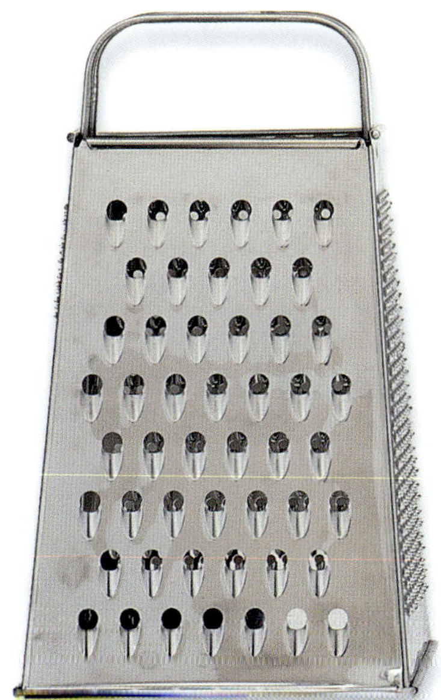

4

4 BOÎTE À RÂPER

Cette râpe est équipée de quatre surfaces différentes allant de fin à grossier. Elle comprend aussi une fente pour trancher les concombres ou faire des copeaux de parmesan. La base rectangulaire permet de la poser sur une surface de travail et d'exercer plus de pression lorsqu'on râpe. En revanche, elle est plus difficile à nettoyer et à ranger.

5 RÂPE À NOIX DE MUSCADE

La noix de muscade fraîchement râpée est beaucoup plus parfumée que celle vendue déjà moulue, aussi cela vaut-il la peine d'acheter une râpe ou un moulin spécial. La râpe est pourvue de perforations très fines et possède une surface incurvée, ce qui limite le risque de se râper le bout des doigts.

6 RÂPE ROTATIVE

Idéal pour les cuisiniers économes et pour les enfants, cet ustensile permet de râper les restes de fromage, de carottes, de noix et de chocolat. On ne risque pas de se râper le bout des doigts. D'autres cylindres permettent d'utiliser diverses tailles de perforations.

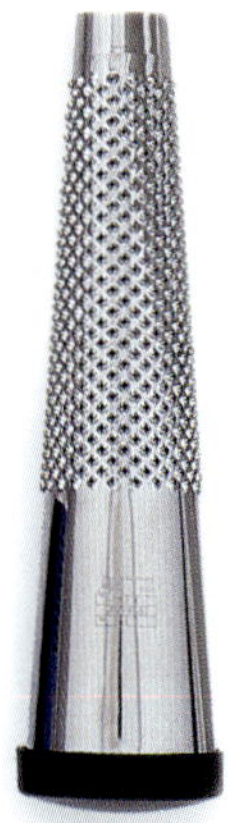

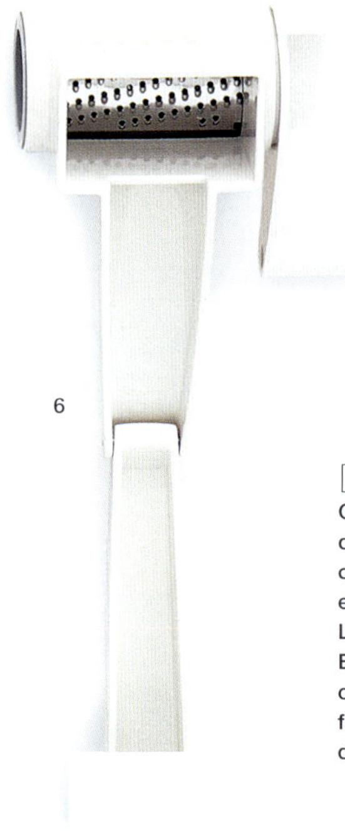

5 6

7 RÂPE MICROPLANE®

Cette râpe de pointe est pourvue de rangées de lames ultra-aiguisées de différentes tailles qui coupent les aliments de façon nette et précise, sans les déchirer ni les coller. L'utilisateur n'a même pas besoin d'appuyer. Elle présente deux inconvénients : le premier concerne son prix et l'autre est le fait qu'il faut en acheter plusieurs pour avoir un choix de perforations.

7

Râper les légumes

Râper les légumes permet d'obtenir une cuisson plus rapide et plus homogène, qu'on les fasse bouillir, cuire à la vapeur, braiser ou frire. Pour les faire frire, déposez les légumes dans une poêle où vous aurez fait fondre une noisette de beurre avec un peu d'huile d'olive. Faites frire pendant 2 à 3 minutes seulement en assaisonnant à votre goût.

Râper la noix de muscade

La noix de muscade fraîchement râpée est très parfumée. Utilisez une petite râpe à perforations fines et râpez directement sur les aliments. Ici, on prépare un pudding au riz crémeux avant de le cuire au four. Epinards, pâtes à la crème, grogs et cappuccinos gagnent aussi à être agrémentés de noix de muscade râpée.

Râper le chocolat

Le chocolat est difficile à râper proprement, aussi une râpe rotative facilite-t-elle grandement la tâche. Mettez un petit carré de chocolat dans le cylindre et râpez directement sur les desserts. Un tout petit morceau vous fera ainsi grand usage, et cet ustensile est précieux pour les amateurs de chocolat qui souhaitent perdre du poids !

Soupe de haricots cannellini avec fontina gremolata

PAUL GAYLER

Une soupe réconfortante, légèrement épicée, garnie de fontina et de zeste de citron râpé, créée par Paul Gayler, chef du prestigieux hôtel Lanesborough près de Hyde Park, à Londres. Paul fut l'un des premiers chefs à réaliser des plats pour sa carte végétarienne. Servez cette soupe avec de gros morceaux de bon pain.

POUR 4 PERSONNES

USTENSILES
couteau de chef
râpe Microplane® fine
grande casserole
mixeur
passoire

INGRÉDIENTS
50 g de beurre doux
75 g d'oignons hachés menu
1 gousse d'ail écrasée
200 g de haricots cannellini mis à tremper et égouttés
50 g de carottes coupées en petits dés
1/2 piment rouge épépiné et haché menu
2 tomates mûres hachées
2 gousses de cardamome écrasées
1 cuillerée à café de graines de cumin
130 cl de bouillon de poulet ou de légumes
sel et poivre noir du moulin

POUR LA GREMOLATA
75 g de fontina finement râpée
1 cuillerée à soupe de zeste de citron finement râpé
1 cuillerée à soupe de feuilles de thym frais
2 gousses d'ail écrasées

1 Faites fondre le beurre dans une casserole à feu moyen. Faites sauter les oignons et l'ail pendant 4 à 5 minutes. Ajoutez les cannellini, les carottes, le piment et les tomates, couvrez et laissez cuire à feu doux pendant 5 minutes.

2 Incorporez la cardamome, les graines de cumin et le bouillon. Portez à ébullition puis baissez le feu et laissez mijoter pendant 1 heure à 1 h 30 jusqu'à ce que les haricots soient bien tendres.

3 Mixez la soupe puis versez-la dans une passoire fine afin d'obtenir une texture crémeuse. Ajustez l'assaisonnement et réchauffez à feu doux.

4 Pour la gremolata, mélangez tous les ingrédients dans un bol. Répartissez la soupe dans des bols chauds, parsemez-la de gremolata et servez aussitôt.

Moudre, écraser et réduire en purée

Ces ustensiles modifient la taille et la texture des ingrédients, le plus souvent en les abrasant ou en les écrasant entre deux surfaces dures dans un espace confiné. Un mouvement manuel ou mécanique provoque une friction, qui, à son tour, produit la mouture ou la pâte souhaitée. L'utilisation de ce genre d'ustensiles améliorera énormément le goût de votre cuisine, car elle vous permettra de n'employer que des ingrédients bruts et non transformés.

Moulins, mortiers et hachoirs

Une fois écrasés ou moulus, les ingrédients durs comme les grains de café, de poivre ou autres épices libèrent les huiles volatiles qui leur donnent leur saveur caractéristique. Mais l'exposition à l'air fait s'oxyder rapidement les huiles et perdre leur goût aux aliments. De même, la graisse contenue dans le parmesan râpé s'oxyde et rancit vite, tandis que la viande se détériore rapidement une fois moulue parce qu'une plus grande surface est exposée à l'air et aux bactéries.

Les ustensiles qui servent à moudre, écraser et râper sont précieux, car ils vous permettent de transformer les ingrédients juste avant de les utiliser, avec un minimum d'oxydation et de perte de saveur. Certains ustensiles ne servent pas seulement à moudre, mais aussi à conserver les aliments, qu'ils protègent de l'air et de la lumière.

Choisir les ustensiles de mouture

Il est indispensable d'avoir un moulin à poivre. Choisissez-en un qui contienne au moins trois cuillerées à café de grains de poivre, sinon vous le remplirez tout le temps. Les meilleurs moulins permettent de choisir la taille de la mouture. Souvent vendu avec le moulin à poivre, le moulin à sel est utile dans les régions humides où les grains de sel finissent par s'agglutiner.

Aucune cuisine ne peut se passer d'un mortier et d'un pilon. Ils permettent d'accomplir toutes sortes de tâches, comme broyer les épices, réaliser un pesto, écraser de l'ail…

Les autres moulins sont un choix personnel. Vos besoins dépendent de la consommation que vous avez de certains ingrédients. Si vous consommez souvent de la viande hachée, cela vaut la peine d'acheter un broyeur. S'il faut, certes, le fixer à la table puis laver les différentes parties après utilisation, vous choisissez d'avoir une viande hachée plus ou moins finement sans risque de contamination et vous pourrez y ajouter vos propres ingrédients.

Entretien du moulin

Utilisez un moulin à poivre pour le poivre et un moulin à sel pour le sel. Si vous mettez du sel dans un moulin à poivre, il rongera le mécanisme métallique. (Un moulin à sel est généralement fait avec un matériau qui ne se corrode pas, comme du Nylon.)

- Lubrifiez le haut de l'arbre, là où il rejoint l'écrou, avec une goutte d'huile de cuisson ; cela empêchera la rouille de s'installer et permettra au filetage de bien fonctionner.
- N'utilisez pas votre moulin au-dessus d'une casserole, car la vapeur provoque la rouille et humidifie les ingrédients, ce qui risque d'enrayer le mécanisme. Il vaut mieux moudre au-dessus d'une louche, d'une assiette ou d'une feuille de papier puis verser les grains moulus dans la casserole.
- Essuyez votre moulin avec un chiffon humide. Frottez les moulins en bois avec de l'huile végétale de temps en temps pour les empêcher de se dessécher.

Le premier moulin à poivre en acier fut inventé par la famille Peugeot, en France, au milieu du XIXe siècle. C'est encore l'un des meilleurs moulins à poivre qui existent sur le marché. Mais un siècle et demi plus tard, en 1998, la société britannique T & G Woodware lança un nouveau mécanisme qui fait intervenir un appareil broyeur en céramique fonctionnant sur le même principe que les anciennes meules de moulin. Il n'y a pas d'arbre central, et les broyeurs ne sont pas exposés à la rouille ou à la corrosion. On peut aussi broyer des épices séchées entières et des herbes ligneuses plus vite qu'avec un pilon et un mortier.

1

2

1 MOULIN MÉTALLIQUE
Cet élégant moulin métallique est pourvu d'un système de « chute » qui évite de devoir dévisser la partie supérieure pour le remplir. Le mécanisme de broyage, fait d'un acier de haute qualité, est ajustable, de façon à pouvoir choisir la taille de la mouture.

2 MOULINS EN BOIS
Ces moulins classiques en forme de sabliers sont équipés d'une bande en acier chromé qui permet d'ajuster la mouture. Le mécanisme de broyage en acier inoxydable est construit de telle sorte qu'il n'y a aucun contact de métal à métal, ce qui évite l'usure.

3 MOULIN À NOIX DE MUSCADE
Ce moulin à noix de muscade en acier chromé et en acrylique peut contenir jusqu'à quatre noix.

3

5 MOULINS À SEL ET À POIVRE ÉLECTRIQUES
On pourrait penser que c'est la décadence absolue dans une cuisine, mais appuyer d'une main sur un bouton (le moulin marche avec une batterie) tout en remuant de l'autre est très pratique ! En outre, une petite lumière permet de voir ce qui se passe dans la casserole placée en dessous pendant que le moulin fonctionne. Le mécanisme de broyage en acier inoxydable est pourvu d'une double rangée de dents en spirale, et Peugeot est si sûr de sa fiabilité que ces moulins sont garantis à vie.

6 MOULIN À ÉPICES
Moudre des épices séchées entières permet de donner un goût inimitable aux plats. Mais les moudre par petites quantités à l'aide d'un pilon et d'un mortier prend beaucoup de temps. Il est beaucoup plus facile de conserver son mélange préféré dans un moulin, prêt à l'emploi. Dans le moulin à épices T & G, le mécanisme de broyage est placé au-dessus, de sorte qu'il ne laisse aucune poussière d'épices sur la surface de travail.

4 MOULINS CRUSHGRIND®
Ces moulins à sel et à poivre assortis sont faits en acier inoxydable et en acrylique. Les broyeurs en céramique permettent d'obtenir une mouture homogène. En outre, ces moulins dépourvus d'arbre central sont plus faciles à remplir. Finis les grains de poivre qui sautent partout sur votre plan de travail !

4

5

6

Hachoirs à viande

Presque tous les carnivores aiment la viande hachée sous une forme ou une autre. Les spaghettis à la bolognaise, les tourtes, les hamburgers et les boulettes de viande sont bien meilleurs lorsqu'ils sont faits avec de la viande maigre fraîchement hachée. Un hachoir vous permet de hacher indifféremment de la viande d'agneau ou de veau, de la dinde ou même du gibier ou du foie pour faire des pâtés.

1 BROYEUR À VIANDE

Véritable classique de la cuisine, le hachoir en fonte que l'on actionne à l'aide d'une manivelle achemine la viande dans l'arbre en spirale d'une hélice. À partir de là, elle passe à travers les lames rotatives et, enfin, à travers un disque coupant perforé. On peut changer les disques pour contrôler la grosseur du hachage.

2

2 HACHOIR ÉLECTRIQUE

Les cordons-bleus amateurs comme les petits restaurateurs reconnaissent unanimement que cette machine leur ouvre de nouveaux horizons culinaires. En plus de hacher la viande, cet appareil hache aussi indifféremment les oignons, les pommes, le céleri, le poisson et la chapelure. Il est vendu avec trois disques de grosseurs différentes, et certains réglages vous permettront de fabriquer vos propres saucisses aux herbes.

1

3

3 HACHOIR À VIANDE

Ce broyeur moderne n'a pas besoin d'être fixé sur un bord de table grâce à sa base faisant office de ventouse. Il est vendu avec deux disques, l'un pour un hachage fin, l'autre pour un hachage plus grossier. Il existe en rouge, en noir ou en blanc.

« Un hachoir que l'on actionne avec une manivelle est étonnamment agréable à utiliser. Pour les hamburgers, la viande doit être hachée grossièrement ; si le hachage est trop fin, le hamburger se désintégrera, et la texture sera moins alléchante. »

PAUL GAYLER

Moulins à café

Le moulin à café est un « must » pour les connaisseurs. De même que les grains de poivre, les grains de café fraîchement moulus ont un arôme incomparable. Votre choix de moulin à café sera fonction de la façon dont vous préparez votre café : filtre, expresso ou cafetière grand-mère, car la taille de la mouture en dépendra.

1

1 MOULIN À CAFÉ À MANIVELLE
Quand vous tournez la manivelle, les grains de café tombent dans la trémie/huche et passent à travers le mécanisme de broyage métallique. Le café moulu tombe dans un tiroir. Basé sur un design traditionnel, ce moulin en Perspex® transparent vous permet de suivre tout le processus. Il donne des résultats acceptables, mais la mouture est assez grossière.

2

2 MOULIN ÉLECTRIQUE
Fonctionnant sur le même principe que le mixeur, la lame de ce moulin pulvérise les grains en quelques fractions de seconde. Bien que cet appareil soit compact et facile à utiliser, la mouture est inégale et on ne sait jamais pendant combien de temps il faut moudre. En outre, ce moulin est très bruyant.

3

3 BROYEUR À BARBE
Ce type de moulin fonctionne sur le même principe que les moulins à l'ancienne, qui écrasaient les aliments entre deux plaques de pierre ou de métal. Cela donne une mouture uniforme, quelle que soit la quantité d'aliments traités. Cet appareil possède dix-huit réglages différents adaptés à toutes les méthodes de préparation du café – fin pour l'expresso, moyen pour les filtres ou grossier pour une cafetière traditionnelle. Le bol transparent a une capacité de 225 g, ce qui correspond à environ dix-huit tasses. Vous choisissez votre réglage pour le calibre de la mouture, puis vous sélectionnez votre nombre de tasses, et la machine fait le reste !

Pilons et mortiers

1 EN MÉTAL
Ce robuste pilon en métal est conçu pour broyer les graines et les épices. L'intérieur du mortier a une base plate et des parois évasées droites. Le pilon à bout plat reflète la forme du mortier et maximise la surface de broyage.

2 EN CÉRAMIQUE
Le mortier en céramique présente une surface non vernie légèrement abrasive qui permet de broyer les ingrédients secs et humides. Les mortiers lisses faits en marbre ou en céramique vernie ont une surface râpeuse à l'intérieur – faute de quoi les aliments glisseraient dessus.

3 MORTIER JAPONAIS (SURIBACHI)
Le mortier japonais se caractérise par un bol large et peu profond dont l'intérieur est garni d'arêtes râpeuses qui partent dans différentes directions. Utilisé avec un pilon de bois à bout large (surikogi), il broie efficacement les graines huileuses et le poisson haché cru ou la volaille, qu'il réduit en une pâte grossière.

1 2 3

4 5 6

4 EN MARBRE
Ce mortier au design néoclassique fait en marbre de Carrare possède quatre poignées que l'on peut tenir lorsqu'on écrase des épices séchées ou fraîches à l'aide d'un pilon de bois. L'intérieur rugueux maintient en place les épices en vrac pendant l'opération.

5 EN OLIVIER
On trouve ces petits mortiers plus légers sur tout le pourtour méditerranéen. Ils conviennent principalement pour écraser les ingrédients frais et mous comme l'ail et le gingembre ou pour préparer du pesto avec du basilic, des pignes et du parmesan, arrosé d'huile d'olive. Ils ne sont pas recommandés pour les épices séchées ou les grains de poivre, mais sont idéaux pour écraser le gros sel.

6 EN GRANIT
Le granit noir est un matériau lourd et robuste qui convient bien à la fabrication de mortiers et de pilons de style rustique. Ce design plus sophistiqué de John Julian est sculpté en forme de pot tourné, et le pilon assorti est surmonté d'une élégante poignée en acier inoxydable.

Garam masala

Le garam masala (« épices chauffantes ») fraîchement écrasé métamorphose un curry. Comptez un poids égal de bâtons de cannelle, de clous de girofle et de grains de poivre noir, et une petite quantité de graines de cardamome. Vous pouvez ajouter des piments séchés et des graines de fenouil, de cumin et de coriandre. Pour un résultat encore plus savoureux, faites griller les épices entières et écrasez-les juste avant utilisation.

Purées de condiments

Les purées de condiments sont une savoureuse alternative aux marinades. Elles sont un mélange d'herbes, généralement séchées, d'épices et d'assaisonnement que l'on étale sur la viande juste avant de la faire griller ou rôtir. Elles ont un arôme de fumée et, en formant une croûte sur la viande, l'aident à garder ses jus. Pour ces badigeons imaginés par Paul Gayler, contentez-vous de mélanger tous les ingrédients et de choisir votre morceau préféré.

PURÉE NORD-AFRICAINE

2 cuillerées à café de cumin moulu
2 cuillerées à café de coriandre moulue
2 cuillerées à café de paprika
2 cuillerées à café de piment en poudre
1 cuillerée à café d'ail semoule
1 pincée de curcuma
sel et poivre noir fraîchement concassé

PURÉE AUX 5 ÉPICES

1 cuillerée à soupe de cumin moulu
1 cuillerée à café de poivre de la Jamaïque
1 cuillerée à café de curry moulu
1 cuillerée à café de cannelle moulue
1 cuillerée à café d'ail semoule
sel et poivre noir fraîchement écrasé

PURÉE DE CHAMPIGNONS À L'AIL

1 cuillerée à soupe de champignons porcini séchés et broyés
1 cuillerée à café de thym séché
1 cuillerée à café de romarin séché
1 cuillerée à café d'ail semoule

PURÉE MÉDITERRANÉENNE

1 cuillerée à soupe de cumin moulu
1 cuillerée à café de sucre brun
1 cuillerée à café d'estragon séché
1 cuillerée à café d'origan séché
1/4 de cuillerée à café de poudre de moutarde
sel et poivre noir fraîchement concassé
le zeste d'1 orange

PURÉE CUBAINE

2 cuillerées à soupe de café légèrement torréfié moulu finement
2 cuillerées à soupe de sucre brun
1 cuillerée à café de sauge séchée
1 cuillerée à café de poivre noir fraîchement broyé
1 cuillerée à café d'ail semoule
1 pincée de cannelle
1 pincée de gingembre moulu

Pesto alla genovese

La meilleure méthode consiste à piler les feuilles de basilic fraîches à l'aide d'un pilon. Mettez dans un mortier 2 poignées de feuilles de basilic déchirées, 2 gousses d'ail écrasées, 3 cuillerées à soupe de pignes et 1 pincée de sel. Écrasez jusqu'à obtention d'une pâte. Ajoutez 8 cuillerées à soupe de parmesan et 2 cuillerées à soupe de pecorino romano fraîchement râpés et pilez pour mélanger. Incorporez ensuite 8 cuillerées à soupe d'huile d'olive extra-vierge. Vous obtiendrez environ 120 ml de pesto.

Ragoût de légumes à la noix de coco

DAS SREEDHARAN

Spécialisée dans la gastronomie légère du Kerala, au sud-ouest de l'Inde, la chaîne de restaurants londonienne de Das Sreedharan offre une version de la cuisine indienne bien différente de ce que l'on connaissait jusqu'ici. Cette recette, à base de légumes variés cuits dans un subtil mélange d'épices fraîchement moulues, de noix de coco fraîche râpée et de yoghourt, est typique de la cuisine du Kerala. Appelé « avial », c'est un plat de fête traditionnel, que l'on sert lors de toutes les grandes occasions, mariages ou autres.

Les asperges indiennes sont les graines écossées d'un arbre tropical. On suce la pulpe et les graines dans l'écorce cuite. Pour les préparer, retirez les fils et coupez-les en segments de 2,5 à 5 cm. Elles ont un goût très affirmé, et certains cuisiniers commencent par les cuire à moitié dans l'eau pendant 10 minutes avant de poursuivre.

La mangue verte a un goût fruité acide. On la trouve, de même que les asperges indiennes, dans les magasins de produits asiatiques. À défaut, vous pouvez la remplacer par une mangue ordinaire ferme, mélangée avec une pincée d'acide citrique.

POUR 4 PERSONNES COMME GARNITURE

USTENSILES

- pilon et mortier
- couteau à légumes
- couteau à éplucher
- grande casserole
- cuillère en bois
- râpe
- passoire

INGRÉDIENTS

- 1 cuillerée à café de graines de cumin
- 2,5 cm de racine de gingembre fraîche hachée
- 1 piment vert épépiné et haché
- 3 petites carottes
- 2 pommes de terre
- 1 petite mangue verte
- 100 g d'asperges indiennes effilées
- 100 g de haricots verts
- 20 feuilles de curry (facultatif)
- 1 cuillerée à café de curcuma moulu
- 1 cuillerée à café de sel
- 8 à 10 cuillerées à soupe de yoghourt nature épais
- 3 cuillerées à soupe de noix de coco fraîche râpée
- quelques copeaux de noix de coco fraîches pour décorer

1 Dans un mortier, pilez les graines de cumin, la racine de gingembre et le piment avec 1 cuillerée à soupe d'eau jusqu'à obtention d'une pâte. Réservez.

2 Épluchez les carottes, les pommes de terre et la mangue verte et taillez-les en bâtonnets d'1 cm d'épaisseur et de 5 cm de long. Coupez les asperges indiennes et les haricots en morceaux de 5 cm.

3 Mettez les carottes et les asperges indiennes dans une grande casserole à fond épais et couvrez tout juste d'eau – environ 300 ml. Portez à ébullition et laissez mijoter sans couvrir pendant 5 minutes en remuant de temps en temps.

4 Ajoutez les pommes de terre et continuez la cuisson à feu moyen, toujours en remuant de temps en temps, pendant 5 minutes.

5 Ajoutez les haricots verts, la mangue et les feuilles de curry, puis le curcuma, le sel et la pâte à base d'épices. Baissez le feu et laissez mijoter 5 minutes supplémentaires à couvert, en remuant.

6 Éteignez le feu et ajoutez le yoghourt et la noix de coco. Réchauffez à feu doux si nécessaire, mais sans laisser mijoter, sans quoi le yoghourt caillerait. Parsemez de copeaux de noix de coco avant de servir.

« La cuisine indienne aime empiler les saveurs. Il est essentiel de bien doser les épices – trop d'épices tueraient le goût des principaux ingrédients, tandis que trop peu donneraient un plat insipide. »

MONISHA BHARADWAJ

Ces ustensiles précieux modifient la consistance des aliments cuits ou crus. Ils attendrissent les fibres coriaces, transpercent les peaux épaisses, broient les fruits à écale et font de délicieuses purées. Il ne s'agit pas de simples gadgets. Ces ustensiles ont passé avec succès l'épreuve du temps. Même si leur structure de base et leurs fonctions n'ont guère changé, beaucoup d'entre eux sont désormais fabriqués avec des designs modernes et élégants.

Écraser, broyer, décortiquer

2

1 PRESSE À TOMATES

Une bonne vieille machine qui permet de séparer le jus et la pulpe des graines et de la peau. Quand vous tournez la manivelle, le tambour happe les tomates coupées en deux et les écrase contre une grille perforée qui filtre le liquide dans une chute. Dans un deuxième temps, un autre dispositif balaie les éléments solides vers une autre chute. Cet appareil n'est pas facile à nettoyer, mais il vaut l'investissement si votre jardin vous donne beaucoup de tomates.

1

2 MOULIN À LÉGUMES

Avant l'invention des mixeurs et autres robots ménagers, les cuisiniers écrasaient les aliments cuits et les fruits mous à l'aide de cet ustensile composé d'un disque perforé monté sur une structure en forme de passoire. Ce moulin est équipé d'une presse à poignée et d'un épais ressort qui se fixe sur un cadre équipé d'un disque perforé. Les pieds articulés permettent de fixer le moulin sur le rebord d'un récipient dans lequel tombent les aliments écrasés. Le moulin à légumes est encore beaucoup utilisé par les ménagères françaises.

3 PRESSE-AIL

Cet ustensile aux formes aérodynamiques modernes fonctionne exactement de la même manière que le presse-ail traditionnel.
Un poussoir plat enfonce les gousses d'ail épluchées à travers les perforations du bol. Certains appareils sont équipés d'une protubérance spéciale permettant de dénoyauter les olives et les cerises. D'autres sont pourvus d'un dispositif autonettoyant hérissé de pointes qui pousse tous les débris à travers les perforations.

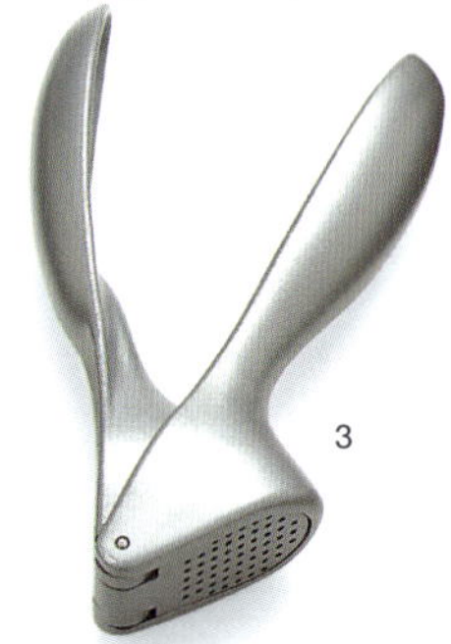

3

4 ATTENDRISSEUR

Saisissez fermement la petite poignée trapue de cet attendrisseur et utilisez l'extrémité arrondie pour battre les viandes tendres comme les blancs de poulet, ou bien tenez-la à angle droit et utilisez la surface striée pour attendrir les viandes plus coriaces comme les steaks.

4

5

5 MAILLET À VIANDE

Cet ustensile robuste sert à piler et attendrir la viande. D'un côté, des encoches permettent de briser les fibres ; le côté lisse sert à aplatir la viande.

6

7 ÉCRASE-PURÉE

Cette interprétation moderne du traditionnel presse-purée est faite d'une grille en acier inoxydable reliée à une épaisse poignée horizontale qui permet d'exercer une forte pression vers le bas.

7

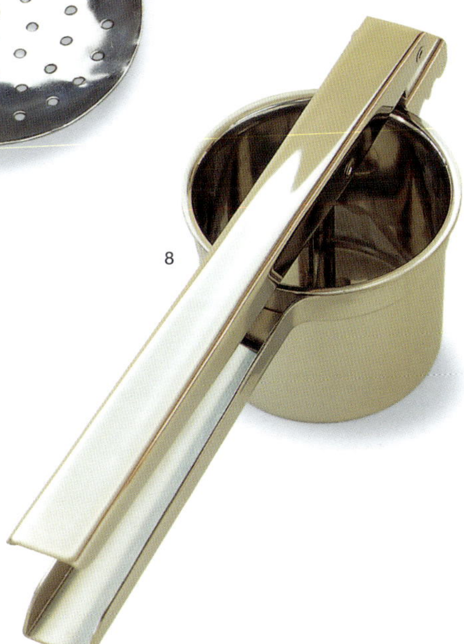

8

6 PRESSE-LÉGUMES

Cette large surface perforée et légèrement incurvée s'utilise en un mouvement de balancier sur les légumes et les fruits à consistance molle pour les écraser. Les poignées de bois rendent cette presse facile à tenir pour exercer une forte pression vers le bas. Mais le récipient placé au-dessous doit être large et peu profond pour éviter que les poignées ne heurtent les parois. Certains modèles ont une poignée en forme de U qui est moins confortable à tenir mais peut-être plus pratique.

8 ÉCRASE-POMMES DE TERRE

Un autre ustensile traditionnel qui donne une purée à la texture légère. Il suffit de mettre une ou deux pommes de terre cuites épluchées dans le tambour perforé et d'appuyer sur le disque à levier pour faire passer la chair des légumes dans le récipient placé dessous. On obtient une purée grossière qui peut être servie telle quelle arrosée de beurre fondu ou écrasée à nouveau plus finement et mélangée avec du beurre, de la crème fraîche tiédie et des herbes.

Purée de potiron

USTENSILES : couteau de chef, cuiseur à vapeur, moulin à légumes

Coupez le potiron épluché (ou courge d'hiver) en morceaux et faites cuire à la vapeur. Égouttez et moulinez. La purée peut servir à faire une tarte au potiron. Sinon, pour une soupe colorée, diluez avec un bon bouillon de poule. Ajoutez des haricots noirs et un peu de piment rôti écrasé. Réchauffez à feu doux. Répartissez la soupe dans des bols et garnissez de fromage blanc écrasé et de graines de potiron, puis arrosez d'huile de graines de potiron ou de tournesol extra-vierge.

Attendrir la viande / Aplatir des escalopes

USTENSILES : maillet à viande, planche à découper

En utilisant le côté strié ou creusé d'encoches d'un maillet à viande pour briser les fibres, vous pouvez attendrir les bas morceaux de viande maigre avant de les faire frire. Le côté plat du maillet à viande sert à aplatir les escalopes de porc, de veau ou de poulet entre deux feuilles de papier sulfurisé afin de les cuire plus vite. On peut les paner ou les enrouler pour en faire des paupiettes.

Purée de pommes de terre simple

a

b

Obtenir une purée légère et sans grumeaux n'est pas si simple. La variété de pommes de terre choisie compte beaucoup – utilisez une variété farineuse au goût prononcé. Certains cuisiniers affirment qu'il vaut mieux faire bouillir les pommes de terre avec la peau pour empêcher l'eau de pénétrer et de donner une purée trop liquide. J'ai essayé de faire bouillir la même variété de pommes de terre avec et sans la peau, et je n'ai pas remarqué de différence. Utilisez un écrase-pommes de terre ou, pour un résultat plus onctueux, un presse-purée ou un moulin à légumes. Évitez les mixeurs, sauf si vous voulez utiliser votre purée pour coller du papier mural !

POUR 4 PERSONNES

USTENSILES

casserole avec couvercle
passoire
serviette de table propre
écrase-purée ou moulin à légumes
cuillère en bois ou fouet

INGRÉDIENTS

1 kg de pommes de terre farineuses de grosseur égale
100 g de beurre ramolli coupé en dés
150 à 300 ml de lait chaud
sel

1 Mettez les pommes de terre, épluchées ou non, dans une casserole et couvrez d'eau. Ajoutez 1 cuillerée à soupe de sel et portez à ébullition sous couvert, puis laissez cuire à feu doux pendant 20 minutes. Égouttez, épluchez si nécessaire, et remettez dans la casserole. Couvrez avec une serviette de table propre pendant 1 à 2 minutes pour ôter l'excédent d'humidité.

2 Pour une purée à consistance grossière, écrasez les pommes de terre et le beurre avec un écrase-purée (a). Assaisonnez à votre goût avec du sel de mer et du poivre noir fraîchement moulu.

3 Pour une purée plus lisse, ajoutez un peu de lait chaud et battez à l'aide d'une cuillère en bois ou d'un fouet (b). Ajoutez un peu de lait si nécessaire.

Avec un presse-purée

USTENSILES : épluche-légumes, couteau de cuisine, presse-purée, casserole, bol à mélanger, cuillère en bois

Un ustensile traditionnel permettant d'obtenir une purée lisse et sans grumeaux. Utilisez des pommes de terre farineuses. Épluchez-les et coupez-les en morceaux de grosseur égale, puis faites bouillir pendant 12 à 15 minutes.

Égouttez et remettez sur feu doux pour sécher. Passez les pommes de terre au presse-purée par petites quantités à la fois au-dessus d'un récipient creux. Incorporez en battant un peu de lait chaud et de beurre, mélangez avec une cuillère en bois jusqu'à obtention d'une purée onctueuse.

Purée de patates douces au piment et au gingembre

Cette variante au goût subtil accompagnera à merveille un poulet grillé aux épices, de l'agneau ou du poisson. Vous pouvez aussi utiliser des pommes de terre ordinaires, mais la patate douce se marie particulièrement bien avec les ingrédients comme le gingembre et le piment, également d'origine tropicale.

POUR 4 PERSONNES COMME GARNITURE

USTENSILES
épluche-légumes
couteau de cuisine
casserole avec couvercle
passoire
serviette de table propre
cuillère en bois
poêle de taille moyenne

INGRÉDIENTS
1,25 kg de patates douces à chair orange, épluchées et coupées en morceaux de taille égale
sel de mer et poivre noir fraîchement moulu
4 cuillerées à soupe de coriandre fraîche hachée
2 cuillerées à soupe de beurre
40 g de racine de gingembre fraîche coupée en segments de 2,5 cm
1/2 piment rouge épépiné et haché menu

1 Faites cuire les patates douces comme indiqué ci-contre (le temps de cuisson est un peu plus court).

2 Écrasez-les avec un écrase-purée. Salez et poivrez, puis ajoutez la coriandre. Versez dans un plat de service chaud.

3 Faites chauffer le beurre dans une poêle. Dès qu'il grésille, incorporez le gingembre et le piment et faites frire pendant 1 à 2 minutes, jusqu'à ce que le gingembre commence à dorer. Versez sur les patates, mélangez légèrement et servez.

Casse-noix, casse-noisettes

Qu'il s'agisse de décortiquer des noix ou des noisettes, des écrevisses ou des pinces de crabe, il faut de la patience et de la précision si l'on veut que la chair reste intacte. Les designers inventent sans cesse de nouvelles solutions, alors que tout ce dont on a besoin est d'un outil avec lequel il soit facile de faire levier et qui puisse venir à bout des différentes formes et tailles. Outre la résistance du métal, les charnières doivent être solidement construites.

1 CASSE-NOIX À CHARNIÈRE
Les casse-noix de style pince existent en designs variés, mais tous fonctionnent de la même façon : on place la noix en haut de l'ustensile et on presse les deux poignées pour briser la coquille. Pressez lentement et fermement pour éviter d'écraser la chair à l'intérieur de la coquille. Le casse-noix long est destiné aux petits fruits à écale (noisettes et amandes) et le plus large aux noix et noix du Brésil.

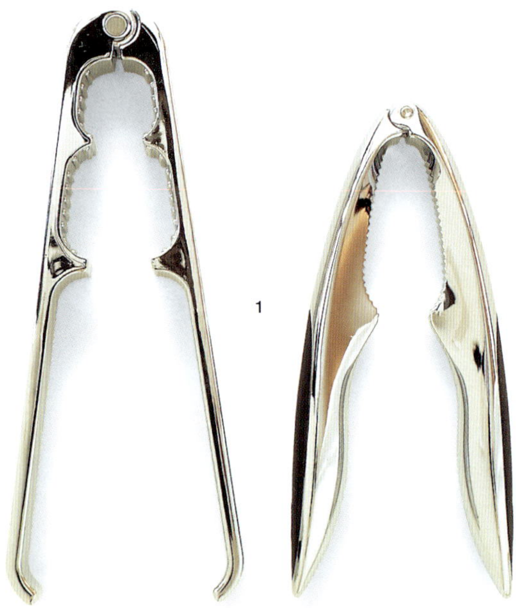

1

2 CASSE-NOIX À ROCHET
Ce casse-noix fait tout le travail à votre place : mettez la noix entre le rochet et le haut du casse-noix et faites monter le rochet en appuyant sur le levier.

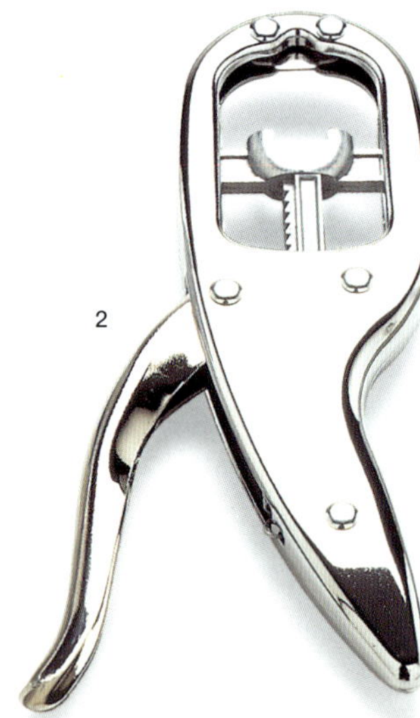

2

3 PINCE À HOMARD / CRABE
Cet ustensile qui ressemble à des pinces de homard fonctionne de la même façon que les casse-noix à charnière. Les bords intérieurs sont en dents de scie pour empêcher les pinces de crabe ou de homard de glisser.

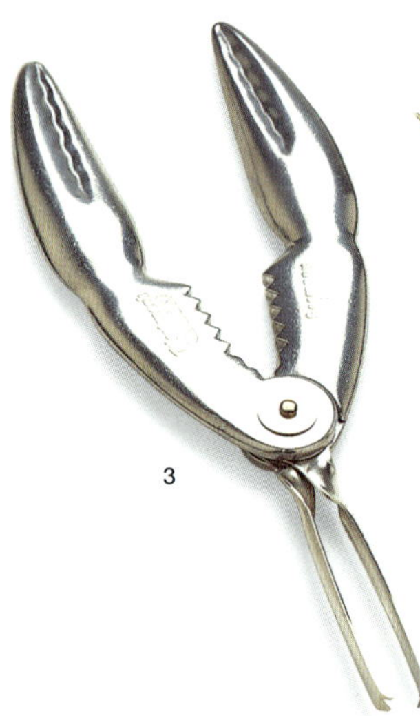

3

4 PIQUE À HOMARD
Cette longue pique permet d'extraire la chair des pinces de homard ou de crabe. Elle accompagne généralement la pince à homard.

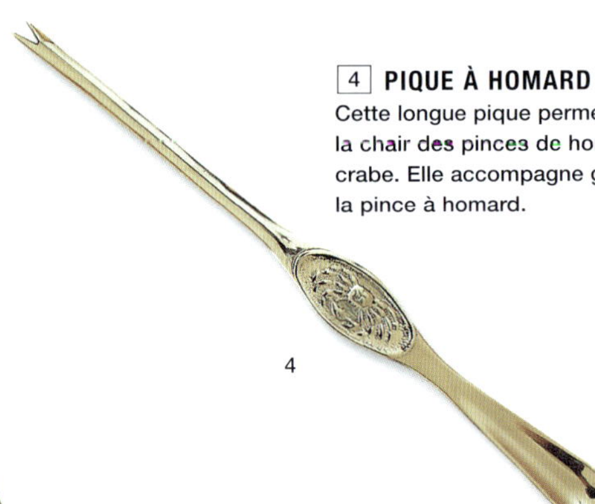

4

Décortiquer un homard

USTENSILES : pince et pique à homard

1 Arrachez les pinces du corps (a). Mettez la partie inférieure de la pince, plus grosse, dans la pince à homard et pressez fermement pour briser la coquille. Puis, en tenant la partie supérieure, plus fine, détachez-la de la partie inférieure (b). Cela doit libérer la chair qui se trouve à l'intérieur et la faire sortir en un seul morceau.

2 Craquez les pinces plus petites avec la pince à homard (c) et utilisez une pique à homard pour extraire la chair qui se trouve à l'intérieur (d).

a

b

c

d

Presse-agrumes

Il est inutile de recourir à une centrifugeuse électrique pour extraire le jus d'une petite quantité d'agrumes. Un ustensile manuel suffira largement.

1

1 PRESSE-CITRON EN BOIS
Poussez une moitié de citron sur les cannelures d'une main et tournez la poignée dans le sens opposé de l'autre main.

2 PRESSE À AGRUMES
Ces presses mexicaines qui servent à presser les oranges et les citrons jaunes ou verts fonctionnent suivant le principe inverse des presses en forme de cône. Mettez une moitié de fruit sur le bol perforé avec le côté coupé contre les trous, puis appuyez fortement sur le bol plein de façon à retourner le fruit et à en extraire le jus.

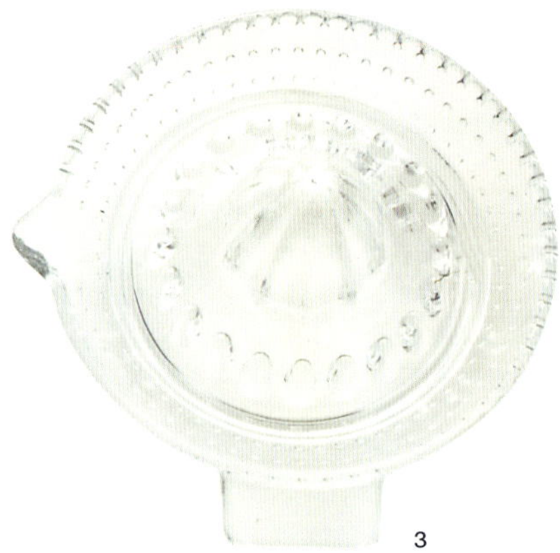

3

2

3 PRESSE-AGRUMES EN VERRE
Ce presse-agrumes en verre est un modèle traditionnel. Placez une moitié de fruit sur le dôme, puis pressez en tournant. Les dents disposées autour de la base du dôme empêchent les pépins de tomber dans le jus.

4 PRESSE À AGRUMES
Ce magnifique ustensile chromé est destiné aux tâches sérieuses. Placez une moitié de fruit sur la presse, abaissez la poignée, et le mécanisme à engrenage fera le reste.

4

Mélanger et fouetter

Les bols sont les éléments de base des ustensiles culinaires. Ils existent en une large gamme de matériaux: verre, cuivre, acier inoxydable, aluminium, émail, céramique, terre cuite, mélaminé et polyéthylène. Comme pour les couteaux, il vous faudra toute une variété de formes et de tailles suivant les tâches à accomplir.

Bols

Les bols sont essentiels dans une cuisine. Prenez l'habitude de préparer tous vos ingrédients avant de commencer la recette. Vos bols de préparation doivent inclure plusieurs petits bols pour les ingrédients comme l'ail et le gingembre hachés. Il vous faudra aussi trois ou quatre bols d'1 à 4 litres qui peuvent également faire office de bols de service. Si vous fouettez souvent des œufs ou de la pâte, prévoyez un bol assez profond pour empêcher le mélange d'éclabousser votre cuisine. Vous pouvez vous offrir un bol en cuivre pour les blancs d'œufs – vos meringues seront sans égales. Un grand bol en céramique peut s'avérer utile pour les tâches plus importantes comme la confection d'un gros gâteau de Noël.

1 BOL EN VERRE BASIQUE
Le rebord arrondi de ce bol permet de verser plus facilement. Différentes tailles existent avec un couvercle en plastique.

1

2

2 SET DURALEX® DE 9 PIÈCES
Un bol pour chaque occasion, fait en verre trempé et qui peut aller au four et au micro-ondes. Utilisez ces bols pour préparer, servir et conserver. Ce set s'avérera précieux si vous manquez d'espaces de rangement.

3

3 BOLS EN ACIER INOXYDABLE
L'acier inoxydable est un matériau idéal, car il résiste à l'acide et ne retient pas les odeurs et les goûts. Ces bols résistants, brillants et élégants peuvent servir à préparer, à servir et à conserver les aliments.

4 BOL EN CUIVRE

Idéal pour préparer des meringues, ce bol transforme les blancs d'œufs en nuages de mousse grâce à l'alchimie qui se produit entre le cuivre et les blancs d'œufs (voir « meringue miraculeuse », page 101). Les parois inclinées et la base arrondie facilitent l'action du fouet, tandis que le diamètre important du bol permet à la mousse de se développer rapidement. La taille la plus utile est de 30 cm de diamètre. Ce bol au rebord arrondi est équipé d'un anneau pour être accroché au mur.

4

5

6 BOLS EN MÉLAMINÉ

Ces bols incassables du fabricant danois Rösti s'inspirent du modèle original des années 1960 Margrethe, créé en l'honneur de la reine du Danemark. L'élégance du bec verseur et des parois arrondies rend ces bols indémodables. Ils sont résistants à la chaleur et vont au lave-vaisselle. Leur base en caoutchouc apporte davantage de stabilité quand on mélange ou fouette les aliments.

5 BOL EN CÉRAMIQUE

Ce bol à mélanger traditionnel est fait en céramique vernie. La partie plate de la paroi permet de le stabiliser quand on l'incline pour fouetter.

6

7

7 BOL À PÂTE

Ce bol à mélanger de 3 litres est équipé d'une poignée confortable qui permet de l'incliner pendant que l'on mélange la pâte. Grâce au bec, on peut verser sans salir. Fait en polypropylène, ce bol va au micro-ondes et au lave-vaisselle.

Les cuillères comptent parmi les plus vieux ustensiles de cuisine. Elles sont indispensables pour mélanger les ingrédients et remplacent souvent la main. Elles aident à transférer les aliments d'un récipient à l'autre, à remuer, battre, verser, gratter et mesurer.

Cuillères, louches et spatules

Cuillères

Les cuillères en bois sont indispensables. Elles sont solides, rigides et ne conduisent pas la chaleur. Bien que de formes rudimentaires, elles peuvent servir à beaucoup de choses. Les cuillères en hêtre ou en buis sont très résistantes et ne retiennent pas les odeurs. Celles en pin ou autre bois tendre peuvent donner un goût de résine aux aliments ; elles ont aussi tendance à se fendiller. Lavez et séchez les cuillères en bois après usage et laissez-les s'aérer.

Une grosse cuillère à long manche en métal est également indispensable. Le bord peut servir à couper à travers des mélanges mousseux comme les blancs d'œufs fouettés pour éviter qu'ils ne se désintègrent lorsqu'on ajoute d'autres ingrédients. Utilisez une cuillère en métal pour arroser les rôtis (le long manche vous protégera de la chaleur) et pour servir du riz sans briser les grains. Achetez une cuillère que vous pourrez suspendre à un crochet, à portée de main.

CUILLÈRES EN BOIS

1 Une cuillère avec un côté à angle droit ira bien au fond de la casserole, tandis que le côté incurvé est adapté aux parois arrondies. L'extrémité émoussée sert à pousser les aliments au fond d'une poêle et à décoller les sédiments. Excellente pour réaliser une sauce au jus de viande.

2 Cette cuillère en bois traditionnelle est indispensable. En bois de hêtre, elle possède un bol incurvé ovale aux bords épais.

3 Cette petite cuillère basique est faite de buis doré très dense. La forme du bol ressemble à celle de la cuillère précédente (2).

4 Une cuillère à manche long (au moins 40 cm) est utile pour remuer les aliments sur le feu continuellement, par exemple lorsqu'on se sert d'un wok.

5

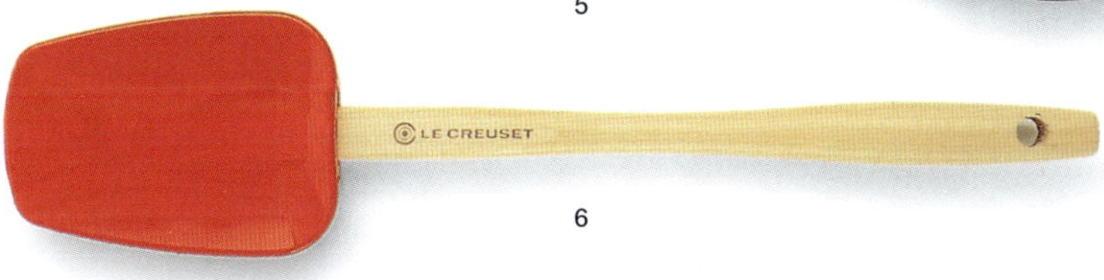

6

5 CUILLÈRE EN PLASTIQUE NOIR
Les cuillères en plastique noir qui résistent au feu, pleines ou perforées, sont tout à fait recommandées pour les poêles et casseroles antiadhésives au revêtement fragile. Elles sont suffisamment élégantes pour faire office de cuillères de service, et certaines sont pourvues d'un trou qui permet de les accrocher au mur. Bien qu'elles résistent à la chaleur, évitez de les laisser dans la poêle trop longtemps pendant la cuisson.

6 CUILLÈRE À GRATTER EN SILICONE
Ces spatules souples peuvent laisser un récipient creux parfaitement propre tant le silicone est flexible. La tête en forme de cuillère sert à retenir les mélanges, et du fait que le silicone est résistant à la chaleur, cet ustensile peut servir à remuer un mélange en train de bouillir dans une casserole.

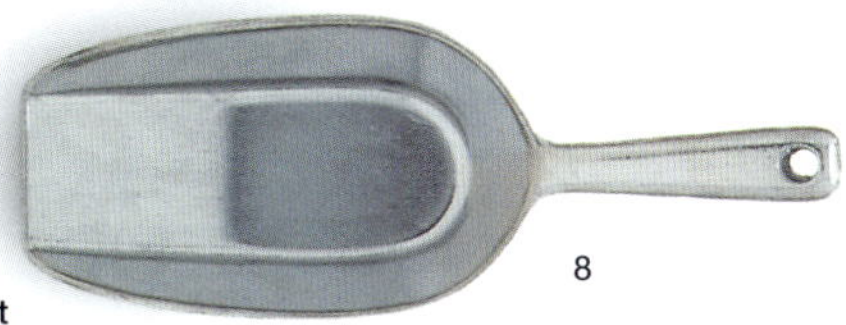

8

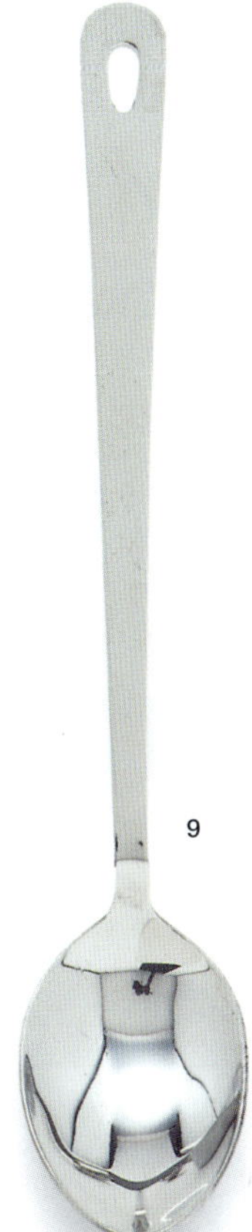

9

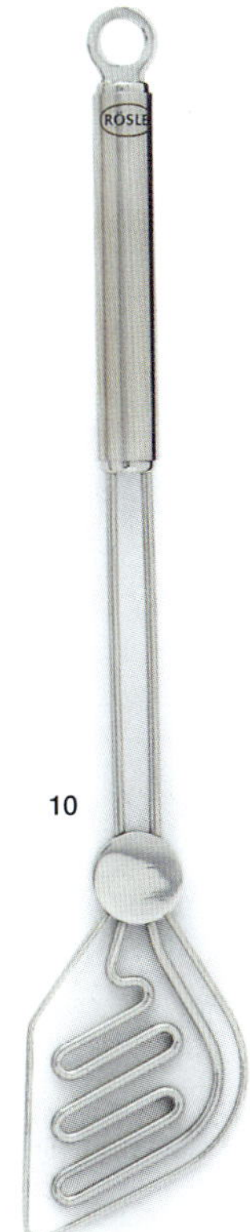

10

7 CUILLÈRE À GLACE
Cette cuillère qui fait des boules de glace parfaitement rondes doit avoir un bol en métal et un large manche antidérapant pour une prise confortable. Plongez la cuillère dans la glace, puis tournez avant de soulever pour avoir une boule parfaitement ronde.

7

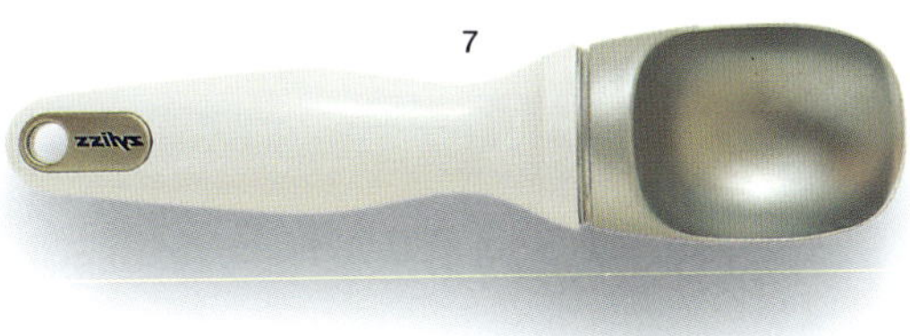

8 PELLE
Utile pour manipuler les aliments secs comme la farine ou les graines, cette pelle a des parois inclinées à angle presque droit. Elle contient de grandes quantités. Fabriquées traditionnellement en fer-blanc, ces pelles peuvent rouiller si on les utilise avec des aliments humides.

9 CUILLÈRE À MÉLANGER EN MÉTAL
Avec son bol d'un ovale parfait et son long manche, cette cuillère est de grande qualité. Faite d'une seule pièce de métal, elle ne risque pas de se briser.

10 CUILLÈRE EN FIL DE FER
Cette élégante cuillère s'utilise avec les poêles arrondies. La partie extérieure permet de gratter la croûte qui se forme sur le fond sans l'incorporer aux aliments, tandis que la partie intérieure, plus épaisse, permet de mélanger, soulever et tourner. Cette cuillère s'utilise aussi pour fouetter.

Incorporer des blancs d'œufs fouettés à un mélange à base de chocolat

USTENSILES: cuillère en métal à long manche, bol à mélanger

Une cuillère métallique à long manche est idéale pour incorporer des blancs d'œufs fouettés en neige à un mélange plus épais, comme une pâte à gâteau ou à soufflé. Les bords minces ne risqueront pas de chasser l'air.

Incorporez 2 cuillerées de blancs d'œufs fouettés en neige ou de crème au mélange de base en fouettant légèrement (a). Versez le reste des œufs en neige et tournez en décrivant un 8 à l'aide d'une cuillère en métal à manche long et en allant bien jusqu'au fond du bol (b). Ne mélangez pas trop, juste assez pour incorporer le mélange fouetté.

a

b

Risotto aux saucisses et au vin rouge
JILL DUPLEIX

L'Australienne Jill Dupleix, auteur de livres de cuisine, est incapable de cuisiner sans une cuillère en bois : « On peut l'utiliser pour battre, remuer, presser de l'ail, pour goûter, gratter, servir la salade, le riz ou le porridge… Les cuillères en bois, c'est comme les serviettes à thé, peu importe combien vous en avez dans la maison, vous finirez toujours par vous en servir. » Sa cuillère rend, en effet, de précieux services dans cette recette. Laissez le bouillon mijoter dans une petite casserole de façon qu'il soit bien chaud lorsque vous l'ajouterez au riz.

POUR 4 PERSONNES

USTENSILES
- poêle moyenne antiadhésive
- couteau de cuisine
- grande poêle à fond épais
- cuillère en bois
- petite casserole
- louche
- râpe

INGRÉDIENTS
- 275 g de saucisses de porc, de préférence italiennes
- 1 cuillerée à soupe d'huile d'olive extra-vierge
- 2 cuillerées à soupe de beurre
- 1 oignon haché menu
- 300 g de riz arborio
- 200 ml de vin rouge
- 130 cl de bouillon de poulet léger réchauffé
- 2 cuillerées à soupe de parmesan fraîchement râpé
- sel de mer et poivre noir fraîchement moulu
- copeaux de parmesan et petit brin de romarin pour décorer

1 Retirez la peau des saucisses et mettez la chair dans une poêle antiadhésive chaude. Faites frire jusqu'à ce que la viande soit bien dorée, puis égouttez la graisse et réservez.

2 Faites chauffer l'huile d'olive et la moitié du beurre dans une poêle à fond épais. Faites fondre les oignons. Ajoutez le riz et, à l'aide d'une cuillère en bois, remuez bien jusqu'à ce que les grains deviennent translucides. Versez le vin rouge et portez à ébullition, toujours en remuant.

3 Avec une louche, incorporez 120 ml de bouillon de poulet chaud au riz et laissez réduire en remuant doucement à l'aide de la cuillère en bois. Dès que le riz aura absorbé le bouillon, ajoutez encore 120 ml de bouillon. Continuez ainsi pendant 20 minutes en ajoutant le bouillon par petites quantités et en remuant.

4 Ajoutez la chair des saucisses et remuez jusqu'à ce que la sauce prenne une consistance crémeuse. Le riz doit être cuit mais ferme.

5 Éteignez le feu. Ajoutez le parmesan râpé, le reste de beurre, puis salez et poivrez à votre goût. Couvrez et laissez reposer 3 à 4 minutes. Décorez d'un brin de romarin et de quelques copeaux de parmesan. Servez, sans oublier de mettre une bonne bouteille de vin rouge sur la table (pour boire, bien sûr !).

Louches et spatules

Les louches servent à transférer les aliments liquides ou semi-liquides d'un récipient à un autre. On finit toujours par les apporter à table, aussi faut-il en acheter une qui soit présentable. Évitez les manches en bois – tôt ou tard, ils s'écaillent ou se détachent. Le bol doit être pourvu d'un bec verseur. Un manche qui se termine par un crochet permettra de suspendre la louche au mur.

Les spatules servent à remuer, mélanger, gratter, presser les aliments dans une passoire, les soulever d'une poêle ou d'une casserole. Certains cuisiniers préfèrent utiliser une spatule en bois plutôt qu'une cuillère en bois. L'un des avantages de la spatule est qu'elle ne retient pas les grumeaux et que l'on peut la nettoyer en la frottant contre les parois de la casserole. De formes variées, les spatules existent en différents matériaux. Vous pouvez en avoir plusieurs pour accomplir diverses tâches.

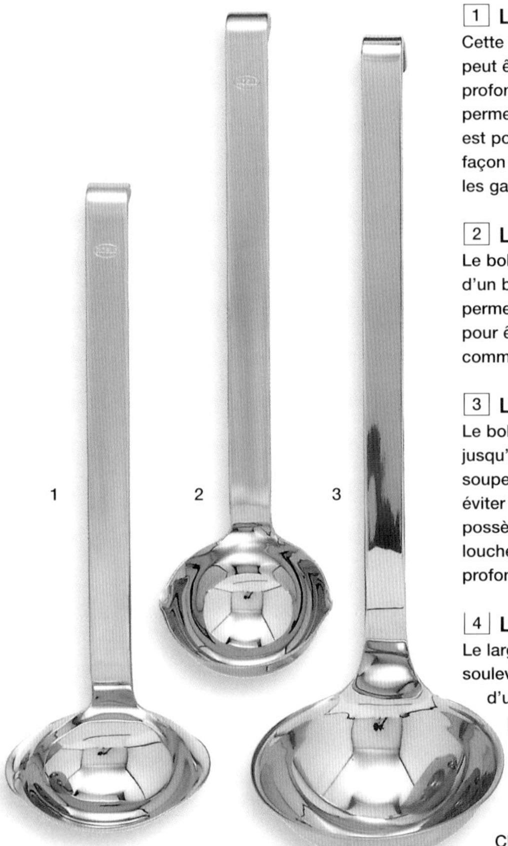

1 2 3

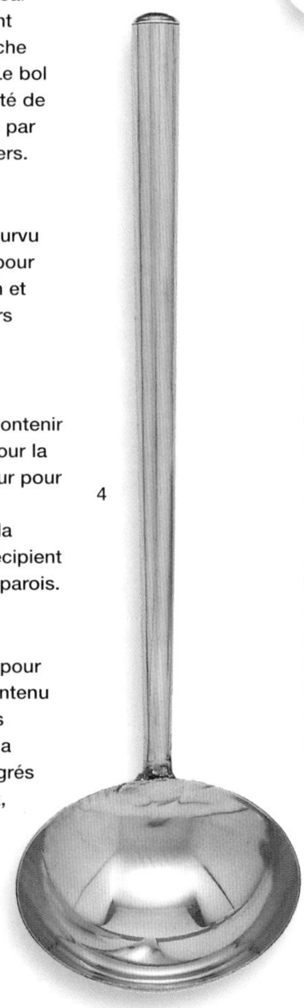

4

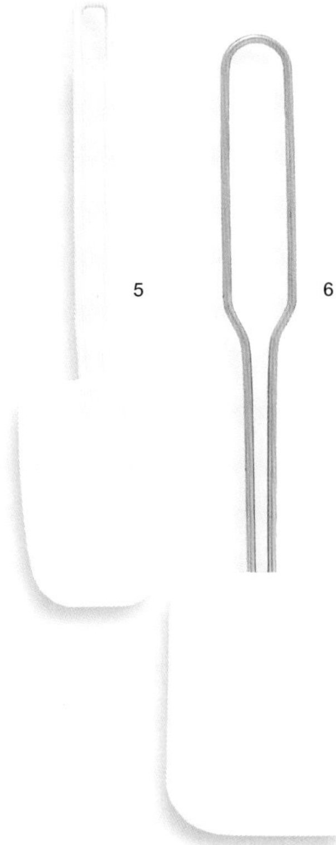

5 6

1 LOUCHE À ASSAISONNEMENT
Cette louche au long manche vertical peut être trempée dans un récipient profond et étroit. L'angle de la louche permet de verser avec précision. Le bol est pourvu d'un bec de chaque côté de façon que l'ustensile soit utilisable par les gauchers comme par les droitiers.

2 LOUCHE PORTIONNEUSE
Le bol de 6 cm de diamètre est pourvu d'un bec verseur de chaque côté pour permettre de verser avec précision et pour être utilisable par les gauchers comme par les droitiers.

3 LOUCHE À SOUPE
Le bol de 9 cm de diamètre peut contenir jusqu'à 150 ml de liquide – idéal pour la soupe. Le bord est roulé tout autour pour éviter de renverser, et le manche possède un crochet qui empêche la louche de sombrer au fond d'un récipient profond quand on l'appuie sur les parois.

4 LOUCHE À WOK
Le large bol peu profond est idéal pour soulever, remuer et retourner le contenu d'un wok. Le long manche vous permet de rester éloigné de la chaleur, et l'angle de 50 degrés reflète les contours du wok, ce qui rend la louche plus confortable à utiliser. Choisissez de préférence une louche en acier inoxydable qui ne rouillera pas.

5 SPATULE EN CAOUTCHOUC
Cette spatule flexible en forme de cuillère allie les avantages d'un bol légèrement concave à des bords droits et des coins arrondis. Elle permet de gratter les parois d'un bol à mélanger ou d'une casserole sans les rayer.

6 SPATULE EN PLASTIQUE
Cette spatule existe en trois tailles. La lame flexible aux bords fins permet de gratter les parois d'un bol, d'un bocal ou d'un bol de mixeur. D'un côté, les bords sont arrondis ; de l'autre, ils sont à angle droit.

7 8 9

Pocher un œuf avec une louche

USTENSILES :
casserole, grosse louche, papier absorbant

L'œuf gardera un ovale parfait si vous procédez de la façon suivante : portez une casserole d'eau à ébullition, salez et ajoutez une cuillerée à soupe de vinaigre de vin blanc. Cassez un œuf dans une grosse louche (a), puis, à l'aide d'une grande cuillère, faites tourbillonner l'eau tout en abaissant l'œuf au milieu du vortex ainsi obtenu (b) ; celui-ci aidera l'œuf à garder une forme bien nette.

Baissez le feu pour que l'eau frémisse seulement. Dès que l'œuf est poché, au bout de 2 à 3 minutes, sortez-le de l'eau avec la louche en inclinant celle-ci pour la débarrasser de l'excédent d'eau et posez-le sur une feuille de papier absorbant (c). Transférez sur un toast beurré ou sur un filet de haddock poché.

a

b

c

7 SPATULE EN BOIS

L'extrémité à angle droit sert à récupérer les aliments dans les coins et à les déplacer au fond de la poêle. Les bords émoussés n'abîment pas les revêtements antiadhésifs.

8 SPATULE EN PLASTIQUE DE COULEUR

La spatule en plastique résiste à la chaleur. Elle ne fond pas et ne se décolore pas, même à des températures très élevées, et n'endommage pas les revêtements antiadhésifs. Elle existe en différentes tailles et couleurs.

9 SPATULE EN SILICONE

Cette spatule flexible permet de gratter les parois d'une casserole sans rien laisser. Elle existe en différentes couleurs.

Gâteau aux carottes

MICH TURNER

Créé par Mich Turner, de la Little Venice Cake Company de Londres, ce gâteau aux carottes, qui contient également des noix, des raisins secs macérés dans le rhum et de la noix de coco, est une délicieuse alternative au traditionnel gâteau aux fruits. Une fois cuit, il est arrosé d'un peu de sirop d'agrumes, ce qui, avec l'huile de tournesol, l'aide à rester humide et moelleux. Aucune garniture n'est nécessaire, mais vous pouvez ajouter une couche de crème au beurre aromatisée à l'orange. Tous les ingrédients doivent être à température ambiante.

POUR UN GÂTEAU CARRÉ DE 20 CM

USTENSILES

moule à gâteau de 20 cm
papier sulfurisé
petit bol
grand bol à mélanger
passoire
zesteur
râpe
grande cuillère en métal
presse-agrumes
petite cruche

INGRÉDIENTS

50 ml de rhum foncé
200 g de raisins secs
350 g de farine ordinaire
4 cuillerées à café de cannelle moulue
2 cuillerées à café de noix de muscade moulue
2 cuillerées à café de bicarbonate de soude
300 ml d'huile de tournesol
150 g de sucre en poudre blond
150 g de sucre roux
4 œufs moyens battus
le zeste de 2 citrons
le zeste de 2 oranges
350 g de carottes râpées
100 g de noix de coco déshydratée
100 g de noix hachées
2 cuillerées à café d'extrait de vanille
1 cuillerée à soupe de gingembre confit haché (facultatif)

POUR LE SIROP D'AGRUMES

115 g de sucre brun
le jus de 1 1/2 citron
le jus de 1 1/2 orange

1 Faites macérer les raisins secs dans le rhum pendant 1 heure. Préchauffez le four à 150 °C (th. 5). Graissez un moule à gâteau de 20 cm et tapissez-le de papier sulfurisé.

2 Dans un saladier tamisez la farine en même temps que la cannelle, la noix de muscade et le bicarbonate de soude. Dans un autre saladier, mélangez l'huile de tournesol avec le sucre blond, le sucre roux et les œufs en battant.

3 Mêlez les deux préparations. Ajoutez les zestes d'agrumes, les carottes râpées, la noix de coco et les noix hachées, l'extrait de vanille, les raisins égouttés et le gingembre. Mélangez bien. Versez la préparation dans le moule et faites cuire au four pendant 2 heures.

4 Pendant ce temps, préparez le sirop : versez le sucre dans une petite cruche et ajoutez les jus d'agrumes filtrés. Remuez bien et continuez à le faire de temps en temps. Sortez le gâteau du four lorsqu'il est cuit et percez-le en plusieurs endroits à l'aide d'une brochette. Versez le sirop par-dessus, puis laissez refroidir avant de démouler.

CONSEIL

Quand vous chemisez le moule, assurez-vous que le papier dépasse d'environ 2 cm tout autour. Quand vous arroserez le gâteau de sirop, il aura l'air noyé ; cela est normal, et le sirop ne tardera pas à être absorbé.

POUR CONSERVER

Ce gâteau restera frais jusqu'à 14 jours s'il est recouvert de sucre glace ou enveloppé de papier sulfurisé et conservé dans un récipient hermétique. Vous pouvez aussi le congeler (décongelez pendant toute une nuit avant de le consommer).

L'air est l'un des principaux ingrédients culinaires bien que nous n'en ayons pas toujours conscience, et, comme nous avons besoin d'un moyen de l'incorporer aux aliments, le fouet peut être considéré comme l'un des ustensiles les plus utiles. Le fouet coupe à toute vitesse à travers les blancs d'œufs, les pâtes et les sauces, incorporant l'air et écrasant les grumeaux et autres concentrations épaisses. Il décompense les gouttelettes grasses de façon qu'elles s'émulsifient avec les liquides non gras – par exemple, l'huile et le vinaigre d'un assaisonnement de salade.

Fouets

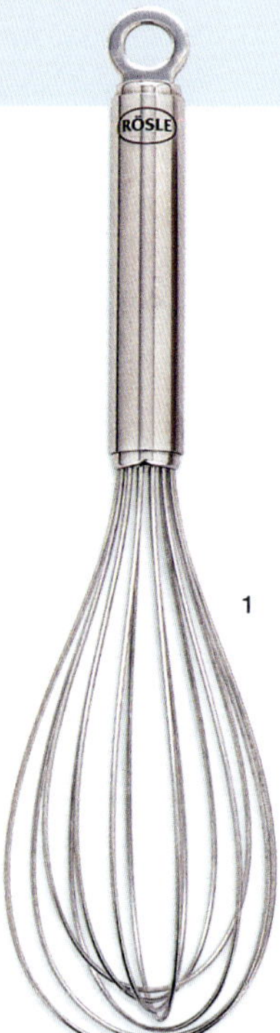

1

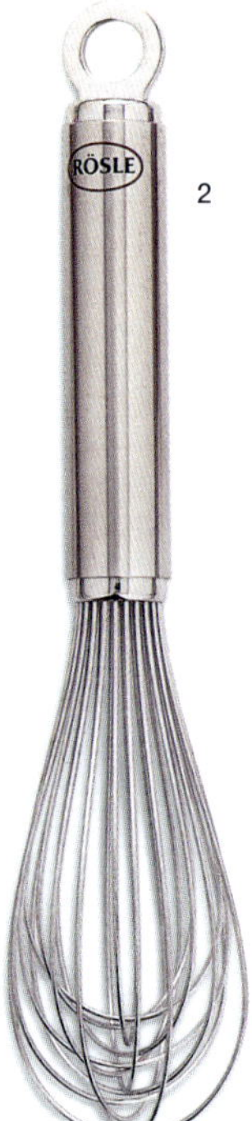

2

Le fouet « dénature » les protéines – songez à la façon dont les blancs d'œufs ou un mélange visqueux peuvent miraculeusement se transformer en mousse légère. Il coupe à travers le réseau de fils les molécules de protéines des blancs d'œufs, les hachant en minuscules particules et y faisant pénétrer l'air.

Il existe toutes sortes de fouets conçus pour différentes tâches. Lorsque le choix est limité, on peut toutefois se contenter d'un fouet ballon et d'un petit fouet plat. Choisissez de préférence un fouet en acier inoxydable, qui ne rouillera pas et ne se décolorera pas. Le manche doit être confortable, épais et bien tenir en main, et, pour des raisons d'hygiène, être étanche aux deux extrémités. Les fils doivent être solidement fixés au manche.

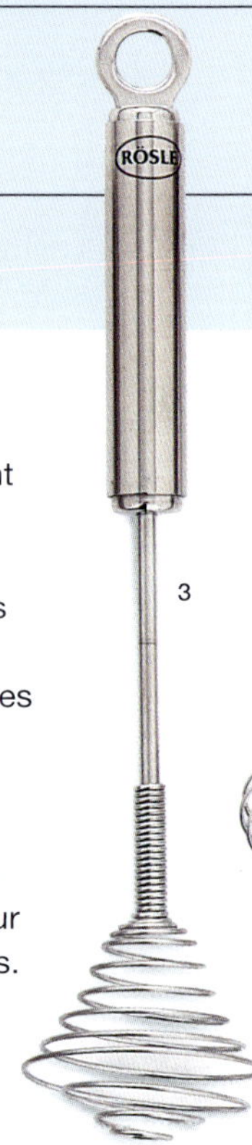

3

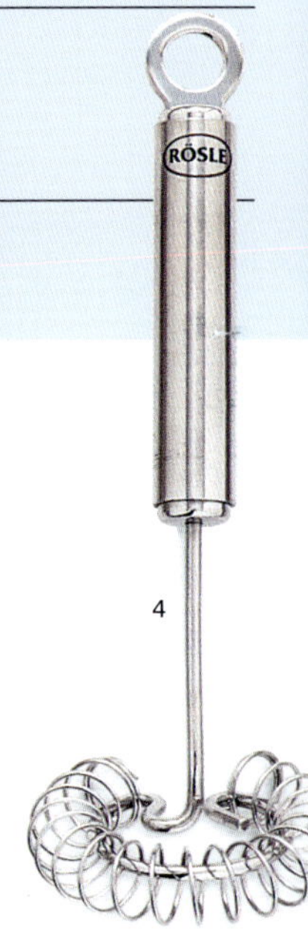

4

1 FOUET BALLON
Le fouet ballon possède des fils légèrement flexibles qui aèrent tout, depuis les blancs jusqu'à la crème épaisse. Sa forme bulbeuse augmente la surface qui entre en contact avec les préparations, et plus il y a de fils, mieux cela vaut.

2 FOUET À ŒUFS
Plus allongé et plus rigide que le fouet ballon, le fouet à œufs ou à sauce est conçu pour mélanger, émulsifier et aérer les sauces à base d'œufs. Ses fils coupent à travers les protéines de l'œuf, empêchant les sauces de coaguler et de cailler.

3 FOUET TOURBILLON
Ce fouet est fait d'un seul fil enroulé sur lui-même, ce qui lui donne une grande flexibilité. Bien que sa forme le rende très pratique pour aller dans les coins des récipients étroits, il n'est pas aussi efficace que les deux fouets précédents.

4 FOUET SPIRALE
Le fouet spirale est fait d'une seule spirale de fil très fin enroulé autour d'un fil circulaire plus épais. On peut l'utiliser pour de petites quantités de liquide, aussi est-il très utile pour fouetter les sauces dans une poêle ou une casserole peu profonde. Il peut aussi servir à incorporer le mélange collé tout autour des parois d'un bol à mélanger.

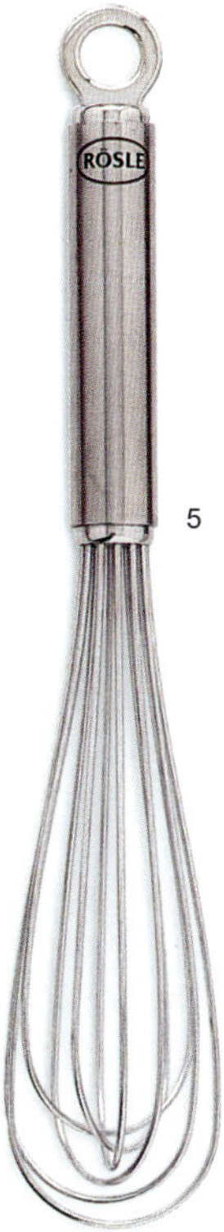

5

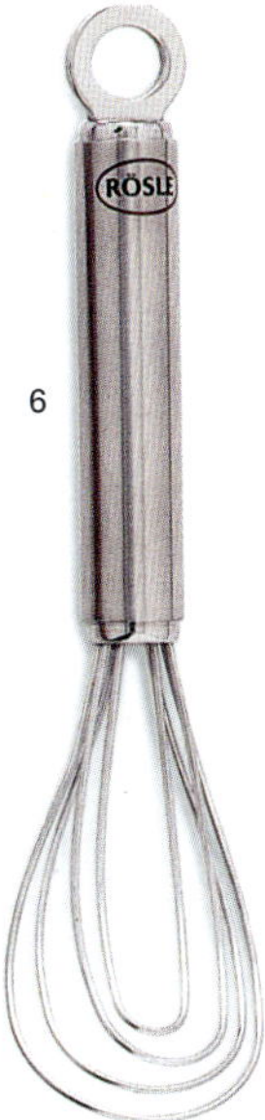

6

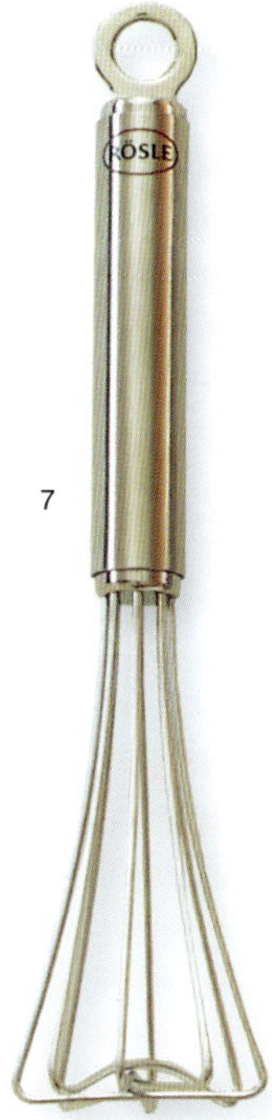

7

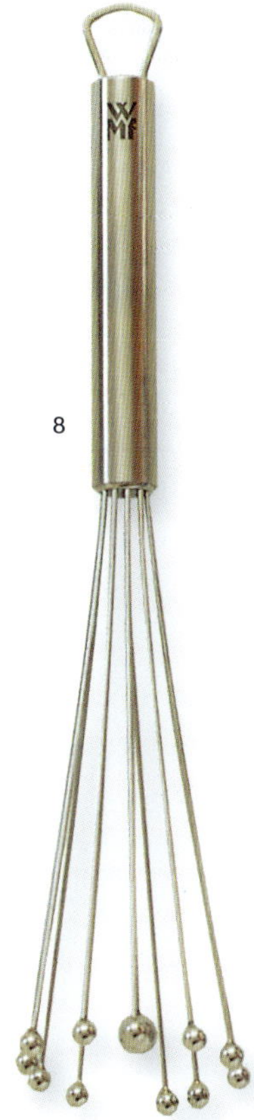

8

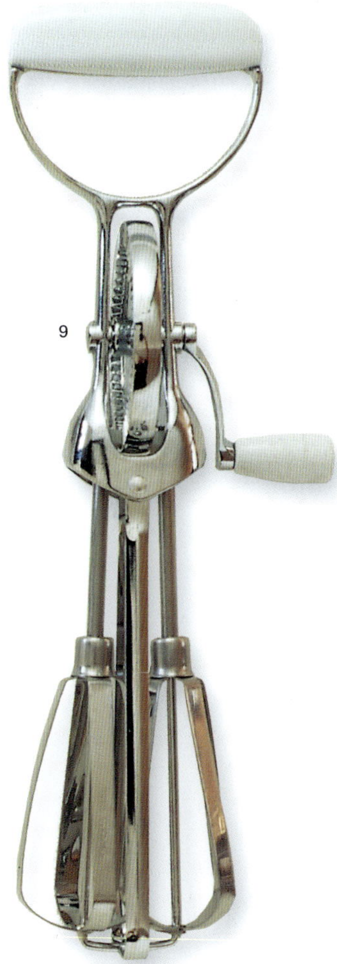

9

5 FOUET À CRUCHE
Pas indispensable mais tout de même pratique, ce long fouet sert à fouetter les mélanges dans des verres, des cruches à mesurer et des shakers.

6 FOUET PLAT
Ce fouet est idéal pour mélanger de petites quantités de préparation ou pour battre un seul jaune d'œuf, pour remuer les ingrédients fragiles ou pour incorporer des herbes à une crème.

7 FOUET À CASSEROLE
Celui-ci est un fouet ballon pourvu de fils aplatis. Il va bien dans les coins des casseroles et permet de bien travailler, même les sauces les plus épaisses. Toutefois, étant en métal, il ne peut être utilisé dans les casseroles antiadhésives.

8 FOUET À BOULES
Les fils de ce fouet se terminent par des boules de métal rondes qui permettent de fouetter le lait jusqu'à ce qu'il mousse, d'émulsifier des vinaigrettes et de bien mélanger les sauces grumeleuses. Ne pas utiliser dans une casserole antiadhésive.

9 FOUET ROTATIF
Les bons designs ne passent jamais de mode. Les manches changent parfois de couleur, mais le fonctionnement reste le même. Le fouet rotatif existe depuis plus d'un siècle : deux fouets travaillant en tandem dans des sens opposés quand on tourne la manivelle permettent d'obtenir une crème fouettée parfaite, de monter des blancs d'œufs en neige pour faire une meringue ou de travailler une pâte à crêpes légère et onctueuse.

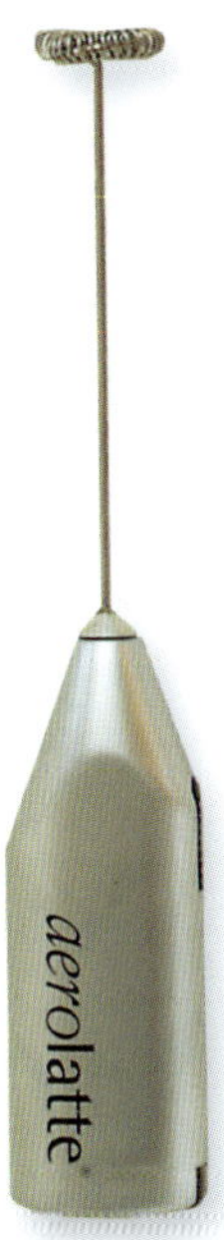

10

10 FOUET À LAIT
Ce fouet, qui fonctionne avec une pile, permet de faire mousser le lait chaud dans une tasse ou une cruche pour réaliser de délicieux chocolats chauds et cafés au lait.

Sabayon

USTENSILES : gros fouet ballon, bol à mélanger, casserole

Utilisez un gros fouet ballon pour préparer cette sauce sucrée et légère que vous servirez avec des tartes ou des puddings chauds, ou que vous verserez sur des baies d'été. Dans un grand bol à mélanger allant au feu, mettez 3 gros jaunes d'œufs (de préférence de poules élevées en plein air), 50 g de sucre en poudre extra-fin et 100 ml de vin blanc pétillant. Posez le bol sur une casserole d'eau frémissante. Fouettez le mélange jusqu'à ce que son volume augmente et qu'il prenne la consistance d'une crème mousseuse à la fois ferme et légère (les œufs ne doivent surtout pas cuire).

Mayonnaise

USTENSILES : fouet à œufs ou à sauce, bol à mélanger en verre

Pour environ 350 ml

Dans un bol à mélanger de taille moyenne, mettez 2 jaunes d'œufs bio, 1/4 de cuillerée à café de sel de emr, 1/4 de cuillerée à café de poudre de moutarde, un peu de poivre noir du moulin et 1/2 cuillerée à café d'huile d'olive ou de tournesol. Fouettez jusqu'à obtention d'un mélange lisse, puis incorporez à nouveau 1/2 cuillerée à café d'huile. Continuez d'ajouter de l'huile par petites quantités en versant plus vite à mesure que le mélange épaissit. Il vous faudra en tout 250 ml d'huile. Enfin, ajoutez 1 cuillerée à soupe de vinaigre de vin blanc et 1 cuillerée à soupe d'eau chaude.
Pour préparer un aïoli, ajoutez 5 ou 6 gousses d'ail écrasées avec du sel de mer et ne mettez pas le vinaigre.

Note : cette recette contient des œufs crus, qui ne sont pas recommandés pour les jeunes enfants, les femmes enceintes et les personnes âgées.

« L'air incorporé au blanc d'œuf sucré donne un miracle : une mousse neigeuse qui, lorsqu'on la fait cuire lentement au four, se transforme en une meringue fondante irrésistible. »

Meringue miraculeuse

Préparer une meringue est facile si l'on s'en tient aux règles de base. Le bol et les fouets doivent être bien propres – sinon les blancs d'œufs ne réagiront pas comme il faut. Ils absorbent l'humidité de l'atmosphère : il faut éviter de préparer une meringue par un temps humide ou pluvieux. En outre, les blancs d'œufs à température ambiante ont une tension de surface plus basse que ceux qui sortent du réfrigérateur, ce qui permet d'incorporer l'air plus aisément et donc d'obtenir un résultat plus mousseux. Séparez les blancs des jaunes une heure à l'avance. Soyez très prudent en cassant les œufs, car les jaunes contiennent 30 % de matières grasses : la plus infime quantité peut contaminer les blancs. Il est préférable que la base de votre bol à mélanger soit sphérique pour éviter que la mousse ne stagne dans un coin. Utilisez un bol en verre, en céramique ou en acier inoxydable plutôt qu'en plastique (qui retient les graisses). L'idéal étant un bol en cuivre non doublé : la réaction chimique qui se produit entre le métal et les blancs renforce les bulles et donne une mousse plus crémeuse et plus stable. Mais, si vous laissez les blancs dans un bol en cuivre plus de 15 minutes, ils prendront une teinte grisâtre. Pour éviter cela, nettoyez le bol avant usage avec une cuillerée à soupe de sel et le jus d'un demi-citron ou une cuillerée à soupe de vinaigre. Frottez le mélange autour des parois avec vos doigts. Rincez à l'eau chaude et séchez avec un torchon propre.

Meringue de base

POUR 600 ML

USTENSILES
petit bol
grand bol à mélanger
fouet ballon ou mixeur électrique
grande cuillère en métal

INGRÉDIENTS
4 blancs d'œufs
1 pincée de sel
200 g de sucre en poudre extra-fin

1 Mettez les blancs dans un grand bol à mélanger bien propre et ajoutez la pincée de sel pour permettre à la mousse de rester stable. À l'aide d'un fouet (vous pouvez aussi utiliser un batteur électrique), battez doucement jusqu'à ce que les blancs prennent une consistance mousseuse.

2 Fouettez ensuite rapidement en un mouvement circulaire pour soulever les blancs et incorporer l'air jusqu'à obtention d'une masse uniformément mousseuse. Quand vous soulevez un peu de blanc avec le fouet, il doit former un pic mou (a). À ce stade, la mousse peut servir à réaliser des soufflés ou des mousses.

3 Pour une meringue cuite au four, continuez de battre jusqu'à ce que la mousse forme des pics pointus rigides. Incorporez la moitié du sucre en poudre à raison d'une cuillerée à la fois en battant bien après chaque ajout. La mousse doit maintenant être lisse et brillante (b).

4 À l'aide d'une grande cuillère en métal, ajoutez le reste de sucre (c). Utilisez la préparation sans attendre, avant qu'elle ne commence à se liquéfier.

a

b

c

Pavlova aux fruits de la passion

Le mélange à meringue que l'on utilise pour une pavlova comprend de la farine de maïs et du vinaigre, ce qui lui donne sa texture caractéristique – croquante à l'extérieur et molle à l'intérieur. Pour contrebalancer le côté sucré de la meringue, j'ai ajouté du jus de fruits de la passion à la crème et j'ai étalé un mélange de fruits sur la pavlova. Des lanières d'écorce d'orange caramélisées enrichissent encore la texture. Comptez plusieurs heures pour préparer la base, car elle doit sécher complètement ; ne vous inquiétez pas si elle se fendille. Servez dès que vous avez assemblé ce dessert, faute de quoi il deviendra mou et spongieux.

POUR 8 À 10 PARTS

USTENSILES
- papier sulfurisé
- assiette de 25 cm de diamètre
- plaque à pâtisserie
- petit bol
- bol en cuivre ou grand bol à mélanger
- fouet ballon ou batteur électrique
- passoire fine
- couteau à palette (spatule en métal)
- bol à mélanger
- couteau de cuisine
- passoire en Nylon
- cuillère en bois
- petite casserole
- pincettes
- éplucheur rotatif

INGRÉDIENTS
- 6 gros blancs d'œufs
- 1 pincée de sel
- 300 g de sucre en poudre extra-fin, plus 2 cuillerées à soupe
- 1 1/2 cuillerée à café de farine de maïs tamisée
- 1 1/2 cuillerée à café de vinaigre de vin blanc
- 300 ml de crème épaisse
- le jus de 6 fruits de la passion filtré
- l'écorce d'1 petite orange coupée en fines lanières
- 4 cuillerées à soupe de sirop de grenadine
- 1 petite papaye
- 1 petite carambole
- 4 kumquats coupés en tranches fines
- 4 physalis, sans la cage membraneuse, coupés en deux

1 Préchauffez le four à 150 °C (th. 5). Dessinez un cercle de 25 cm de diamètre sur une feuille de papier sulfurisé à l'aide de l'assiette. Placez ce cercle de papier sur une plaque à gâteaux avec le côté marqué sur le dessous pour éviter que l'encre ne tache la meringue.

2 En utilisant les blancs d'œufs, les 300 g de sucre et la pincée de sel, confectionnez la meringue (voir page 101). Répandez la farine de maïs et le vinaigre sur la mousse et incorporez délicatement.

3 Déposez la meringue sur le cercle de papier en utilisant le couteau à palette pour égaliser le dessus et les côtés.

4 Baissez le four à 140 °C (th. 4-5) et enfournez la meringue. Faites cuire pendant 1 h 15. Éteignez le four, mais laissez la meringue à l'intérieur, porte fermée, jusqu'à refroidissement complet.

5 Une heure avant d'assembler, fouettez la crème, puis incorporez le jus de fruits de la passion et 2 cuillerées à soupe de sucre. Couvrez et réservez au réfrigérateur.

6 Faites blanchir les lanières d'écorce d'orange dans l'eau bouillante pendant 3 minutes. Égouttez et remettez dans la casserole. Ajoutez 150 ml d'eau fraîche ainsi que le sirop de grenadine. Faites mijoter 12 à 15 minutes jusqu'à ce que le mélange devienne sirupeux tout en restant liquide. Sortez les lanières d'écorce avec les pincettes et faites-les refroidir sur un plat métallique.

7 Coupez la papaye en deux dans le sens de la longueur et retirez les graines en laissant une cavité bien lisse. Épluchez avec précaution, puis posez chaque moitié sur une planche avec le côté coupé sur le dessous et tranchez de façon à obtenir de minces croissants. Taillez ceux-ci en deux ou trois morceaux, suivant leur taille.

8 Coupez la carambole en deux et réservez une moitié pour un autre usage. À l'aide d'un éplucheur rotatif, retirez la bande foncée qui borde les côtes. Coupez la chair en huit tranches.

9 Placez la meringue sur un plat de service. Recouvrez de crème en l'étalant avec le couteau à palette. Disposez les fruits par-dessus et garnissez de lanières d'écorce confites. Servez sans attendre.

Crêpes aux crevettes épicées et sauce à la coriandre

Pour réussir vos crêpes, utilisez un fouet ballon qui mélange et aère bien la pâte, faisant disparaître les grumeaux. Ne fouettez pas trop la pâte, sans quoi les crêpes risquent d'être dures. Utilisez une petite poêle lourde qui conduit la chaleur de façon régulière et ne colle pas. Une crêpière est idéale.

POUR 8 CRÊPES

USTENSILES
tamis
bols à mélanger
petite cruche à mesurer
couteau à légumes
couteau de cuisine ou mezzaluna
louche
crêpière de 18 cm de diamètre
papier sulfurisé
petite poêle

INGRÉDIENTS
100 g de farine bise ordinaire
1 pincée de sel
1 œuf, plus 1 jaune d'œuf
300 ml de lait
1 cuillerée à soupe d'huile végétale ou de beurre fondu
1 1/2 cuillerée à café de curcuma moulu
huile végétale de friture

POUR LA SAUCE
1 gousse d'ail hachée menu
3 cuillerées à soupe de coriandre fraîche hachée
200 ml de yoghourt entier
1/2 cuillerée à café de cumin fraîchement moulu
sel de mer et poivre noir fraîchement moulu

POUR LA GARNITURE
1 cuillerée à soupe d'huile végétale
1/2 oignon haché menu
2 cuillerées à café de pâte de curry thaïe rouge
225 g de tomates en boîte hachées avec le jus
sel de mer
24 grosses crevettes décortiquées
1 cuillerée à soupe de jus de citron
2 cuillerées à soupe de coriandre fraîche hachée

1 Tamisez la farine et le sel au-dessus d'un bol à mélanger. Faites un puits au milieu et ajoutez l'œuf et le jaune (a). Versez la moitié du lait et fouettez bien (b). Continuez à fouetter en ajoutant progressivement le reste de lait jusqu'à obtention d'une pâte lisse. Transférez dans une cruche à mesurer et réservez.

2 Mélangez dans un bol tous les ingrédients de la sauce. Laissez reposer pour permettre aux saveurs de s'épanouir.

3 Incorporez l'huile végétale ou le beurre fondu à la pâte, ainsi que le curcuma. Faites chauffer un peu d'huile dans une poêle. Versez une petite louche de pâte en inclinant et en tournant la poêle pour l'étaler (c). Faites frire rapidement à feu moyen et retournez la crêpe pour cuire l'autre côté.

4 Débarrassez la crêpe sur une assiette et gardez au chaud. Répétez l'opération jusqu'à épuisement de la pâte. Empilez les crêpes les unes sur les autres en les séparant avec une feuille de papier sulfurisé pour les empêcher de coller. Couvrez de papier aluminium et réservez au chaud.

5 Préparez la garniture : faites chauffer l'huile dans une petite poêle et faites fondre l'oignon. Ajoutez la pâte de curry et laissez frire 1 minute. Incorporez les tomates et salez à votre goût. Faites cuire 1 à 2 minutes. Incorporez les crevettes, le jus de citron et la coriandre. Laissez mijoter quelques minutes pour que les crevettes soient bien chaudes.

6 Pliez les crêpes en deux, puis à nouveau en deux de façon à former des cônes. Versez la garniture dans la poche ainsi formée. Disposez les crêpes farcies sur un plat de service réchauffé ou sur des assiettes individuelles et versez une louche de sauce par-dessus.

a

b

c

Pudding au citron
BILL GRANGER

Le chef australien Bill Granger est réputé pour ses mets sucrés qui attirent des files d'amateurs devant chacun de ses cafés à Sydney. « J'aime cuisiner des plats qui font plaisir aux gens », dit-il. Il utilise un fouet ballon pour incorporer l'air dans ses puddings délicieusement légers, typiques de son approche décontractée de la nourriture et de la vie.

POUR 2 PERSONNES

USTENSILES
fouet ballon
2 plats de 250 ml allant au four
grands bols à mélanger

INGRÉDIENTS
75 g de sucre en poudre extra-fin
1 1/2 tasse de farine ordinaire tamisée
2 cuillerées à soupe de jus de citron vert
1 cuillerée à café de zeste de citron vert finement râpé
2 œufs
1 cuillerée à soupe de beurre fondu
100 ml de lait

POUR SERVIR
crème fraîche épaisse

1 Préchauffez le four à 180 °C (th. 6) et graissez les deux plats.

2 Dans un grand bol à mélanger, versez 2 cuillerées à soupe de sucre, la farine, les jaunes d'œufs, le jus et le zeste de citron. Fouettez le tout. Ajoutez le beurre fondu et le lait et fouettez à nouveau.

3 Dans un autre bol, fouettez les blancs avec le reste de sucre jusqu'à ce que le mélange forme des pics bien fermes. Incorporez délicatement les blancs d'œufs dans le mélange à base de citron vert. Répartissez la préparation dans les deux plats. Enfournez et faites cuire 15 minutes. Servez avec une cuillerée de crème fraîche épaisse.

Ces appareils polyvalents hachent et coupent en tranches, déchiquettent, broient, fouettent, mélangent et peuvent réaliser des jus. Ils font gagner beaucoup de temps et sont idéaux pour traiter de grandes quantités d'ingrédients. Cependant, ils ne permettent pas toujours de se rendre compte des changements subtils qui se produisent dans les aliments quand on les travaille.

Mixeurs et robots électriques

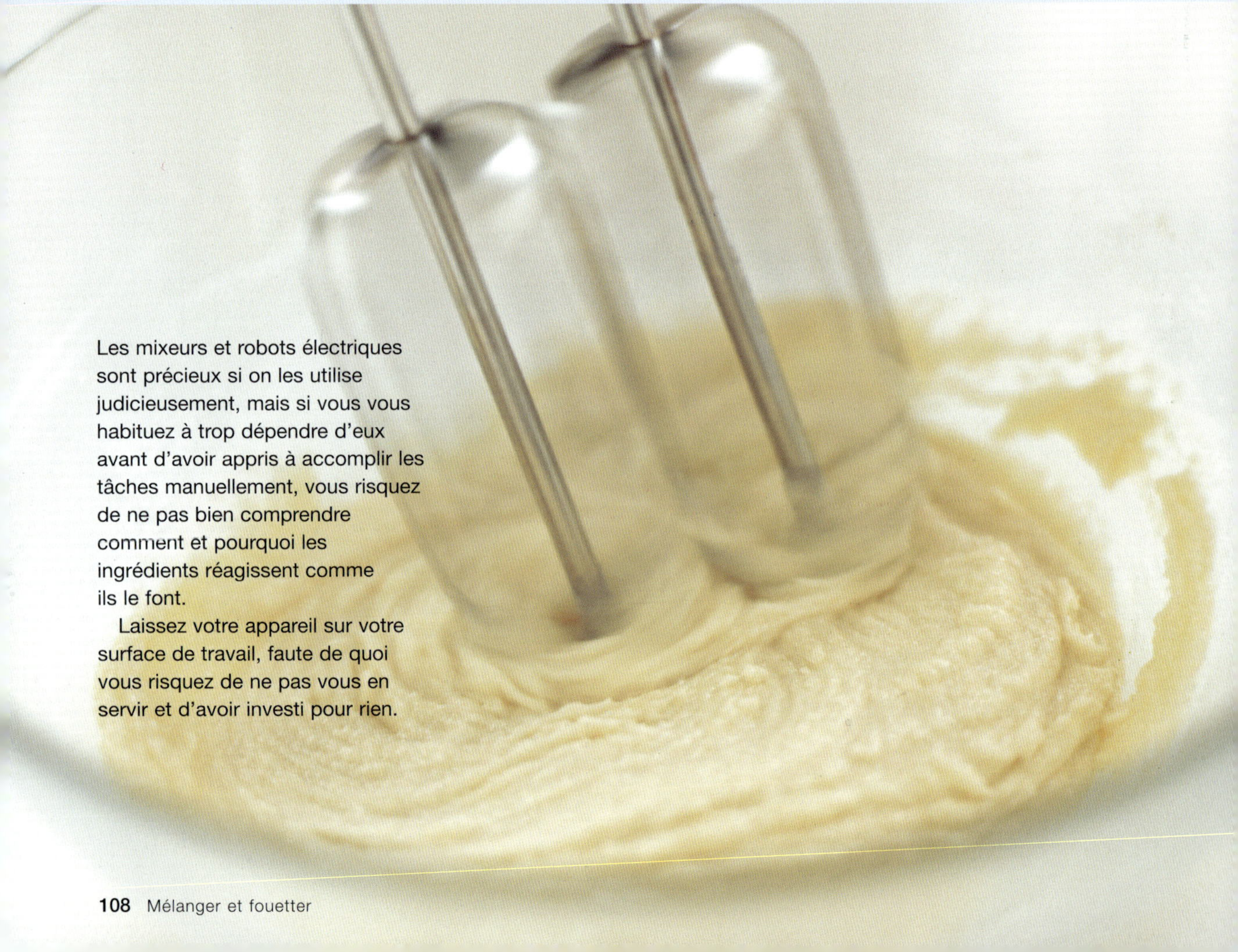

Les mixeurs et robots électriques sont précieux si on les utilise judicieusement, mais si vous vous habituez à trop dépendre d'eux avant d'avoir appris à accomplir les tâches manuellement, vous risquez de ne pas bien comprendre comment et pourquoi les ingrédients réagissent comme ils le font.

Laissez votre appareil sur votre surface de travail, faute de quoi vous risquez de ne pas vous en servir et d'avoir investi pour rien.

1 MIXEUR DEBOUT

Ce mixeur classique qui permet de faire de la pâte est doté d'une minicuve en acier inoxydable d'une capacité de 4 litres pouvant contenir 2,25 kg d'ingrédients. La tête rotative tourne de l'intérieur vers l'extérieur du bol en une suite de cercles, allant chercher les aliments au fond et sur les parois, et les mélangeant rapidement de façon homogène. Le mixeur est vendu avec trois accessoires – un fouet, un batteur plat et un crochet à pâte – ainsi qu'avec de nombreuses options permettant d'accomplir différentes tâches spécialisées.

1

2

2 ROBOT

Le concept de base des robots ménagers est le même depuis des décennies. Des lames très aiguisées tournent horizontalement à partir d'un moteur gradué, réduisant les aliments en pulpe presque instantanément. Le grand Magimix® 5200 est idéal pour les personnes qui reçoivent beaucoup ; il est vendu avec trois minicuves en polycarbonate de différentes tailles qui peuvent venir à bout d'une poignée d'herbes aromatiques aussi bien que d'1,6 kg de pâte. Les accessoires incluent des lames pour trancher, réaliser des jus, fouetter les blancs d'œufs et préparer de la pâte à pain. La garantie du moteur est de douze ans, ce qui en dit long sur sa solidité.

3 MIXEUR PLONGEANT

Des chefs mentionnés dans le Guide Michelin jusqu'aux mères de famille, tout le monde possède son mixeur plongeant. Une petite lame horizontale permet en quelques secondes de faire des purées, des aliments pour bébé, des mayonnaises, de hacher des oignons et des herbes, de broyer de la viande, d'écraser des noix, des épices et même des grains de café. Vous pouvez écraser des légumes cuits ou transformer une sauce en mousse délicate en déplaçant rapidement le mixeur de haut en bas dans une casserole. Les versions de luxe incluent toute une série d'accessoires, tandis que les modèles domestiques sont vendus avec un bol à mélanger transparent et un mini-hachoir

3

4

4 CENTRIFUGEUSE

Pour les amateurs de jus de fruits et de légumes frais, il existe toute une gamme d'appareils plus ou moins sophistiqués. Vous mettez les fruits dans l'appareil par le haut, et ils ressortent sous forme de jus par le bec latéral. Le Magimix® Le Duo Plus permet également de faire des purées pour bébé et des coulis de fruits pour crèmes glacées.

5

5 BLENDER

Ce grand classique possède un moteur à deux vitesses et une minicuve résistante à la chaleur. Il écrase, mélange et réduit en jus, permettant de préparer les plus merveilleux veloutés, smoothies, sauces, soupes ou purées, ainsi que de la glace pilée. Avec son modeste diamètre, la cuve retient les aliments à portée de la lame, de sorte que l'on n'a pas besoin de faire une pause de temps en temps pour remuer. Les aliments doivent être suffisamment abondants pour recouvrir les lames. Ajoutez un peu de liquide, sans quoi les aliments ne seront pas complètement mixés.

6 ROBOT DE CUISINE MULTIFONCTION

Cette machine révolutionnaire possède une base motorisée complexe avec un dispositif qui permet d'accueillir différents accessoires. En fait, c'est une combinaison de plusieurs appareils. Le seul inconvénient, c'est son prix. Le modèle de base est vendu avec un bol à mélanger seulement, avec comme accessoires un couvercle, un crochet à pâte, un batteur double et un « gratteur ». Le modèle le plus cher est vendu avec un blender, un mixeur et un bol à mélanger. Parmi les options, on citera un hachoir à viande, un déchiqueteur et un moulin à céréales.

6

7

8

7 TURBINE À GLACE

Cet appareil permet de faire une glace maison en moins de 30 minutes. Les appareils les plus performants sont ceux qui comportent un freezer intégré et une cuve en métal que l'on peut soulever. Expérimentez d'abord avec des fruits et de la crème, puis avec de simples glaces au yoghourt et des sorbets avant de passer aux glaces à base de crème anglaise, de chocolat, de caramel et de noix pilées.

8 BATTEUR/MIXEUR ÉLECTRIQUE

Les cordons-bleus aiment avoir un mixeur utilisable avec n'importe quel bol à mélanger. Le modèle Dualit® a une puissance de 300 W et est vendu avec deux batteurs plats, deux crochets à pâte pour les mélanges avec levure et un fouet ballon pour les blancs d'œufs, tous ces accessoires pouvant fonctionner sur les cinq vitesses. Le cordon électrique est rétractable. Cet appareil est idéal pour une utilisation domestique.

9

9 MACHINE À PAIN

Si vous aimez l'odeur du pain encore chaud, cet appareil devrait avoir sa place dans votre cuisine. Il existe plusieurs modèles sur le marché, mais le Panasonic® est souvent bien noté. Vous pouvez fabriquer du pain tout simple avec de la farine, de la levure chimique à action rapide et de l'eau, ou bien des pains plus sophistiqués, avec des noix, du raisin, voire des petits pains au lait et des gâteaux. Cet appareil peut fonctionner comme simple pétrin ou comme four à pain.

Blancs de poulet aux noix du Queensland avec émulsion de noix de coco et de citronnelle

CHARLIE TROTTER

Créé par le chef américain Charlie Trotter, ce plat riche est absolument délicieux, avec des saveurs sensuelles qui se marient à merveille. Le cresson légèrement fané est essentiel pour couper la richesse des noix du Queensland et pour équilibrer les saveurs. Utilisez un mixeur ou un blender électrique pour émulsifier la sauce.

POUR 4 PERSONNES

USTENSILES

bols à mélanger
couteau de cuisine
couteau à légumes
petite casserole
tamis
presse-agrumes
gril
petite poêle
grande poêle
spatule perforée
mixeur plongeant

INGRÉDIENTS

400 g de lait de coco en boîte
250 ml de lait
8 brins de citronnelle hachés
1 cuillerée à soupe de vinaigre de riz
1 cuillerée à soupe de jus de citron
1 poivron jaune coupé en deux et épépiné
50 g de poireau coupé en julienne
3 1/2 cuillerées à soupe d'huile d'arachide ou de tournesol
6 cm de racine de gingembre fraîche épluchée et coupée en julienne
4 blancs de poulet de 140 g chacun sans la peau
sel et poivre noir moulu
4 cuillerées à soupe de noix du Queensland
50 g de cresson
2 cuillerées à soupe de noix de coco déshydratée légèrement rôtie
2 cuillerées à soupe de ciboulette hachée

1 Dans une petite casserole faites frémir le lait de coco et le lait avec la citronnelle pendant 15 minutes. Passez au tamis et reversez dans la casserole. Ajoutez le vinaigre et le jus de citron. Réservez.

2 Faites griller le poivron. Épluchez-le et coupez-le en lanières. Gardez au chaud.

3 Plongez la julienne de poireau dans une casserole d'eau bouillante. Portez de nouveau à ébullition et laissez bouillir quelques secondes. Égouttez et gardez au chaud.

4 Faites chauffer 1 1/2 cuillerée à soupe d'huile dans une petite poêle. Ajoutez le gingembre et laissez frire 1 minute. Débarrassez sur une assiette et gardez au chaud.

5 Salez et poivrez les blancs de poulet et enrobez-les de noix. Faites chauffer le reste d'huile dans une grande poêle et mettez le poulet à cuire 3 minutes de chaque côté. Débarrassez sur une assiette et gardez au chaud.

6 Jetez le cresson dans la poêle et laissez cuire à feu doux 1 minute pour qu'il fane légèrement. Salez et poivrez à votre goût.

7 Réchauffez doucement l'émulsion à base de noix de coco en mélangeant à l'aide d'un mixeur plongeant pour faire légèrement mousser.

8 Pour dresser le plat, mettez un peu de julienne de poivron et de poireau au milieu de chaque bol de service. Disposez quelques feuilles de cresson sur les légumes et surmontez avec les blancs de poulet. Versez un cordon d'émulsion tout autour et saupoudrez de gingembre frit et de noix de coco grillée. Parsemez de ciboulette.

Smoothies et jus

NICOLA GRAIMES

Le blender permet de préparer des jus de fruits, des smoothies, des milk-shakes et des cocktails en un clin d'œil. L'auteur de livres de recettes Nicola Graimes recommande de choisir un modèle multifonction à plusieurs vitesses. Pour les jus, cela vaut la peine d'investir dans une centrifugeuse puissante équipée d'un moteur résistant.

Smoothie à la banane et à la cardamome

POUR 2 VERRES

USTENSILES
couteau de chef, pilon et mortier, blender

INGRÉDIENTS
3 gousses de cardamome
1 mangue
200 ml de yoghourt
2 bananes
200 ml de lait de coco
glaçons pour servir

1 Ouvrez les gousses de cardamome et retirez les graines. Écrasez les gousses à l'aide d'un pilon et d'un mortier. Réservez.

2 Épluchez et coupez grossièrement les bananes. Pelez, dénoyautez et coupez la mangue en morceaux. Placez la banane et la mangue dans le blender, ajouter le lait de coco et le yoghourt. Mixez jusqu'à obtention d'un mélange lisse et mousseux.

3 Pour servir, versez le smoothie dans deux grands verres. Ajoutez la cardamome puis les glaçons.

Jus de pomme et de carotte

POUR 2 VERRES

USTENSILES
couteau de chef, centrifugeuse

INGRÉDIENTS
2 grosses pommes vertes acides
1 grosse betterave crue
2 carottes de taille moyenne
2,5 cm de racine de gingembre fraîche
jus de citron frais

1 Retirez les queues des pommes et coupez-les en quartiers. Épluchez la betterave et coupez-la en quatre. Hachez grossièrement les carottes et épluchez le gingembre.

2 Passez le tout à la centrifugeuse. Répartissez le jus dans les verres. Ajoutez le jus de citron, mélangez et servez.

Smoothie à la crème et aux fraises

POUR 2 VERRES

USTENSILES
éplucheur à légumes, couteau de cuisine, blender plongeant

INGRÉDIENTS
gousse de vanille fendue en deux
350 g de fraises équeutées
150 ml de yoghourt à la grecque
350 ml de lait
2 boules de crème glacée à la vanille

1 Mettez les graines d'un quart de gousse de vanille dans le gobelet du blender. Hachez les fraises et mettez-en la moitié dans le gobelet avec la moitié du yoghourt et du lait.

2 Plongez le blender dans le gobelet et mixez jusqu'à obtention d'un mélange onctueux. Versez dans un grand verre et ajoutez une boule de crème glacée à la vanille. Répétez l'opération pour le deuxième smoothie.

Jus de fruits du verger

POUR 2 VERRES

USTENSILES
couteau à légumes, centrifugeuse

INGRÉDIENTS
2 poires
3 pêches
4 abricots
jus de citron frais

1 Retirez le cœur et les pépins des poires. Coupez-les en quatre. Coupez les pêches et les abricots en deux et retirez le noyau.

2 Passez les fruits à la centrifugeuse. Versez le jus dans les verres. Ajoutez le jus de citron, remuez et servez.

Crème glacée au chocolat blanc et au piment rouge

CHRIS TANNER • JAMES TANNER

Cette crème glacée originale est l'œuvre des frères Tanner, deux chefs anglais réputés. Le goût du piment rouge qui chatouille les papilles se marie bien avec celui du chocolat blanc. Ce mets remporte un grand succès dans leur restaurant, Tanners, à Plymouth, dans le Devon.

POUR ENVIRON 1 LITRE

USTENSILES
2 casseroles moyennes
bol allant au feu
bol à mélanger
fouet
spatule
cuillère en bois
passoire fine
turbine à glace ou récipient allant au freezer

INGRÉDIENTS
4 cuillerées à soupe d'eau
200 g de sucre en poudre extra-fin
2 cuillerées à café de piment rouge épépiné et coupé en petits dés
400 ml de crème fraîche épaisse
400 ml de lait demi-écrémé
1 gousse de vanille fendue en deux
300 g de chocolat blanc cassé en morceaux
8 jaunes d'œufs bio

1 Portez l'eau à ébullition dans une casserole. Ajoutez le piment et 1 cuillerée à soupe de sucre en poudre. Baissez le feu et laissez mijoter 5 minutes jusqu'à obtention d'un sirop. Débarrassez dans un bol et réservez.

2 Versez la crème et le lait dans une casserole. Ajoutez la gousse de vanille et portez à ébullition. Hors du feu, laissez infuser et refroidir.

3 Faites fondre le chocolat au bain-marie. Laissez refroidir.

4 Fouettez les jaunes d'œufs avec le reste de sucre jusqu'à obtention d'un mélange aéré et mousseux. Incorporez le lait infusé et remuez avec une spatule. Transvasez la préparation dans une casserole propre et réchauffez à feu doux en remuant continuellement pour faire réduire. Ne laissez surtout pas bouillir, faute de quoi le mélange caillerait. Enlevez la gousse de vanille et filtrez dans une passoire fine placée au-dessus d'un bol. Incorporez le chocolat fondu.

5 Versez la préparation dans une turbine, barattez, puis, dès que la crème glacée commence à durcir, ajoutez le sirop de piment, barattez 2 minutes et faites prendre en glace. Sinon, versez la préparation dans un récipient allant au freezer et congelez pendant 40 minutes. Sortez le récipient du freezer, fouettez, incorporez le sirop de piment et placez à nouveau au freezer. Répétez cette opération pendant 2 h 30, puis laissez au freezer jusqu'à ce que la crème glacée soit ferme.

6 Laissez la crème glacée ramollir pendant 5 à 6 minutes avant de servir.

Tamiser et égoutter

Ces ustensiles permettent d'affiner la texture des aliments. Ils retiennent les grumeaux et les particules plus épaisses des poudres et, indirectement, allègent les mélanges, car en tamisant ou en filtrant les aliments, on incorpore de l'air dedans. Les tamis servent aussi à séparer les liquides des solides et à modifier la texture des ingrédients – par exemple, en faisant passer un œuf dur à travers un tamis pour obtenir une garniture style mimosa.

Tamis et passoires

Un tamis permet de débarrasser les framboises de leurs graines et la sauce Béchamel d'éventuels grumeaux – mettez le tamis sur une casserole propre, versez le mélange dedans et écrasez les grumeaux avec le dos d'une cuillère en bois.

Le tamis doit reposer confortablement sur le récipient placé au-dessous. Les tamis coniques sont plus pratiques pour les hauts récipients; ceux en forme de bol s'utilisent de préférence avec les bols. Le récipient doit être suffisamment large et profond pour pouvoir contenir la passoire et son contenu une fois qu'il sera passé. Ne tamisez pas une poudre sèche dans une passoire mouillée sous peine d'obtenir une pâte collante. N'essayez pas non plus de passer des aliments fibreux ou pleins de pépins à l'aide d'un tamis ultrafin – il sera difficile à nettoyer. Pour débarrasser un tamis des matériaux fibreux, mettez-le sous le robinet d'eau froide et grattez l'extérieur et l'intérieur du bol avec une brosse à ongles.

TAMIS EN FORME DE BOL
Les mailles très fines de ces tamis en acier inoxydable sont idéales pour tamiser de la farine du sucre glace et autres poudres fines.

1 Le grand tamis peut aussi servir à égoutter des légumes.

2 Le petit tamis sert à tamiser du sucre glace sur les gâteaux.

Choisir un tamis

Deux ou trois tamis de taille moyenne à grande sont nécessaires pour être sûr d'en avoir toujours un sec à portée de main. Un grand tamis de 25 cm de diamètre sera utile pour tamiser de la farine ou du sucre glace. Si le tamis est trop petit, la poudre tend à déborder et à s'envoler dans l'atmosphère.

Deux tamis plus petits de 10 à 12 cm de diamètre sont utiles pour faire tomber les aliments dans un récipient étroit comme une cruche à mesurer. Un tamis en Nylon est indispensable pour passer des fruits mous ou retirer les pépins d'un jus d'agrumes, car, à la différence du métal, le Nylon ne réagit pas à l'acide contenu dans les fruits.

Lorsque vous achetez un tamis, assurez-vous qu'il est équipé d'un rebord ou d'un crochet permettant de le poser sur un récipient. Vérifiez aussi la solidité de la maille, car elle devra parfois supporter une forte pression quand vous écraserez les aliments dessus. Le point faible est le fond du bol, qui tend à s'user.

3

4

3 TAMIS ET PILON CHINOIS

Ce tamis conique permet de verser de façon plus précise dans le récipient placé au-dessous. La maille ultrafine débarrasse les bouillons des sédiments et permet d'obtenir des sauces veloutées sans grumeaux. Le haut est entouré d'une bande de métal à laquelle sont fixés le manche, le crochet et le cadre. Celui-ci protège la maille.
La forme du pilon est adaptée à celle du tamis. Utilisez-le pour extraire les jus des matières solides et pour faire des purées de légumes.

4 TAMIS EN NYLON

Une passoire en Nylon ne se corrode pas et elle est préférable pour filtrer les aliments acides. Moulée dans un seul morceau de plastique, elle est très résistante et peut vous durer toute la vie.

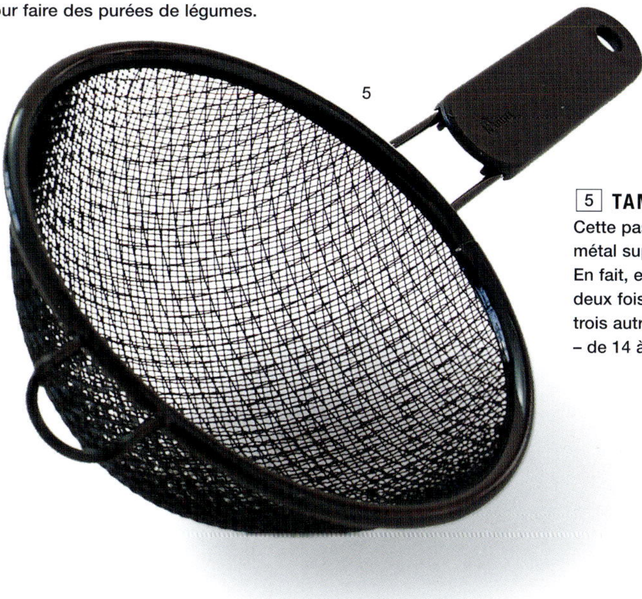

5

5 TAMIS DOUBLE MAILLE

Cette passoire est faite de deux mailles de métal superposées à des angles différents. En fait, elle tamise la farine et le sucre glace deux fois. Cette passoire est vendue avec trois autres passoires de tailles différentes – de 14 à 20 cm de diamètre.

6 TAMIS

Utilisé en Inde, ce tamis possède une maille très serrée tendue sur un cadre circulaire en bois, en plastique ou en métal de diamètre variable. Les mailles sont faites en Nylon, en soie ou en métal et sont généralement interchangeables. Suivant la taille des mailles, le tamis peut servir à tamiser les poudres, les épices et les graines pour en retirer les grumeaux ou les grosses particules. Le tamis permet de tamiser de grandes quantités d'ingrédients grâce à son maillage plat. Cependant, les ingrédients secs tendent à s'envoler dans l'atmosphère.

6

8

7 SAUPOUDROIR

Suivant la grosseur des trous, le saupoudroir sert à conserver et à verser la farine et le sucre. Retournez-le et secouez-le comme une salière. Le haut se dévisse pour le remplissage. Lorsque vous le remplissez de sucre, ne laissez pas les cristaux de sucre coller au filetage, qui deviendrait difficile à visser et à dévisser.

7

8 TAMIS À FARINE

Ce tamis à ressort aère la farine et lui donne une consistance légère et homogène. Il possède une base à maille fine hérissée de tiges pointues qui agitent la farine quand on appuie sur le poussoir de la poignée. Le processus est quelque peu laborieux, aussi cet ustensile ne convient-il qu'aux petites quantités de farine. Évitez de le laver, car il est difficile à faire sécher. Contentez-vous de le ranger dans un sac plastique à l'abri de l'humidité.

« Le fait de tamiser les poudres permet d'y incorporer de l'air au moment où elles s'écoulent dans le bol. »

Les passoires servent à séparer les solides des liquides, tandis que les écrémeuses permettent de retirer les sédiments et les pellicules qui se forment à la surface des liquides.

Passoires et écrémeuses

Si vous cuisinez pour un grand nombre de convives, préparez de grandes quantités de bouillon ou faites souvent des pâtes pour plus de quatre personnes, il est essentiel de posséder une passoire de plus de 28 cm de diamètre. Elle devra être pourvue de pieds ou d'une base solide afin que vos deux mains restent libres pour soulever la casserole d'où vous servez les aliments. Les petites passoires n'ont pas besoin de pieds, mais doivent avoir un solide rebord et une poignée pour reposer sur le récipient qui reçoit les aliments. La base doit être plate pour éviter aux aliments qui se trouvent au fond d'être écrasés. Les trous doivent être nombreux, bien répartis au fond et autour des parois et de taille pas trop grande, sans quoi les petits pois pourraient passer au travers.

Il vous faudra aussi une essoreuse à salade pour sécher les feuilles. Les paniers à salade sont jolis mais ils n'essorent pas aussi bien. Certaines essoreuses ont une base perforée qui permet à l'eau de s'écouler dans l'évier au fur et à mesure que l'on essore, mais je préfère les essoreuses qui recueillent l'eau dans une base solide. Parmi les autres ustensiles précieux, citons les écumoires en métal (choisissez de préférence une écumoire faite d'un seul morceau de métal) et, si vous faites du thé avec des feuilles en vrac, une passoire à thé.

1 MOUSSELINE À FROMAGE

Ce morceau de tissu permet de filtrer les sédiments contenus dans les bouillons et le beurre clarifié. Mettez un grand morceau de mousseline au fond d'un tamis ou d'une passoire et versez le liquide dedans. Vous pouvez vous en servir pour mouler le fromage blanc.

2 PASSOIRE PLIANTE

Cet ustensile astucieux est idéal pour les cuisines modernes où la place est comptée. Elle est faite de plusieurs sections qui rentrent les unes dans les autres jusqu'à ne former qu'un simple disque lorsqu'on veut la ranger et qui se déplient lorsqu'on tire dessus pour former un bol à gradins avec une base perforée.

1

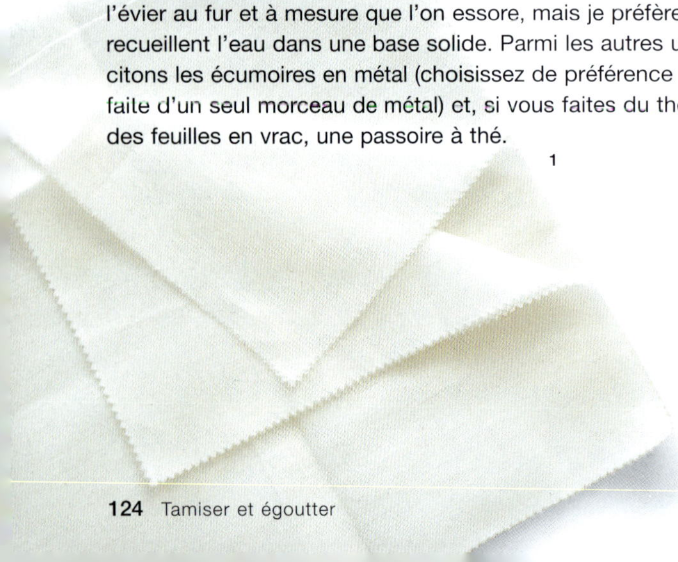

2

3

4

5

PASSOIRES EN ACIER INOXYDABLE

3 Cette passoire en acier inoxydable bien conçue est pourvue de larges poignées qui permettent de la soulever ou de la poser sur un récipient, une base solide, de trous espacés de façon régulière et d'un œillet qui permet de la suspendre. La base plate évite d'écraser les aliments. Cette passoire existe avec des diamètres allant de 16 à 28 cm. Choisissez la plus grande possible.

4 Même si vous pouvez poser cette passoire à long manche, il est plus probable que vous la tiendrez en l'air d'une main tout en versant les aliments de l'autre. Aussi est-il préférable de ne s'en servir que pour de petites quantités d'aliments. Un diamètre de 18-20 cm sera largement suffisant.

5 PASSOIRE ÉMAILLÉE

Les passoires émaillées à l'ancienne donnent un style aux cuisines rustiques avec leur forme solide, leurs trous bien répartis et leurs poignées de métal toutes simples. Aujourd'hui, le style a été modernisé, avec des couleurs vives et des perforations en forme de losange. Mais la fonction reste la même.

6 PASSOIRE D'ÉVIER

Qui prétend qu'une passoire doit à tout prix être ronde ? Pas Good Grips, en tout cas. Ce fabricant nous propose une passoire dont la forme s'adapte à celle de l'évier, ce qui est très pratique pour rincer tout un lot de légumes à grosses feuilles ou de pommes. Les poignées pliables se referment au-dessous du bol rectangulaire, de sorte que la passoire peut tenir debout sur ses propres pieds. Très pratique si l'on veut avoir les mains libres, par exemple pour éplucher des légumes directement dans le bol.

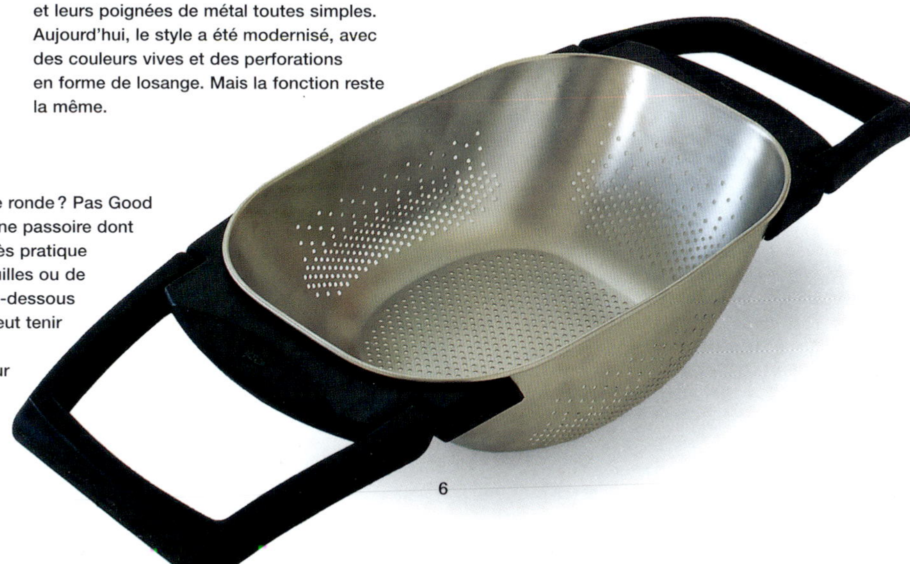

6

2 CUILLÈRE À TROUS

Cet ustensile indispensable permet de sortir de petites quantités d'aliments de la casserole tout en les égouttant. Les jus de cuisson, l'eau et les graisses s'écoulent à travers les perforations.

4 PASSOIRE À THÉ

Faite en acier inoxydable, cette petite passoire possède une maille très fine qui permet de filtrer le café ou le thé. La poignée et l'anse en fil de fer permettent de la poser directement sur la tasse – très pratique s'il vous faut utiliser les deux mains pour soulever la théière ou la cafetière.

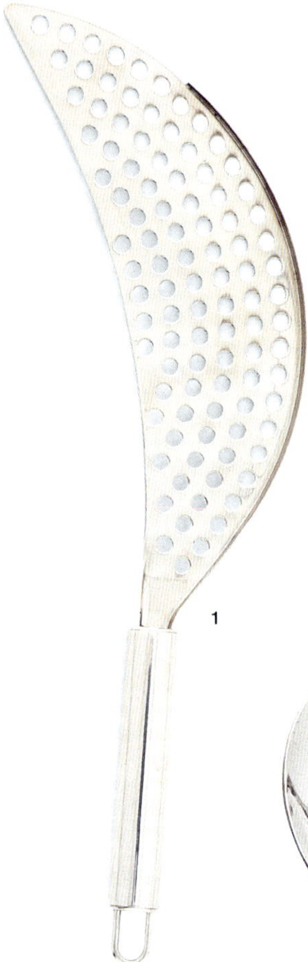
1

2

3

4

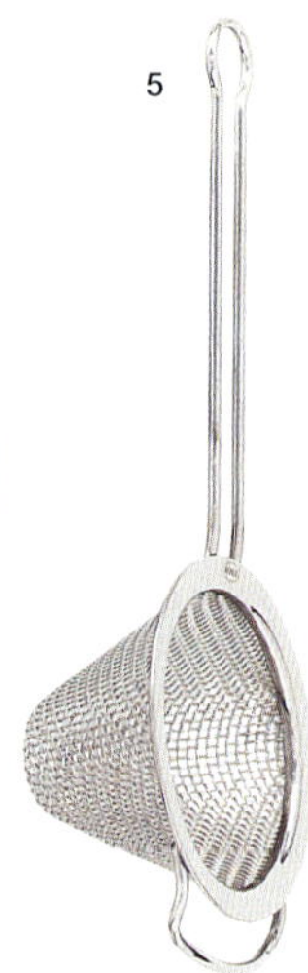
5

6

1 ÉCUMOIRE CROISSANT

Cette écumoire en forme de croissant permet d'égoutter de petites et moyennes quantités de pâtes ou de légumes directement en les sortant de la casserole. Elle est maintenue en place par un rebord qui se fixe au bord de la casserole et peut s'adapter à des casseroles de différentes tailles.

3 ÉCUMOIRE EN FIL DE FER

Cet ustensile est idéal pour sortir les frites d'une friteuse ou les pommes de terre sautées de la poêle. L'huile s'égoutte rapidement à travers les mailles grossières en fil de fer. Peut également servir à écrémer les aliments.

5 PASSOIRE CONIQUE

Cette passoire à mailles grossières permet de filtrer les liquides sur un récipient étroit. Elle existe en quatre diamètres allant de 8 à 20 cm.

6 ÉCUMOIRE PANIER

Cette écumoire sert à sortir les fritures de l'huile bouillante ou les légumes de l'eau de cuisson, à ébouillanter les tomates ou les pêches avant de les éplucher. Si vous en avez deux de tailles différentes, vous pouvez également vous en servir comme d'un panier à friture en garnissant la plus grande de tranches de pommes de terre et en pressant la plus petite par-dessus avant de les plonger dans la friture. Cet ustensile se rencontre souvent dans les cuisines chinoises.

7 ÉCUMOIRE PERFORÉE

Le bol large et plat permet d'écumer les ragoûts et les bouillons. Cet ustensile est pratique aussi pour sortir les beignets, les gnocchis et les quenelles du bouillon.

8 ÉCUMOIRE EN FIL DE FER

Cette écumoire sert à sortir les aliments de la friture. Le fil de fer permet d'égoutter rapidement l'huile et les petits sédiments.

9 PELLE À NOUILLES

Cette pelle en fil de fer possède un bol large et profond idéal pour sortir de l'eau les gnocchis, les beignets et les raviolis ou autres pâtes farcies et les égoutter.

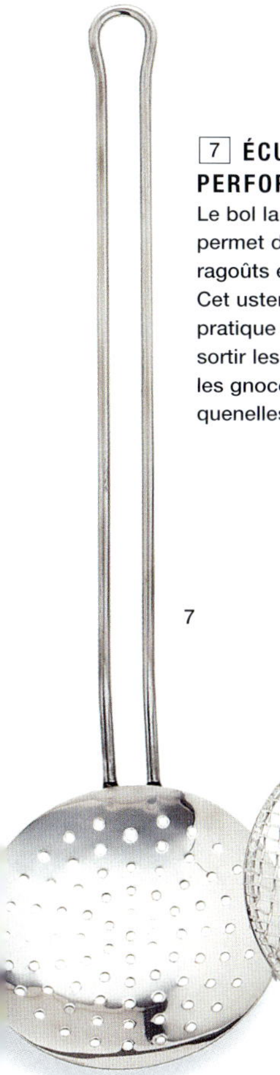

7

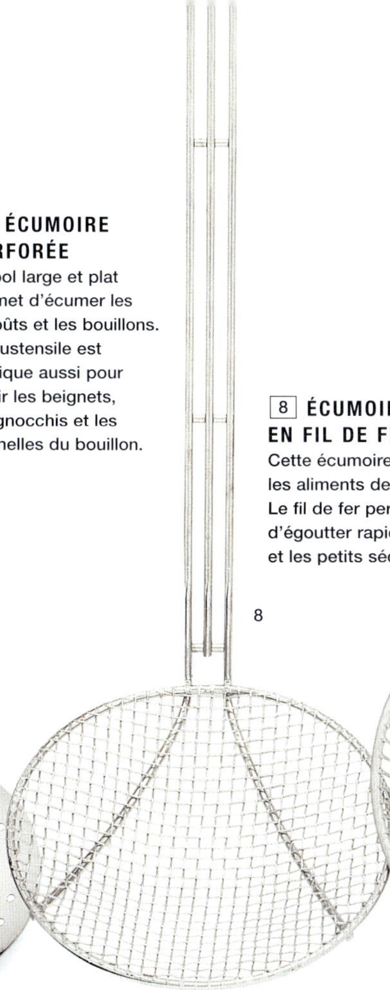

8

9

11 ESSOREUSE À SALADE

Autrefois, les cordons-bleus essoraient la salade en l'enfermant dans une serviette qu'ils faisaient tournoyer au-dessus de leur tête. La méthode était efficace, mais il fallait qu'il n'y ait personne à proximité ! Maintenant, le principe de la force centrifuge a été appliqué à cet ustensile composé d'un panier intérieur perforé, d'un panier extérieur plein où s'écoule l'eau et d'une manivelle que l'on fait tourner pour entraîner le panier intérieur. La force centrifuge fait le reste.

10 PANIER À SALADE

Ce charmant panier à salade risque d'asperger toute votre cuisine, aussi est-il préférable de l'utiliser au jardin ! Le secouer doucement au-dessus de l'évier ne fait pas vraiment l'affaire…

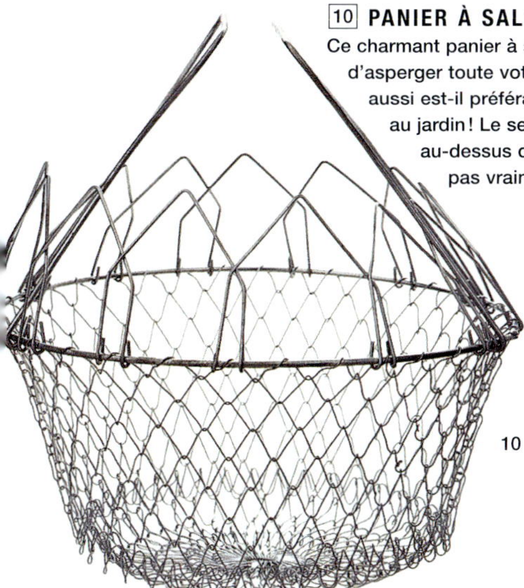

10

11

Bouillon de poulet

Ce bouillon gélatineux fait partie de la « soupe aux girolles et au potiron » d'Alain Ducasse (voir page 135). Il diffère des autres bouillons en ceci que les carcasses de poulet sont portées à ébullition rapidement, puis laissées à bouillir pendant 5 minutes au cours desquelles on retire l'écume – la plupart des recettes précisent que cette étape doit être lente. Après avoir bouilli rapidement, les carcasses sont égouttées et remises dans la casserole avec de l'eau fraîche. C'est alors seulement que le processus d'écumage lent peut commencer. Cette méthode est plus rapide, et le résultat est délicieux.

POUR 2 LITRES

USTENSILES
- couteau de cuisine
- épluche-légumes
- marmite à bouillon
- écumoire ou cuillère à trous
- passoire
- grand morceau de mousseline à fromage
- grand bol

INGRÉDIENTS
- 3 kg de carcasses de poulet crues
- 2 oignons coupés en quatre
- 1 gros poireau sans la partie blanche, bien lavé et coupé en segments de 5 cm
- 1 carotte coupée en deux
- 2 branches de céleri coupées en segments de 5 cm
- 1 tomate coupée en quatre
- 6 brins de persil
- 1 cuillerée à soupe de gros sel de mer
- 1 cuillerée à café de grains de poivre noir

1 Mettez les carcasses de poulet dans une marmite. Couvrez d'eau froide et portez à ébullition à feu vif. Laissez bouillir 5 minutes en écumant souvent.

2 Égouttez les carcasses de poulet et rincez-les sous le robinet d'eau froide. Rincez la marmite pour retirer l'écume, remettez les carcasses de poulet dedans et recouvrez d'eau froide.

3 Ajoutez les légumes, le persil, le sel et le poivre et portez à ébullition à feu vif. Baissez le feu et laissez mijoter doucement pendant 2 heures sans couvrir, sans remuer et sans écumer.

4 Passez le bouillon dans une passoire garnie de mousseline à fromage posée sur un grand bol. Laissez-le refroidir complètement, puis réfrigérez, couvert, pendant 24 heures (pas plus). Sinon, répartissez dans de petits récipients et réservez au freezer.

5 Écumez les graisses qui se forment à la surface avant d'utiliser.

a

Bouillon de viande

Les écumoires sont indispensables pour faire un bon bouillon. Elles permettent de retirer les graisses, les matières solides et les impuretés, laissant un bouillon limpide sans sédiments. Pour un bouillon foncé, faites d'abord brunir les os au four en les dégraissant avant de les ajouter à la marmite.

POUR 2 LITRES

USTENSILES
- couteau de cuisine
- marmite
- écumoire ou cuillère perforée
- passoire
- grand morceau de mousseline à fromage

INGRÉDIENTS
- 3 kg d'os de bœuf ou de veau
- 2 gros oignons hachés
- 2 grosses carottes hachées
- 2 branches de céleri hachées
- 200 g de champignons coupés en tranches
- 300 ml de vin blanc sec
- 1 bouquet garni frais ou séché
- 1/2 cuillerée à café de grains de poivre noir

1 Mettez tous les ingrédients dans la marmite. Ajoutez 10 litres d'eau froide (a) et portez à ébullition. Ne salez pas encore.

2 Au moment où le liquide commence à bouillir, l'écume se forme à la surface. Retirez-la avec une écumoire ou une cuillère à trous et jetez-la (b). Baissez le feu et laissez mijoter en continuant d'écumer. Laissez cuire sans couvrir pendant 1 heure pour faire réduire de moitié.

3 Sortez la marmite du feu et laissez reposer 30 minutes : cela permet aux débris de sédimenter.

4 Garnissez une passoire avec de la mousseline à fromage. Versez-y le bouillon lentement, en laissant les aliments solides (c) au fond de la marmite. Pour un bouillon plus limpide, filtrez à nouveau le liquide à travers la mousseline à fromage. Laissez refroidir, puis réfrigérez. Retirez toute pellicule grasse éventuelle.

b

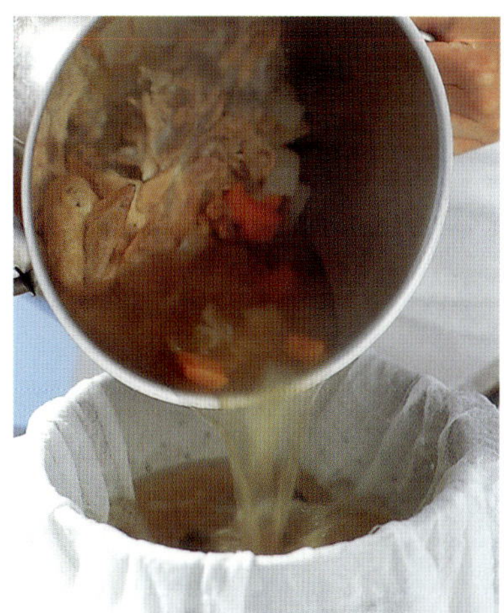

c

Coulis de fruits

USTENSILES : tamis rond de taille moyenne, louche en métal, grand bol à mélanger

Pour préparer un coulis de fruits, utilisez des fruits faciles à écraser comme des framboises, des fraises ou des kiwis. Mixez les fruits dans un robot ménager ou faites-les d'abord fondre dans un peu d'eau sucrée (mûres ou cassis, par exemple). Posez le tamis sur un grand bol et versez les fruits dedans sans en mettre trop à la fois. Appuyez dessus avec le dos d'une louche en métal ou d'une grosse cuillère en bois. Jetez les graines et les peaux qui restent au fond du tamis. Sucrez la pulpe avec du sucre glace et ajoutez une giclée de jus de citron. Réfrigérez, mais utilisez dans les 24 heures.

Fromage blanc

Ce genre de fromage mou est très apprécié en Inde et au Moyen-Orient. On enferme le yoghourt dans une mousseline à fromage et on le laisse égoutter pendant 6 à 36 heures. Plus on le laisse égoutter , plus le fromage obtenu est dense et le goût prononcé.

Ce type de fromage blanc peut se mélanger avec des ingrédients sucrés ou salés, indifféremment. Pour un délicieux casse-croûte, étalez-le sur des crackers ou des toasts, ou, s'il est très mou, servez-le comme accompagnement avec des bâtonnets de légumes croquants. Pour un dessert facile à préparer, saupoudrez-le de sucre ou arrosez-le de miel, de coulis de fruits ou de sirop.

On peut aussi mélanger le fromage blanc avec des herbes fraîches, des ciboules ou des piments verts hachés menu ou un peu de gingembre râpé. Le fromage blanc ferme peut être moulé en forme de boules ou de bûches puis roulé dans des graines de sésame ou des grains de poivre noir ou vert concassés. Servez avec du pain plat et des olives.

Fromage blanc simple

Le type de yoghourt utilisé affectera le goût et la texture du fromage ainsi que sa quantité. Le yoghourt naturel ordinaire perd beaucoup de liquide, aussi donne-t-il des quantités de fromage moins importantes qu'un yoghourt plus épais. Le yoghourt à la grecque est plus épais et perd donc encore moins de liquide. Le yoghourt bio est naturellement doux et donne un fromage doux, tandis que le fromage fait avec du yoghourt à forte teneur en acide lactique a une saveur acide prononcée. Le yoghourt fait avec du lait entier bio donne un fromage particulièrement délicieux, à la saveur très douce et à la texture légèrement granuleuse.

POUR 3 OU 4 PARTS

USTENSILES
3 mousselines à fromage de 50 cm
passoire
ficelle
grand bol à mélanger
cuillère en bois

INGRÉDIENTS
1 kg de yoghourt nature

1 Mouillez les trois morceaux de mousseline et utilisez-les pour garnir une passoire en drapant les coins autour des bords (a).

2 Versez le yoghourt au milieu de la mousseline. Repliez les quatre coins et tordez pour mouler le yoghourt en forme de boule (b).

3 Fermez avec une ficelle et accrochez au manche d'une cuillère en bois (b). Posez la cuillère en travers d'un bol profond – ou d'un bol moins profond surélevé sur des supports de chaque côté ; il doit rester 5 cm au moins entre le bas de la boule et la base du bol. Laissez dans un endroit frais pendant 6 à 36 heures.

a

b

c

Fromage blanc aux grenades, au sucre épicé et aux pistaches

Ce dessert tout simple mais néanmoins exquis consiste en un fromage blanc délicatement parfumé, parsemé de graines de grenade et de pistaches. Le yoghourt doit être mou et doux, aussi faut-il le laisser égoutter environ 12 heures.

POUR 4 PERSONNES

USTENSILES
petit bol
couteau de cuisine
cuillère en bois
couteau à éplucher

INGRÉDIENTS
6 cuillerées à soupe de pistaches
fromage blanc fait avec du yoghourt entier bio égoutté pendant 12 heures (voir page 131)
1/2 cuillerée à café d'eau de rose
3 cuillerées à soupe de sucre aux épices (voir ci-dessous)
1 grosse grenade

1 Mettez les pistaches dans un petit bol et couvrez d'eau bouillante. Laissez 5 minutes, puis retirez les peaux. Hachez les pistaches et réservez.

2 Battez le fromage blanc avec l'eau de rose et le sucre aux épices. Répartissez le mélange entre des bols de service.

3 Avec un petit couteau pointu, entaillez la peau des grenades dans le sens de la longueur en évitant de percer les graines juteuses à l'intérieur. Coupez la grenade en deux puis en quartiers. Repliez la peau pour libérer les graines en jetant les bouts de membrane. Parsemez les graines sur le yoghourt et ajoutez les pistaches.

SUCRE AUX ÉPICES : à l'aide d'un pilon et d'un mortier, pilez 6 clous de girofle, 1/2 cuillerée à café de grains de poivre noir, les graines de 15 gousses de cardamome vertes et 1/2 cuillerée à café de graines de fenouil. Mélangez avec 1/2 cuillerée à café de cannelle moulue. Incorporez les épices à 350 g de sucre. Gardez dans un bocal à couvercle à pas de vis jusqu'à utilisation.

Soupe aux girolles et au potiron

ALAIN DUCASSE

Alain Ducasse est le premier chef à avoir obtenu 6 étoiles au Michelin. Il est le mentor d'une nouvelle génération de chefs qui ont révolutionné la cuisine française. On utilise un tamis chinois à mailles fines pour réduire le potiron en une purée onctueuse que l'on verse sur de minuscules girolles sautées. On ajoute des lardons et de la crème fouettée avant de servir.

POUR 4 PERSONNES

USTENSILES
couteau de cuisine
grande casserole
cuillère en bois
tamis chinois
et pilon en bois
bol profond
couteau à éplucher
mezzaluna
poêle moyenne
couteau utilitaire
petite casserole
petite passoire
petite poêle
essuie-tout
casserole moyenne
fouet ballon
mixeur

INGRÉDIENTS
3 cuillerées à soupe d'huile d'olive
450 g de potiron frais épluché, épépiné et coupé en dés
1 petit oignon haché menu
500 ml de bouillon de poulet
6 cuillerées à soupe de beurre doux
1/2 cuillerée à café de sel de mer
1/4 de cuillerée à café de grains de poivre noir fraîchement moulu
100 ml de crème fraîche épaisse légèrement fouettée
100 ml de crème fraîche épaisse fouettée jusqu'à ce qu'elle forme des pics fermes (facultatif)

POUR LA GARNITURE
1 cuillerée à soupe d'huile d'olive
225 g de petites girolles nettoyées
1 échalote hachée menu
2 cuillerées à soupe de beurre doux
2 cuillerées à soupe de ciboulette hachée menu
75 g de lardons
4 branches de cerfeuil

1 Dans une grande casserole, faites chauffer l'huile à feu vif. Ajoutez le potiron et l'oignon et remuez pour bien les enrober d'huile. Laissez cuire pendant 5 minutes à feu moyen. Versez suffisamment de bouillon de poulet pour couvrir et laissez cuire 10 à 15 minutes pour ramollir le potiron.

2 Retirez du feu et laissez un peu refroidir. Placez un tamis chinois sur un bol profond, puis versez la soupe dedans en appuyant sur les légumes avec un pilon en bois. Réservez le liquide.

3 Pour la garniture, faites chauffer l'huile dans une poêle moyenne. Mettez les girolles et les échalotes et laissez cuire en remuant jusqu'à ce que les champignons aient rendu leur eau. Ajoutez 2 cuillerées à soupe de beurre, puis la ciboulette. Mélangez et retirez du feu.

4 Mettez les lardons dans une petite casserole et recouvrez d'eau froide. Portez à ébullition à feu vif puis réglez à feu moyen et laissez blanchir 1 minute. Égouttez et rincez rapidement à l'eau froide. Séchez les lardons avec de l'essuie-tout. Faites-les sauter dans une petite poêle jusqu'à ce qu'ils soient croustillants. Épongez sur de l'essuie-tout.

5 Versez le mélange à base de potiron et le reste du bouillon de poulet dans une casserole de taille moyenne. Portez à ébullition, puis incorporez le beurre, le sel, le poivre et la crème fraîche légèrement fouettée.

6 Versez le mélange dans la cuve d'un mixeur et mixez à vitesse moyenne jusqu'à obtention d'une consistance onctueuse. Ajustez l'assaisonnement à votre goût.

7 Transvasez dans une soupière. Répartissez les girolles entre quatre assiettes à soupe. Versez la soupe par-dessus. Parsemez de lardons et, si vous le souhaitez, ajoutez 1 cuillerée de crème fraîche fouettée épaisse au milieu. Garnissez de branches de cerfeuil et servez sans attendre.

Ramen au porc et aux légumes

EMI KAZUKO

Cette soupe aux nouilles rustique a été créée par l'auteur de livres de recettes japonais Emi Kazuko. Les ramen sont des nouilles chinoises servies en soupe avec diverses garnitures. Ce plat est l'un des plus populaires au Japon, où il existe un musée ramen, un village ramen et même des clubs de dégustation de ramen. Ces nouilles sont vendues dans les magasins de produits naturels et les supermarchés. Vous aurez besoin de tamis de différentes tailles pour filtrer les légumes, la viande et les nouilles.

POUR 4 PERSONNES

USTENSILES

poêle de taille moyenne
couteau à éplucher
casserole de taille moyenne
tamis petit et moyen
couteau de cuisine
petit bol
couteau utilitaire
grande casserole
passoire

INGRÉDIENTS

Pour le porc braisé

200 g de filet de porc en un seul morceau
1 cuillerée à soupe d'huile végétale
500 ml de bouillon de poulet
5 cuillerées à soupe de sauce shoyu
2 cuillerées à soupe de sucre
1/2 cuillerée à café de sel
2 ciboules coupées en segments de 5 cm
1 morceau de gingembre frais de 3-4 cm coupé en tranches

POUR LES RAMEN

100 g d'épinards préparés
60 g de germes de soja
sel et poivre noir fraîchement moulu
200 g de ramen secs
1 litre de bouillon de poulet
1/2 cube de bouillon de porc ou de bœuf (facultatif)
100 g de maïs doux
1 ciboule hachée menu
rayu ou huile pimentée (facultatif)

1 Faites revenir le porc dans l'huile à feu moyen. Retirez du feu.

2 Mettez tous les ingrédients du porc braisé dans une casserole de taille moyenne et portez à ébullition. Ajoutez la viande colorée et laissez mijoter, à couvert, pendant 1 heure. Laissez la viande refroidir dans le liquide.

3 Faites bouillir les épinards et passez-les sous un filet d'eau froide pendant quelques secondes. Pressez pour faire partir l'excédent d'eau, puis hachez en petits morceaux.

4 Faites tremper les germes de soja dans un bol d'eau bouillante pendant 5 minutes, puis égouttez. Salez et poivrez.

5 Sortez le porc de la casserole et tranchez finement. Filtrez le jus de cuisson et réservez.

6 Faites cuire les ramen dans une grande casserole d'eau bouillante. Rincez-les ensuite sous l'eau froide pour enlever l'amidon.

7 Faites chauffer le bouillon de poulet en ajoutant 1/2 cube de bouillon si vous voulez une soupe au goût plus prononcé.

8 Réchauffez le maïs doux dans l'eau bouillante et égouttez.

9 Versez 2 cuillerées à soupe de jus de cuisson dans chaque bol à nouilles. Remplissez à moitié les bols de bouillon chaud. Ajoutez un quart des ramen, des tranches de porc, des germes de soja, des épinards et du maïs par-dessus. Parsemez de ciboule hachée et servez bien chaud avec du rayu.

Cuire à la vapeur ou faire bouillir

De même que les couteaux, les casseroles peuvent faire votre fierté, car c'est là que tous vos efforts pour hacher, mélanger et assaisonner portent leurs fruits et que l'alchimie de la cuisson a lieu. C'est aussi pour cette raison qu'elles sont plus complexes que les couteaux. Ceux-ci coupent, et le résultat est immédiat et évident, tandis que les poêles et les casseroles exigent de la patience et de la coopération. Pour réussir vos plats, vous devez comprendre comment elles réagissent aux différents ingrédients et à la chaleur.

Casseroles

Mes premières casseroles étaient de vilaines choses en aluminium trop mince ou revêtues d'émail criblé de taches noires. Je les traitais mal, et elles me le rendaient bien. Elles se déformaient et gondolaient, et, malgré tout, elles n'ont pas réussi à éteindre mon enthousiasme pour la cuisine. Depuis ces jours lointains, j'en ai amassé toute une collection, et plus je cuisine, plus la qualité de mes nouvelles acquisitions s'améliore.

Les bonnes casseroles coûtent cher. Il vaut mieux en acheter trois ou quatre de bonne qualité que d'en avoir toute une batterie de qualité médiocre. Ne vous laissez pas tenter par les séries, de plus en plus nombreuses sur le marché, car vous vous retrouverez avec des casseroles que vous n'utiliserez jamais faute de préparer le type de nourriture pour lesquelles elles sont conçues. De surcroît, elles prennent beaucoup de place. Bien sûr, vous recevrez peut-être une batterie de casseroles pour votre mariage, mais alors il vous faudra trouver le moyen de les utiliser toutes… Il est préférable d'acheter vos casseroles progressivement en laissant votre répertoire culinaire se développer à son propre rythme.

Choisir ses casseroles

Comme toutes les casseroles neuves présentent un aspect brillant et bien fini, on a du mal à choisir les meilleures – le meilleur indice, c'est encore leur prix. Les étiquettes ne vous disent pas tout. Avant de vous décider, réfléchissez bien à la manière dont vous utiliserez ces casseroles et où vous les rangerez. La taille, la forme, le poids et le matériau (voir « Choix des matériaux », page 12) sont très importants.

Une batterie de base comportera deux petites casseroles de 1,7 à 2 litres, deux casseroles de taille moyenne (3-4 litres) et une grande casserole de 5 litres. Une très petite casserole est fort utile pour faire fondre du beurre, bouillir des œufs ou réchauffer de petites quantités de nourriture ; une petite casserole antiadhésive est indispensable pour faire chauffer le lait.

Le fond doit être épais et solide – trop mince, il gondolera à grande chaleur. Le fond d'une casserole de qualité doit être brossé et non brillant. Pour vérifier si un fond est parfaitement plat, posez la casserole sur une surface plane et appuyez dessus afin de voir si elle est bancale.

Si vos plaques ont des anneaux radiants, mesurez les anneaux et achetez les casseroles correspondantes. Ne mettez pas une casserole trop petite sur une plaque trop grande, vous gaspilleriez de l'énergie.

Un bec verseur permettra de verser les liquides légers comme le lait, mais pas les aliments liquides épais comme les sauces et les soupes. Si vous êtes gaucher, achetez une casserole pour gaucher ou équipée de deux becs verseurs, un de chaque côté. Vous pouvez aussi acheter une casserole entièrement entourée d'un bord verseur antigouttes qui vous laisse totalement le choix. Ce type de casserole permet de verser de grandes quantités de liquide ou des liquides plus épais.

Le manche doit être suffisamment long pour tenir votre main à l'écart de la chaleur. Il doit être confortable et solidement fixé à la casserole. Les rivets valent mieux que les écrous. Les casseroles de 3 litres ou plus doivent être munies de deux poignées ou bien d'un manche et d'une poignée. Les poignées ou boutons de couvercles doivent résister à la chaleur. S'ils sont en métal, ils doivent conduire la chaleur plus lentement que la casserole. Pour que votre ustensile de cuisson puisse aller au four, le manche doit résister à la chaleur. Les couvercles sont indispensables pour cuire à la vapeur, pocher et cuire en ragoût, mais aussi pour porter à ébullition plus rapidement. Ils doivent être parfaitement hermétiques.

1-3 CASSEROLES EN ACIER INOXYDABLE

Ces casseroles traditionnelles américaines de haute qualité aux couvercles hermétiques et aux manches rivetés qui ne conduisent pas la chaleur sont fabriquées par All-Clad. Faites en matériau multicouches – une couche interne d'acier inoxydable 18/10, une couche externe d'acier inoxydable magnétique et une couche intermédiaire en aluminium – qui monte jusqu'en haut des parois, elles conviennent à toutes les sortes de plaques, y compris les plaques à induction. Ces casseroles existent en différentes tailles, de 1 à 3,5 litres. Les grandes casseroles sont idéales pour faire bouillir des pâtes, du riz et des légumes, ainsi que pour réaliser soupes et bouillons ; elles sont vendues avec une poignée ergonomique qui permet de les soulever plus facilement.

4 CASSEROLE À FRIRE EN ACIER INOXYDABLE

Également fabriquée par All-Clad, cette casserole peu profonde est d'aussi bonne qualité que les précédentes. La plus grande sauteuse a une capacité de 5 litres – idéale pour mijoter du chili con carne, des currys et des sauces pour les pâtes.

Science des matériaux

Il n'y a pas un seul métal qui réunisse toutes les qualités nécessaires pour faire une bonne casserole. L'aluminium et le cuivre conduisent très bien la chaleur, mais ils ne durent pas très longtemps. En outre, l'aluminium peut se piquer et gondoler, tandis que le cuivre doit être doublé d'étain, sans quoi il réagit aux aliments acides. Cependant, tous deux s'allient bien avec d'autres métaux. L'aluminium peut également être renforcé par un processus électrochimique d'anodisation ou par sa transformation en fonte d'aluminium. Les casseroles en fonte d'aluminium conduisent aussi bien la chaleur que la fonte, mais elles sont plus légères. Les casseroles en cuivre coûtent très cher, mais comme elles conduisent bien la chaleur (et de façon très régulière), elles sont très appréciées des chefs cuisiniers pour les fritures à haute température. Le titane est quarante fois plus dur que l'acier inoxydable et presque deux fois moins lourd, et, en l'alliant à l'aluminium, on obtient une casserole qui conduit bien la chaleur et dure longtemps.

Si vous avez une cuisinière à induction, il vous faudra des casseroles spéciales à fond ferromagnétique. Le cuivre et l'aluminium ne conviennent pas, mais l'acier inoxydable peut être traité de façon à devenir ferromagnétique. Certaines casseroles en fonte à fond épais conviennent aussi. Lisez bien l'étiquette : il doit être précisé que la casserole convient pour les cuisinières à induction.

1 CASSEROLES EN ACIER INOXYDABLE

Ces casseroles élégantes sont faites en acier inoxydable 18/10 de haute qualité. Le fond est composé d'une couche en aluminium/acier magnétique/aluminium prise entre deux couches d'acier inoxydable ; il convient à tous les feux, y compris ceux à induction.
Le manche est soudé au corps de la casserole sur une large surface ; il ne peut donc pas se détacher. Il est confortable, mais tend à chauffer en cas de cuisson à haute température. Malgré cela, c'est un véritable plaisir de les utiliser. Elles existent en cinq tailles, de 1 à 4,8 litres, et cela vaut la peine d'avoir les cinq. Sinon, choisissez la plus petite, la plus grande et la taille intermédiaire.

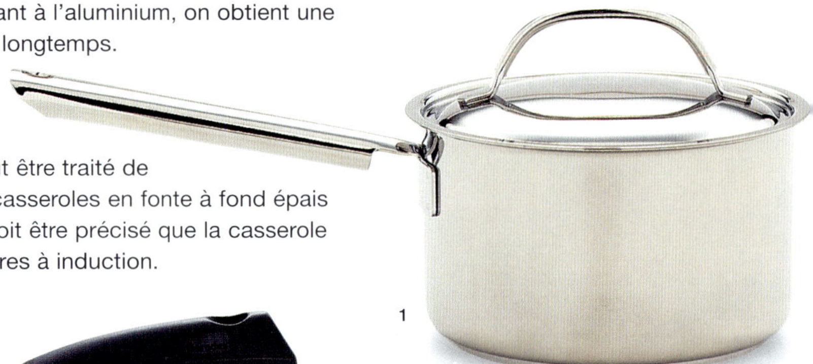

1

2

3

2 CASSEROLE EN ALUMINIUM ANTIADHÉSIF

Solide et pourtant relativement légère, cette casserole est faite de fonte d'aluminium revêtu à l'intérieur et à l'extérieur d'une surface antiadhésive SilverStone®. Cela permet de faire cuire les aliments sans graisses et facilite le nettoyage ; aussi, elle est recommandée pour préparer les sauces, les œufs brouillés et autres mets collants. Elle convient à tous les feux sauf les feux à induction. Cette casserole possède un fond brossé épais qui distribue bien la chaleur. Le couvercle en verre allant au four est muni d'un bouton résistant à la chaleur. Elle existe en bleu, en noir, en verre et en trois tailles, de 1,10 à 2,25 litres.

3 CASSEROLE MULTICOUCHES

La technologie Tri-Ply consiste à mouler une double couche d'acier inoxydable 18/10 de haute qualité autour d'une couche d'aluminium qui conduit la chaleur. Dans la gamme Tri-Ply de Le Creuset, ce moulage couvre toute la surface de la casserole, du fond jusqu'au bord, de sorte que la température est répartie sur toute la surface du fond et des parois. Ainsi, les liquides chauds ne crachotent pas lorsque vous les versez par-dessus le bord incurvé. Vendues en différentes formes et tailles, les casseroles plus profondes incluent une mesure à liquides très utile sur l'intérieur de la paroi. La casserole multicouches peut être utilisée sur les plaques, dans un four et sur les cuisinières à induction.

4 CASSEROLE À LAIT EN ALUMINIUM ANODISÉ

Comme le lait bouillant tend à coller, une surface antiadhésive est importante. Cette casserole possède une surface anodisée à l'extérieur et une surface antiadhésive, facile à nettoyer et durable à l'intérieur. La poignée en acier inoxydable est rivetée. Si vous êtes gaucher, assurez-vous qu'il y a un bec verseur des deux côtés.

4

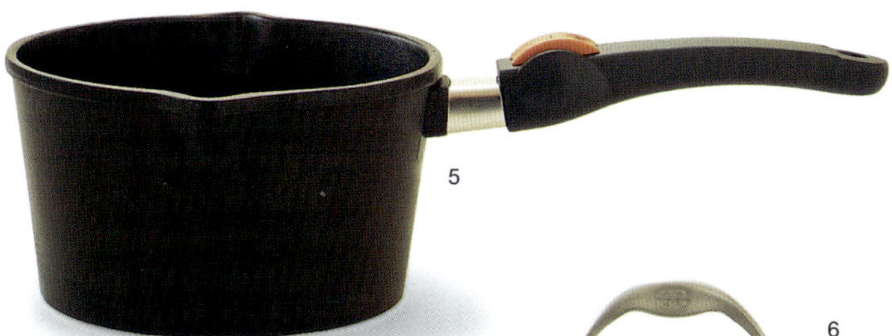

5

5 SAUCIÈRE EN TITANE AVEC POIGNÉE AMOVIBLE

Les ustensiles de cuisson revêtus de titane manufacturés par le fabricant allemand SKK sont réputés pour leurs surfaces antiadhésives, faciles à nettoyer et très résistantes. Un alliage de titane ultradur et d'aluminium donne des ustensiles à la fois très performants, résistants et légers. Les poignées sont détachables, de sorte que cette saucière peut aller au four. La casserole à lait, quant à elle, a un bec verseur de chaque côté qui la rend utilisable par les gauchers comme par les droitiers.

6

6 SAUCIÈRE EN ALUMINIUM ANODISÉ

Les ustensiles de cuisson du fabricant américain Calaphon comptent parmi les meilleurs au monde pour l'élégance de leur aspect, leur durabilité, leur efficacité en terme de distribution de la chaleur et leur polyvalence. Le noyau est en aluminium anodisé et possède des propriétés antiadhésives ; il est suffisamment dur pour permettre l'utilisation de spatules ou de cuillères en métal. Les poignées et les anses rivetées en trois points différents sont faites en acier inoxydable qui ne conduit pas la chaleur. Le bord évasé permet de verser facilement. Le couvercle en acier inoxydable est hermétique.

ACCESSOIRES

7 SUPPORTS/TRÉPIEDS

Les trépieds protègent les surfaces de travail des marques laissées par des ustensiles trop chauds. Les surfaces de travail et les tables de cuisine sont de plus en plus souvent résistantes à la chaleur, mais il est tout de même préférable de poser les ustensiles en métal lourd sur un trépied. Ces deux triangles en aluminium à coins noirs s'imbriquent l'un dans l'autre pour former un dessous-de-plat ; ils ne se tachent pas et ne gondolent pas.

8 DIFFUSEUR DE CHALEUR

Quand vous avez besoin d'une plaque à peine chaude pour pocher un poisson, réaliser une crème anglaise ou réchauffer du café, le diffuseur de chaleur permet d'obtenir la température souhaitée. Ce modèle du fabricant autrichien Trukka est un classique. Il consiste en deux plaques de métal enfermant un coussin d'air, ce qui permet de maintenir la température à moins de 100 °C. Idéal pour les gazinières et les plaques électriques solides, il vous évitera une fois pour toutes les casseroles de lait qui débordent et les œufs brouillés trop cuits.

7

8

Ustensiles de cuisson spécialisés

À mesure que vos talents culinaires s'épanouiront et que vous prendrez de l'assurance, vous aurez envie d'acquérir des ustensiles de cuisson plus spécialisés. Ceux présentés ci-dessous vous permettront de faire des confitures, des soupes et des sauces. Choisissez en fonction de vos besoins. Certains sont très grands, ce qui peut être dissuasif si vous manquez de place. Cependant, comme ils peuvent remplir plusieurs fonctions, ils risquent en réalité de vous faire gagner de la place et économiser de l'argent. Ainsi, la grande marmite peut servir à cuire des pâtes ou des confitures. Un autocuiseur sans son couvercle fait une grande casserole très polyvalente.

2

1

3

1 MARMITE AVEC PANIER À PÂTES

Si vous aimez la bonne soupe, une marmite est indispensable.

Cette grande marmite en acier inoxydable permet de faire cuire une grande quantité de viande, d'os et de légumes. Étroite et haute, elle ralentit l'évaporation des liquides, permettant aux aliments solides de rester submergés pendant des heures, tout en favorisant l'épanouissement des saveurs. Un fond brossé à cinq couches (voir cuiseur à vapeur double ci-dessous) permet de laisser mijoter très longtemps sans brûler. Grâce aux anses ergonomiques, la marmite peut être soulevée facilement et sans danger.

Le panier à pâtes perforé est facile à soulever et, en laissant l'eau de cuisson derrière, il évite de devoir égoutter les aliments dans l'évier. Ce panier peut également faire office de passoire pour blanchir les légumes.

2 AUTOCUISEUR

L'autocuiseur emprisonne la vapeur d'eau grâce à un couvercle particulièrement hermétique et la force à pénétrer dans les aliments, accélérant considérablement le temps de cuisson. Ce modèle en acier inoxydable possède un couvercle en forme de dôme équipé d'une valve autorégulée. Le temps de cuisson est réduit d'au moins un tiers. Le fond brossé convient à tous les feux, y compris ceux à induction.

3 ENSEMBLE CUISEUR À VAPEUR

Cet ustensile de cuisson en acier inoxydable est équipé d'un couvercle hermétique et possède un fond à cinq couches – un noyau en alliage argent/cuivre/argent emprisonné entre deux couches d'acier inoxydable –, ce qui permet une excellente distribution de la chaleur. L'eau qui mijote dans la marmite du bas réchauffe le fond de la partie supérieure sans la toucher. Un moyen infaillible de réaliser des sauces à base d'œuf comme la sauce hollandaise – la chaleur douce empêche les protéines d'œuf de coaguler, comme elles le font dans les œufs brouillés, de sorte qu'elles peuvent s'émulsifier avec du beurre pour former une sauce soyeuse et lisse. Utilisée seule ou avec le couvercle, la partie inférieure peut faire office de saucière ou de cocotte.

4 SAUCIÈRE EN CUIVRE

La casserole en cuivre est la Rolls des ustensiles de cuisson. Cette magnifique casserole réunit les propriétés de trois métaux différents : le cuivre pour une distribution rapide et homogène de la chaleur, un doublage en acier inoxydable qui ne se ternit pas et une poignée en fonte qui ne conduit pas la chaleur. Le seul inconvénient est que lorsqu'on possède une casserole en cuivre, on en veut d'autres !

4

5 MARMITE À CONFITURES

Cette grande marmite en acier inoxydable de 13 litres est idéale pour les amateurs de confitures maison. Elle possède un large fond brossé qui assure une distribution homogène de la chaleur et des parois légèrement évasées qui augmentent la surface et favorisent l'évaporation. L'anse latérale aide à soulever la marmite et à verser, tandis que la grande anse semi-circulaire du dessus peut être bloquée en position verticale.

5

6 CASSEROLE D'ALUMINIUM À PAROIS INCLINÉES

Faite en aluminium épais avec un fond de 6 mm, cette casserole est idéale pour les sauces. Le fond étroit accélère l'ébullition et les parois inclinées augmentent la surface, favorisant l'évaporation des liquides. Un bord retourné continu permet de verser par n'importe quel côté. La poignée en Bakélite reste froide pendant la cuisson. Évitez d'y faire cuire des légumes, car l'aluminium sans revêtement les décolorera.

7 BAIN-MARIE

Ce bain-marie universel permet de transformer n'importe quelle grande casserole ou marmite en couscoussier. Posez-le sur une casserole d'eau frémissante, et il cuira le contenu en douceur et de façon homogène. Cet ustensile permet de réaliser des sauces à base d'œufs et des crèmes anglaises, de faire fondre du chocolat ou du fromage ou encore de réchauffer des restes sans les brûler ou les dessécher.

6

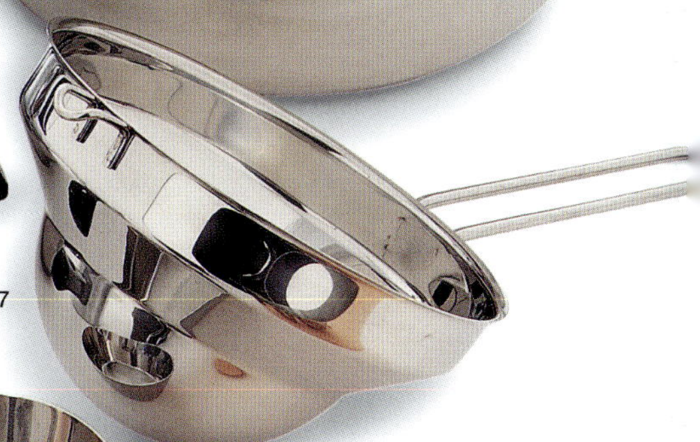

7

8

8 CASSEROLE EN ALUMINIUM ANODISÉ AVEC PAROIS INCLINÉES

Quelle merveille, cette casserole d'1 litre avec son élégant revêtement anodisé gris foncé et sa poignée en acier inoxydable. Deux becs verseurs la rendent utilisable par les gauchers comme par les droitiers. Elle existe aussi en 2,3 litres, ce qui en fait une sauteuse idéale. La grande casserole est pourvue d'un bord retourné continu, ce qui permet de verser les aliments solides aussi bien que liquides.

9

9 PETITE CASSEROLE À BEURRE

Cette jolie petite casserole de 11 cm de diamètre sert à réchauffer ou à clarifier de petites quantités de beurre. Elle est suffisamment élégante pour être apportée à table, par exemple pour verser du beurre fondu sur des asperges. Elle peut également servir à flamber du cognac ou à faire fondre du chocolat. Elle ne possède qu'un bec verseur, alors, attention, les gauchers !

Blanchir

Cette méthode permet de cuire les légumes partiellement en les plongeant rapidement dans l'eau bouillante. Les légumes que l'on veut surgeler sont blanchis pour stopper l'activité des enzymes. Les chefs utilisent cette méthode pour cuire les légumes à l'avance – il leur suffit alors de les réchauffer rapidement sans déperdition de goût ou de texture. Après le blanchissage, plongez les légumes dans un bol d'eau glacée pour les rafraîchir et raviver leur couleur.

Mijoter

Mijoter un ragoût permet de ramollir le collagène présent dans la viande et donc de l'attendrir. Le processus est accéléré par l'addition d'ingrédients acides comme des tomates ou du vin. Une marmite à fond épais est idéale pour mijoter à feu doux.

Faire réduire

Pour confectionner une sauce dans une sauteuse, après la cuisson de la viande, transférez celle-ci dans un plat de service et gardez au chaud. Versez un petit verre de vin dans le jus de cuisson et remuez bien en grattant le fond à l'aide d'une cuillère ou d'une spatule en bois. Faites bouillir rapidement pour réduire d'un tiers, puis ajoutez 2 ou 3 cuillerées à soupe de crème fraîche. Laissez mijoter pendant quelques secondes, puis salez et poivrez.

Faire mijoter

Le bouillonnement peut casser la texture de certains aliments, comme les pommes de terre farineuses, du fait que l'amidon gonfle. Une fois le point d'ébullition atteint, baissez le feu et laissez mijoter. Certains aliments contenant de l'amidon peuvent déborder, comme les pâtes et le riz.
Une cuillère à soupe permet de contrôler la tension de surface.

Ustensiles de cuisson professionnels

Ces ustensiles de cuisson sont merveilleux pour les occasions où vous éprouvez l'envie de préparer un sabayon ou un caramel. Même s'ils sont chers, c'est un plaisir d'utiliser des ustensiles dont la forme épouse d'aussi près la fonction. La forme arrondie de la casserole à sabayon reproduit celle du fouet utilisé pour obtenir la mousse. La marmite à fondue est suffisamment large et peu profonde pour permettre à plusieurs personnes d'y tremper leur fourchette sans s'emmêler. Les parois évasées de la casserole à polenta augmentent la surface et favorisent l'évaporation.

1 CASSEROLE À POLENTA

Avec cette superbe casserole en cuivre, appelée paiolo en Italie, remuer la polenta n'est plus une corvée mais devient un plaisir. La casserole chauffe rapidement et de façon homogène, tandis que les parois évasées permettent de remuer longtemps sans se fatiguer. La confortable poignée en bois reste froide pendant la cuisson. La casserole n'est pas doublée et doit, par conséquent, être frottée avec du vinaigre et du sel avant chaque utilisation (voir « Meringue miraculeuse », p. 101).

2 CASSEROLE À SABAYON

Cette casserole en cuivre est conçue afin de faire mousser la délicieuse crème anglaise alcoolisée chaude appelée sabayon. Posé sur une flamme douce ou sur un couscoussier, le cuivre conduit la chaleur de façon douce et homogène, ce qui fait coaguler les protéines d'œufs quand vous fouettez. Le bol profond et arrondi facilite la formation de mousse.

3 BOUILLOIRE À SUCRE

Cette jolie casserole en cuivre est faite pour supporter les températures très élevées atteintes lorsqu'on fait bouillir du sucre. Elle n'est pas doublée, car la doublure d'étain traditionnelle fondrait (voir « Choix des matériaux », p. 12), et le sucre ne réagit pas mal au cuivre. On pourrait s'attendre à ce que la poignée soit faite en bois, non conducteur de chaleur, mais à des températures aussi élevées, le bois risquerait de s'enflammer. Même des gants à four risquent de prendre feu. Le problème est résolu par le fait que la poignée est creuse : les chefs y glissent souvent un manche à balai. La poignée en forme d'entonnoir n'est en contact qu'avec une petite partie de métal brûlant, de sorte que le bois ne s'enflamme pas ; il empêche la chaleur d'être conduite jusqu'à l'extrémité où se trouve votre main.

4 CAQUELON

Dans la fondue savoyarde, le fromage est fondu avec du vin blanc dans un caquelon posé directement sur une flamme. Les convives piquent des morceaux de pain sur leur fourchette et les trempent dans le récipient. Comme les températures élevées rendent le fromage collant, les caquelons pour fondue au fromage sont traditionnellement faits en poterie vernie, qui ne supporte qu'un feu doux. Les pots pour fondue bourguignonne sont faits en métal.

5 SET À FONDUE

Autrefois cadeau de mariage incontournable, le set à fondue connaît aujourd'hui un regain de popularité, car il permet de recevoir de façon décontractée. Ce set de style moderne est fait en fonte émaillée noire avec un intérieur blanc. Il est vendu avec un brûleur et des fourchettes à fondue en acier inoxydable. Le brûleur à alcool fait fondre le mélange de fromage et de vin et le garde à bonne température pour permettre aux invités de tremper leur pain dedans.

5

6

6 CATAPLANA

Ce pot à ragoût traditionnel portugais consiste en deux woks de cuivre doublés d'étain et assemblés à l'aide d'une charnière. On place les ingrédients dans celui de dessous, puis on rabat l'autre, et on laisse mijoter à feu doux pendant la durée souhaitée. Un merveilleux souvenir à rapporter de ses vacances !

7

8

7 SAUCIÈRE

Pour préparer des sauces fraîches, les chefs aiment utiliser des casseroles légèrement évasées qui permettent de réduire les vins ou les bouillons plus facilement. La saucière est également idéale pour les plats qui doivent être remués, comme les risottos ou les roux. Ce modèle de chez All-Clad possède un fond à noyau de cuivre idéal pour les recettes de chef.

8 CHOCOLATIÈRE ÉLECTRIQUE

La fondue au chocolat dans laquelle on trempe des fruits frais, des guimauves ou des biscuits est un dessert de plus en plus apprécié. Cependant, le chocolat peut réagir de façon capricieuse à température trop élevée, aussi un bain-marie électrique est-il la solution idéale. Cassez en morceaux une tablette de chocolat de bonne qualité (70 % de cacao) dans la chocolatière, ajoutez de la crème fraîche épaisse réchauffée pour un goût plus laiteux ou un peu de cognac pour une saveur plus relevée et réglez l'appareil sur la température souhaitée.

a b

Polenta simple

La polenta est une céréale au goût très doux et agréable. Elle peut être servie humide, comme une purée de pommes de terre, ou refroidie et solide, coupée en morceaux puis grillée ou frite – idéale pour « éponger » les délicieux jus de viande.

La polenta est traditionnellement réalisée dans une casserole spéciale (voir p. 148), mais une grande casserole à fond épais fera tout à fait l'affaire. Le mélange bouillonne allègrement pendant la cuisson, aussi une cuillère en bois à long manche est-elle indispensable pour éviter de se brûler.

POUR 4 À 6 PERSONNES

USTENSILES
- casserole à polenta ou grande casserole à fond épais
- cuillère en bois à long manche
- planche à découper en bois ou large poêle peu profonde
- couteau à palette (spatule en métal)

INGRÉDIENTS
- 1,5 litre d'eau
- 1 cuillerée à café de sel
- 300 g de polenta

c d

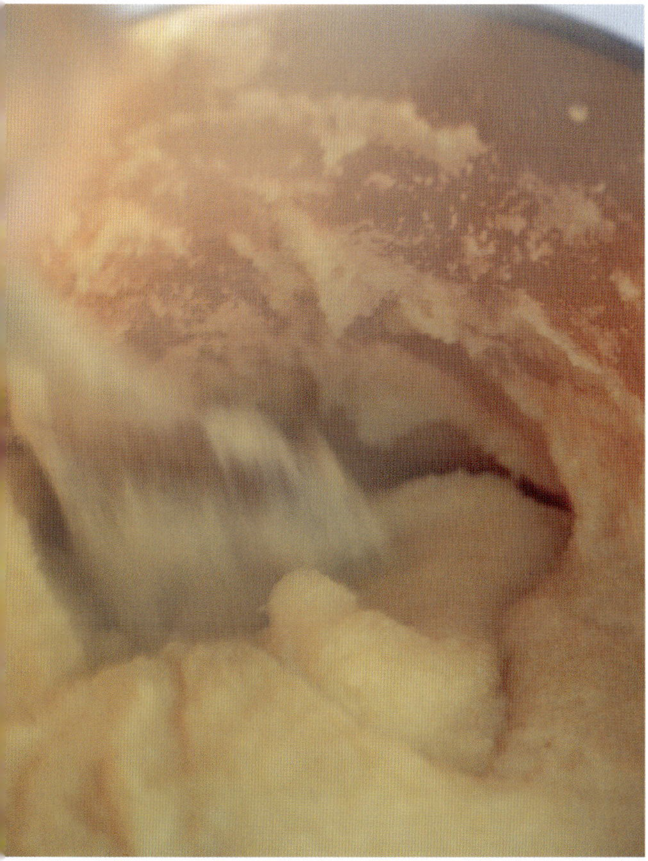

1 Portez l'eau salée à ébullition dans une casserole à polenta ou une grande casserole, puis réduisez à feu moyen et laissez frémir. En remuant avec la cuillère en bois d'une main, versez la polenta en un flux régulier à travers votre poing (a).

2 Continuez d'ajouter la polenta en vous assurant que chaque poignée est bien absorbée avant d'en ajouter une nouvelle. Il faut toujours remuer dans la même direction.

3 Laissez mijoter en remuant pendant 20 minutes. Faites attention, car la polenta « crache » de plus en plus à mesure qu'elle s'épaissit. Dès qu'elle commence à se décoller des parois, c'est qu'elle est cuite (c).

4 Pour servir la polenta humide, versez-la simplement dans un plat. Sinon, déposez-la sur une planche à découper, égalisez la surface avec un couteau à palette humide (d) et laissez sécher avant de faire frire ou griller.

Polenta grillée aux champignons, au céleri-rave et à la sauge

Cette recette utilise une polenta légèrement plus rigide que le mélange ordinaire, plus facile à couper avant de frire ou de griller. Utilisez deux ou trois sortes de champignons sauvages ou de culture comme des chanterelles, des pleurotes, des shiitake, des champignons de Paris ou des portobello.

POUR 4 À 6 PERSONNES, COMME HORS-D'ŒUVRE OU EN REPAS LÉGER

USTENSILES

casserole à polenta ou grande casserole à fond épais
cuillère en bois à long manche
plat à rôtir de 18 cm
couteau à palette (ou spatule en métal)
couteau de cuisine
gril
brosse à pâtisserie
épluche-légumes
petite poêle
pinces
grande poêle

INGRÉDIENTS

500 ml d'eau
1/2 cuillerée à café
125 g de polenta
2 cuillerées à soupe d'huile d'olive, plus un peu pour badigeonner la polenta
2 cuillerées à café de beurre
2 cuillerées à café de sauge fraîche hachée
100 g de céleri-rave coupé en cubes de 1 à 5 cm
500 g de champignons assortis coupés en morceaux
2 gousses d'ail hachées menu
1 cuillerée à soupe de persil haché
1 trait de jus de citron
1 pincée de poivre de Cayenne
sel de mer et poivre noir fraîchement moulu
quelques petits brins de sauge

1 Faites cuire la polenta comme indiqué page 150 (étapes 1 à 3). Versez-la dans un petit plat à rôtir et égalisez la surface avec un couteau à palette humide. Laissez refroidir.

2 Préchauffez le gril au maximum. Coupez la polenta en six rectangles, puis chaque rectangle en diagonale. Badigeonnez les triangles de polenta des deux côtés avec de l'huile d'olive et disposez dans un plat à gril.

3 Faites chauffer la moitié de l'huile et du beurre dans une petite poêle. Ajoutez la moitié de la sauge et faites frire doucement pendant quelques secondes. Incorporez les cubes de céleri-rave et laissez frire à feu moyen pendant quelques minutes en les retournant avec les pinces jusqu'à ce qu'ils soient dorés de tout côté. Réservez.

4 Faites chauffer le reste de beurre et d'huile dans une grande poêle. Faites frire le reste de la sauge pendant quelques secondes, puis ajoutez les champignons. Laissez étuver à feu vif pendant 7 à 9 minutes pour qu'ils perdent une partie de leur eau, puis faites frire à feu moyen. Ajoutez un peu d'huile si nécessaire.

5 Pendant ce temps, faites dorer les morceaux de polenta de chaque côté.

6 Tout en gardant l'œil sur la polenta, ajoutez le céleri-rave aux champignons ainsi que l'ail. Faites frire 1 minute supplémentaire, puis ajoutez le persil, le jus de citron. Salez et poivrez.

7 Répartissez les triangles de polenta sur les assiettes et surmontez du mélange champignons-céleri. Garnissez de brins de sauge.

Cuire les aliments à la vapeur ou les pocher permet de conserver toute leur saveur. Ce type de cuisson est idéal pour les régimes pauvres en graisses, et si vous manquez de place ou n'avez pas de four, ces ustensiles à plusieurs étages vous rendront grand service, comme les Chinois le savent depuis des siècles.

Cuiseurs à vapeur et marmites pour pocher

On peut tout faire cuire à la vapeur : viande, volaille, poisson, fruits de mer, légumes. Les cuisines asiatiques – thaïe, japonaise et chinoise – font grand usage de cette méthode de cuisson. Les aliments sont placés sur une assiette ou dans un panier perforé posé au-dessus du récipient contenant le liquide, puis on couvre pour empêcher la vapeur de s'échapper. Du fait que les aliments ne sont pas en contact direct avec le liquide, on perd moins de nutriments. Si le liquide est de l'eau, il sera agréablement parfumé par les aliments et pourra servir à réaliser une sauce ou à cuire du riz.

Si vous n'avez pas l'habitude de la cuisson à la vapeur, commencez par un panier à vapeur universel ou une marguerite. Ensuite, vous pourrez évoluer vers des ustensiles plus sophistiqués à plusieurs étages. Certains, comme les bouilloires à poisson ou les cuiseurs à vapeur pour asperges, sont onéreux et ne valent l'investissement que si vous les utilisez souvent. La boule à pudding de Noël ne coûte pas cher et elle est amusante même si vous ne l'utilisez qu'une fois par an.

1 CUISEUR À VAPEUR TROIS PIÈCES

Ce cuiseur à vapeur à étages de 20 cm de diamètre permet de cuire un repas entier. Faite d'acier inoxydable de haute qualité, la marmite du bas possède un fond brossé épais qui conduit bien la chaleur et peut aller sur n'importe quel feu, y compris les feux à induction. Elle peut servir à cuire un ragoût, tandis que les gros légumes comme le chou-fleur ou les légumes à racine cuisent dans le panier du milieu et les petits légumes dans celui du haut. Le couvercle est hermétique et peut être utilisé sur l'une des trois composantes.

2 CUISEURS À VAPEUR EN BAMBOU

Jolis et bon marché, ces paniers chinois en bambou peuvent cuire divers aliments (poissons entiers, morceaux de volaille, légumes et boulettes de viande). Ils existent en diverses tailles et s'empilent les uns sur les autres dans un wok ou une casserole d'eau bouillante. Neufs, ils doivent être mis à tremper 15 minutes pour les débarrasser de l'odeur du bambou.

4

6

6 CUISEUR À RIZ

Cette boule perforée évite d'avoir à nettoyer la casserole après avoir cuit le riz. Les perforations sont suffisamment petites pour empêcher les grains de s'échapper. Ne remplissez pas trop le cuiseur, car le riz double de volume une fois cuit. La chaîne se termine par un crochet qui permet de suspendre la boule à la paroi de la casserole.

3 COUSCOUSSIER

Cette marmite en aluminium à deux étages est conçue pour cuire le traditionnel plat nord-africain à base de semoule. La marmite du bas cuit la viande, la volaille et les légumes dans un bouillon parfumé, d'où s'élève la vapeur qui fait cuire la semoule placée dans le panier du dessus.

4 PANIER À VAPEUR UNIVERSEL

Posez la base de ce panier perforé sur n'importe quelle casserole, et vous aurez un cuiseur à vapeur instantané pour vos légumes, poissons, viandes ou volailles. Un ustensile indispensable.

7

7 TRÉPIED POUR CUISEUR

Posé dans le fond d'une casserole d'eau frémissante, ce trépied accueille un récipient de cuisson plus petit, ce qui donne un bain-marie de fortune. La surface creusée de rainures empêche le récipient de glisser. Ce trépied peut aussi faire office de dessous-de-plat pour protéger la surface de travail des plats chauds.

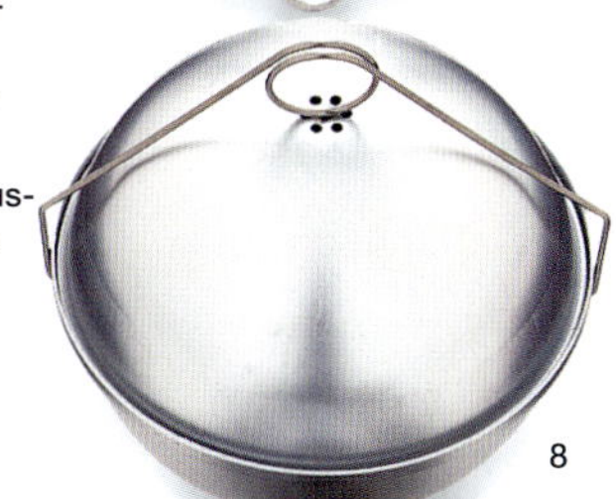

8

8 CUISEUR POUR PUDDING DE NOËL

Ce cuiseur est idéal pour confectionner le traditionnel pudding de Noël. Quelques trous placés au sommet laissent échapper la vapeur. Suspendez le cuiseur sur le manche d'une cuillère en bois que vous posez en travers d'une casserole d'eau bouillante.

9

5

5 CUIT-VAPEUR ÉLECTRIQUE

Un appareil qu'il suffit de brancher, précieux pour ceux qui aiment la cuisine légère. Ce Vitacuisine de Tefal® est plus qu'un simple cuiseur à vapeur, c'est aussi un cuiseur de table multifonction. À la base se trouve un réservoir peu profond où vous faites chauffer l'eau jusqu'à ce que la vapeur commence à monter. Ajoutez ensuite une plaque de cuisson pour cuire du poisson ou du poulet avec un couvercle en verre en forme de dôme, ou bien des paniers plus petits pour cuire des légumes ou du riz.

9 MARGUERITE

Adaptée à tous les ustensiles de cuisson, cette marguerite aux pétales d'acier inoxydable s'ouvre comme une fleur. Les perforations laissent pénétrer la vapeur, tandis que les pieds permettent de garder les aliments au-dessus de l'eau. La tige centrale limite les possibilités de disposition des aliments, mais, dans certains modèles, elle est amovible. La marguerite existe en deux tailles, 14-22 cm et 17,5-27,5 cm.

La technique du pochage est intermédiaire entre la cuisson à la vapeur et la cuisson à gros bouillons. On pose des aliments comme le poulet ou le poisson sur une grille dans une marmite avec juste assez d'eau pour couvrir le fond et on les laisse mijoter à feu doux jusqu'à ce qu'ils soient à peine cuits. Les aliments restent délicieusement moelleux, et comme ils n'ont pas bouilli, ils conservent leur forme.

10
11
12

10 MARMITE À ASPERGES
Si l'on fait cuire les tiges jusqu'à ce qu'elles soient tendres, les pointes sont trop cuites. Ce cuiseur haut et étroit permet de cuire les tiges dans l'eau bouillante tandis que les pointes cuisent à la vapeur. Mais si vous ne voyez pas d'inconvénient à ce que les tiges soient un peu dures, vous pouvez coucher les asperges dans un cuiseur ordinaire.

11 MARMITE À POISSON
Les poissons petits et moyens peuvent être pochés dans n'importe quelle casserole pouvant contenir une grille, mais les gros poissons comme le saumon ont besoin d'une marmite allongée qui permet de les poser à plat. Le poisson est placé sur une plaque perforée à deux anses facile à soulever de la casserole, ce qui permet de l'égoutter sans le déformer. Certaines marmites à poisson sont si grandes qu'il faut utiliser deux brûleurs ou deux plaques. Il existe aussi une marmite en forme de diamant conçue spécialement pour pocher le turbot ou le flétan.

12 CUISEUR À ŒUFS
Même si ce n'est pas une marmite à pocher à proprement parler, puisque les œufs sont cuits à la vapeur, ce magnifique ustensile permet de cuire les œufs impeccablement (et peut aussi faire office de sauteuse antiadhésive). Fait en acier inoxydable 18/10 de haute qualité, il est équipé de bols à œufs amovibles et possède un fond de 5 mm d'épaisseur qui convient à tous les feux.

Pocher un poisson

USTENSILES : marmite à poisson

Assurez-vous que le poisson entier a bien été vidé, nettoyé et débarrassé de ses arêtes et qu'il n'est pas trop grand pour la grille. Calculez le temps de cuisson en mesurant son épaisseur à l'endroit le plus épais et en comptant 5 minutes par cm. Exemple : 7 cm x 5 = 35 minutes.

Préparez un court-bouillon : dans la marmite, portez à ébullition 1,5 l d'eau et 150 ml de vin blanc avec 1 échalote, 1 carotte et 1 bâtonnet de céleri coupés en tranches, quelques branches de thym, 1 feuille de laurier, 1/2 cuillerée à café de grains de poivre et 1 cuillerée à café de sel de mer pendant 10 minutes.

Placez la grille sur laquelle est couché le poisson dans la marmite et laissez cuire à feu doux pendant toute la durée nécessaire. Sortez la grille et laissez le poisson reposer pendant 10 à 15 minutes avant de servir. Le court-bouillon peut être filtré et réutilisé.

Saumon fumé au gingembre, aux ciboules et au bok choy

Cuit à la vapeur sur un trépied posé au fond d'un wok, ce plat digeste et réconfortant est idéal si vous êtes stressé à l'idée de recevoir à l'impromptu. Accompagnez-le d'un plat de riz blanc nature, et assurez-vous que le poisson est très frais.

POUR 4 PERSONNES

USTENSILES

couteau économe
plat de 23 cm
trépied
papier d'aluminium
wok avec couvercle
autre wok ou grande poêle à fond épais
spatule en métal
petite casserole

INGRÉDIENTS

4 pavés de saumon de 2,5 cm d'épaisseur
2 cuillerées à café de gingembre frais haché
2 cuillerées à soupe de vin de riz ou de sherry sec
1 cuillerée à soupe de sauce soja
1/2 cuillerée à café de sel
4 cuillerées à soupe d'huile d'arachide
2 grosses ciboules ciselées (parties blanches et parties vertes séparées)
3 têtes de bok choy coupées en quatre dans le sens de la longueur
1 cuillerée à café de jus de citron vert
poivre noir fraîchement moulu
2 cuillerées à café d'huile de sésame

1 Rincez les pavés de saumon, séchez-les sur un papier essuie-tout et placez-les dans un plat résistant à la chaleur.

2 Mélangez le gingembre avec le vin de riz (ou le sherry), la sauce soja et le sel. Badigeonnez le poisson en frottant pour faire pénétrer dans la chair et laissez reposer 20 minutes en retournant une fois.

3 Déposez un trépied dans un wok et versez de l'eau jusqu'à mi-hauteur des pieds. Portez à ébullition, mettez le plat contenant le poisson sur le trépied et couvrez de papier d'aluminium. Baissez le feu et laissez frémir à couvert pendant 10 à 15 minutes jusqu'à ce que le poisson devienne opaque.

4 Pendant ce temps, faites chauffer 2 cuillerées à soupe d'huile d'arachide dans un autre wok ou une grande poêle à fond épais. Juste avant que l'huile ne se mette à fumer, faites frire la partie blanche des ciboules pendant 30 secondes. Ajoutez le bok choy et faites sauter 4 à 5 minutes. Arrosez de jus de citron vert. Répartissez sur les assiettes réchauffées.

5 Avec la spatule, sortez les pavés de saumon du wok et déposez-les sur le bok choy. Parsemez la partie verte des ciboules et poivrez.

6 Faites chauffer l'huile de sésame et les 2 cuillerées à soupe restantes d'huile d'arachide dans une petite casserole. Versez sur le poisson. Servez aussitôt.

CUIRE À LA VAPEUR DANS UN WOK

Il vous faut un trépied de bois ou de métal (voir p. 155) et un couvercle arrondi – souvent vendu avec le wok. Les aliments cuisent dans un plat résistant à la chaleur posé sur le trépied. Si vous le souhaitez, vous pouvez envelopper les aliments tels que des petits blancs de poulet ou des pavés de poisson dans du papier sulfurisé comme ci-contre. Sinon, vous pouvez empiler des paniers en bambou (voir p. 154) sur le trépied ou les mettre dans une casserole ordinaire posée sur le trépied.

« Le wok est incroyablement polyvalent. C'est, bien sûr, le meilleur ustensile pour faire sauter les aliments, mais aussi pour les faire frire, les braiser ou les cuire à la vapeur. »

Couscous tunisien avec légumes verts, piments verts et ail

PAULA WOLFERT

La recette de ce plat traditionnel tunisien nous vient de Paula Wolfert, auteur de livres de recettes spécialisée dans les cuisines méditerranéennes et du Moyen-Orient. Le mélange d'aneth, de fenouil, de feuilles de céleri, de flocons de piment rouge et d'épices donne un couscous léger et délicieux, que Paula propose de servir accompagné de babeurre, selon la coutume. Si vous n'avez pas de couscoussier (voir p. 155), utilisez une grande casserole avec un panier à vapeur bien ajusté. À défaut de feuilles de fenouil, augmentez la proportion d'aneth. Le tabil est une pâte épicée tunisienne que l'on trouve dans les magasins de produits du Moyen-Orient.

POUR 6 PERSONNES

USTENSILES

couteau de cuisine ou mezzaluna
presse-ail
couteau à éplucher
couscoussier ou grande casserole avec panier à vapeur
grande poêle
cuillère en bois
fourchette à long manche
pinces

INGRÉDIENTS

3 cuillerées à soupe d'aneth hachée
3 cuillerées à soupe de feuilles de fenouil hachées
6 cuillerées à soupe de persil plat haché
1 poignée de fanes de carottes hachées
1 grosse ciboule émincée
1/2 poireau tranché finement
8 cuillerées à soupe d'huile d'olive
1 petit oignon haché
3 cuillerées à soupe de purée de tomates
5 grosses gousses d'ail écrasées
2 cuillerées à café de paprika doux
2 cuillerées à café de sel
2 cuillerées à café de coriandre moulue ou de poudre de tabil
1 cuillerée à café de graines de cumin moulues
2 cuillerées à café de flocons de piment rouge séché (de l'Aleppo) ou du poivre turc
500 ml d'eau
450 g de semoule moyenne
1 piment vert frais épépiné et haché menu
1 poivron rouge épépiné et coupé en 6 morceaux
6 gousses d'ail épluchées et laissées entières

1 Remplissez le bas du couscoussier avec de l'eau et portez à ébullition. Dans le panier perforé, déposez les herbes, les fanes de carottes, la ciboule et le poireau ; faites cuire à la vapeur pendant 30 minutes (a).

2 Retirez du feu et laissez refroidir sans couvrir. Dès que la garniture est suffisamment froide, pressez pour retirer l'excédent d'eau et réservez.

3 Faites chauffer l'huile dans une grande poêle et ajoutez l'oignon haché. Faites-le frire à feu doux 2 à 3 minutes puis ajoutez la purée de tomates. Laissez cuire en remuant jusqu'à ce qu'elle devienne brillante.

4 Ajoutez l'ail écrasé, le paprika, le sel, la coriandre ou le tabil, le cumin et les flocons de poivron rouge. Faites cuire à feu doux jusqu'à ce que le mélange soit bien homogène. Ajoutez 250 ml d'eau, couvrez et laissez cuire 15 minutes.

5 Retirez du feu. Mélangez la semoule au contenu de la poêle (b). Incorporez la garniture cuite à la vapeur. Ajoutez le piment vert, les morceaux de poivron rouge et les gousses d'ail.

6 Remplissez d'eau le bas du couscoussier. Portez à ébullition. Mettez le panier perforé en place. Déposez le contenu de la poêle et laissez cuire à la vapeur, à couvert, 30 minutes (c).

7 Versez le couscous dans un plat de service chaud. À l'aide d'une fourchette à manche long, écrasez les grumeaux. Avec les pinces, récupérez les gousses d'ail et les morceaux de poivron rouge et mettez-les de côté.

8 Incorporez 120 ml d'eau au couscous, vérifiez l'assaisonnement et couvrez de papier aluminium. Réchauffez dans un four à basse température durant10 minutes avant de servir.

9 Au moment de servir, décorez le couscous avec les tranches de poivron rouge et les gousses d'ail entières. Servez avec des verres de babeurre.

a

b

c

Diablo de moules

ALDO ZILLI

Ce plat épicé créé par Aldo Zilli, patron et chef du *Zilli Fish*, du *Zilli Cafe* et du *Signor Zilli Restaurant and Bar* de Soho, à Londres, est idéal pour réveiller les palais blasés. Adaptez la quantité de piment selon vos goûts et servez avec du pain croustillant pour tremper dans la sauce.

POUR 4 PERSONNES

USTENSILES
- grande casserole avec couvercle
- couteau de cuisine
- grande cuillère en métal

INGRÉDIENTS
- 1,5 kg de moules nettoyées
- 2 cuillerées à soupe d'huile d'olive
- 3 gousses d'ail hachées menu
- 6 piments rouges épépinés et hachés menu
- 2 cuillerées à soupe de persil plat haché menu
- 250 ml de vin blanc sec
- 400 g de tomates hachées
- ciabatta grillée pour servir

1 Faites chauffer la moitié de l'huile dans une grande casserole. Ajoutez les moules, l'ail, le piment et la moitié du persil. Couvrez et laissez mijoter à feu moyen pendant 4 à 5 minutes.

2 Enlevez les moules qui se sont ouvertes (jetez celles qui ne se sont pas ouvertes).

3 Nettoyez la casserole. Faites chauffer le reste de l'huile et les moules réservées, le vin et les tomates hachées. Laissez mijoter 15 minutes. Saupoudrez du reste de persil.

4 Servez les moules chaudes dans des bols avec des tranches de ciabatta grillées.

Depuis neuf cents ans que l'humanité boit du café, les ustensiles qui servent à le préparer ont considérablement évolué et proliféré.

Comme le café, le bon thé requiert une eau fraîche au goût pur. Pour la faire bouillir rapidement et économiser l'énergie, une bouilloire est essentielle.

Café et thé

1

1 CAFETIÈRE AUTOMATIQUE À FILTRE

Cette cafetière électrique possède un filtre que l'on peut retirer par simple pression sur un bouton, un réservoir à eau qui se remplit par l'avant et un indicateur d'eau grossissant. Pour l'utiliser, mettez du café finement moulu dans le filtre conique puis ajoutez l'eau bouillante, qui s'écoulera goutte à goutte dans la carafe. La forme conique permet une saturation rapide de la mouture de café, tandis que la densité du filtre ralentit l'écoulement de l'eau. Le filtre absorbe aussi une partie des graisses contenues dans le café, ce qui donne un breuvage limpide et digeste, mais qui manque peut-être un peu de corps.

2

2 POT À CAPPUCCINO

Pour obtenir la mousse idéale, versez du lait jusqu'à mi-hauteur du pot, portez presque jusqu'au point d'ébullition, puis mettez le couvercle et pompez le plongeur pendant environ 30 secondes. Sinon, faites chauffer du lait dans une casserole et fouettez avec un fouet en spirale.

3

3 CAFETIÈRE EXPRESSO ITALIENNE

Cet ustensile traditionnel en aluminium peut être utilisé sur des plaques chauffantes. Remplissez la partie inférieure d'eau, mettez du café moulu dans le filtre, puis vissez la partie supérieure sur la partie inférieure. En bouillant, l'eau et la vapeur sont acheminées par une tige de métal vers la partie supérieure. Cette cafetière existe en plusieurs tailles : 3, 6, 9 et 12 tasses.

4

4 CAFETIÈRE À PISTON

Cette cafetière permet d'obtenir un café savoureux en un clin d'œil. Mettez du café moulu dans le fond, versez de l'eau bouillante par-dessus, laissez infuser, puis enfoncez le plongeur. Le café reste emprisonné sous les disques/filtres, et vous obtenez un breuvage relativement limpide. Le seul inconvénient est que le café a tendance à refroidir pendant la phase d'infusion. Vous pouvez acheter un couvre-bouilloire isolé qui vous permettra de le garder au chaud pendant cette phase.

5

Les amateurs de café sont à l'origine d'un véritable boom des machines à expresso automatiques de haute technologie. Beaucoup de ces appareils fonctionnent avec des capsules de café prédosées à placer dans le filtre que l'on fixe sur la sortie de vapeur. Le café s'écoule alors directement dans les tasses placées au-dessous. Certains modèles donnent la possibilité d'utiliser du café moulu en vrac que l'on tasse avec une presse. Il existe aussi des machines équipées d'un dispositif à mousse que l'on adapte sur le filtre et qui permet d'obtenir un café mousseux. Tous les appareils sont équipés d'un jet latéral pour chauffer et faire mousser le lait.

Avant d'acheter, vérifiez la pression de la pompe. Plus elle est élevée, plus vous pourrez faire de tasses de café à la suite. 12-15 bars suffisent pour une petite maisonnée. Les accros viseront plutôt les 19 bars.

6

5 GAGGIA BABY

Cette machine à expresso domestique, l'une des meilleures marques sur le marché, permet de faire deux tasses à la fois. L'extérieur est brossé, le réservoir à eau est amovible ; un jet de vapeur latéral permet de faire chauffer et mousser le lait pour les cappuccinos. On peut utiliser du café moulu en vrac ou des capsules de café.

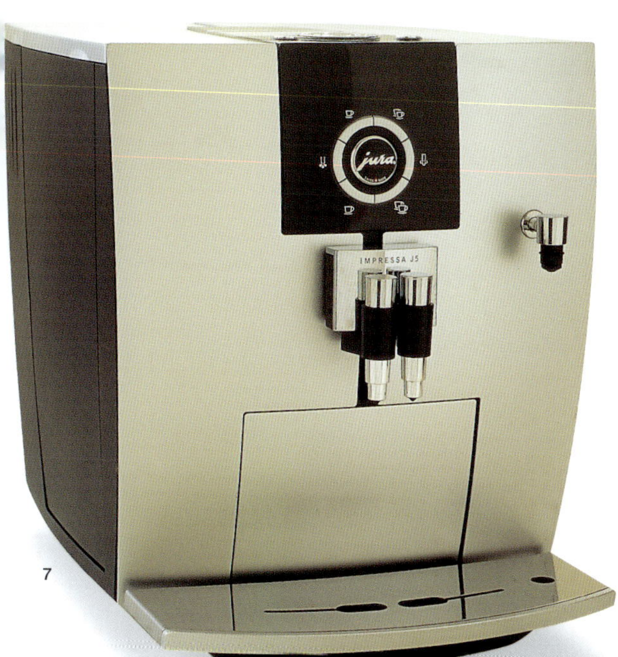

7

6 LE CUBE NESPRESSO®

Le système Nespresso® (inventé par le géant du café, le groupe Nestlé®) utilise des capsules de café qui sont vendues en différents arômes et différentes intensités. Plusieurs fabricants produisent des machines qui utilisent ce système de capsules (et interdisent l'utilisation de café en vrac). La machine Magimix Nespresso® se présente comme un gros cube en métal, avec une fonction chauffe-tasses en haut, près du réservoir à eau. Chic, pratique.

7 LES MACHINES ROBOTS

Si vous préférez moudre votre café vous-même, choisissez un robot à café. Jura Impressa passe pour le nec plus ultra dans ce domaine. Son système de réglage vous permet de choisir entre un expresso bien tassé et un café long. Vous pouvez également contrôler la hauteur du jet d'eau pour la fonction cappuccino.

Le thé

Il fut un temps où une bouilloire était une bouilloire. Mais aujourd'hui, le choix des designs s'est considérablement élargi. Si vous cherchez une bouilloire à utiliser sur le feu, choisissez-en une avec un fond large, plat, pour maximiser le contact avec la source de chaleur et accélérer le processus. La poignée doit être assez haute au-dessus du couvercle, et le bec doit éloigner le jet de vapeur de votre main. Si vous préférez une bouilloire électrique, n'oubliez pas qu'une bouilloire haute a besoin de moins d'eau pour recouvrir l'élément chauffant, de sorte que l'eau est portée plus rapidement à ébullition et utilise moins d'électricité que le modèle de forme traditionnelle. Certaines bouilloires sont équipées d'un filtre placé à la sortie du bec pour séparer les éventuels sédiments calcaires.

Il est évident que le thé en vrac donne de meilleurs résultats que les sachets. Comme les bouilloires, les théières existent dans toutes sortes de modèles, de matériaux, de couleurs et de formes. Le thé a meilleur goût lorsqu'il est préparé dans une théière en porcelaine ou en terre. Les théières en verre et en acier inoxydable donnent aussi de bons résultats, mais elles coûtent cher.

Quel que soit le matériau, il y a trois choses à vérifier : un bec verseur anti-gouttes, un couvercle qui reste fermé quand on verse la dernière tasse et une poignée suffisamment large pour tenir vos articulations éloignées de la théière.

1

1 BOUILLOIRE SIFFLANTE
Créée en 1985, la bouilloire Alessi au sifflet en forme d'oiseau est devenue un symbole du design moderne. Elle remplit toutes les fonctions d'une bouilloire classique que l'on pose sur le feu ou une plaque de cuisinière, avec un fond large et épais, une large poignée résistante à la chaleur qui tient votre main éloignée de la vapeur, ainsi qu'un joli sifflet.

2

2 BOUILLOIRE TRADITIONNELLE
Cette bouilloire à l'aspect familier est faite d'acier émaillé et existe en différentes couleurs vives, ainsi qu'en noir et blanc. La poignée et le bouton du couvercle résistent à la chaleur. Le fond brossé convient à tous les feux, y compris ceux à induction.

3

4

3 THÉIÈRE EN PORCELAINE

Cette théière en porcelaine blanche classique a un large bec verseur, un bouton rond pour soulever le couvercle et une grande poignée incurvée. Un filtre intégré empêche les feuilles de thé de tomber dans votre tasse.

4 THÉIÈRE À PISTON EN VERRE

Cette élégante théière fonctionne comme une cafetière à piston. Les feuilles de thé sont retenues dans un filtre perforé pendant l'infusion. Dès qu'il prend la couleur souhaitée, enfoncez le piston et sortez le filtre.

5 BOUILLOIRE SANS FIL

Autrefois, les bouilloires électriques étaient reliées par un long fil à la prise de courant. Puis un designer astucieux a eu l'idée de repositionner la prise sous la bouilloire sur un bloc. Il ne vous reste qu'à placer la bouilloire sur le bloc pour la mettre en marche. Fini, les mains mouillées qui se battent avec des prises de courant!

6 THÉIÈRE JAPONAISE

Les amateurs de thé vert apprécieront cette jolie théière en porcelaine noire à la surface soyeuse. La large poignée ovale et le filtre interne ajoutent une touche d'authenticité à la cérémonie du thé.

7 BOULE À THÉ

Cette boule à thé à ressort en acier inoxydable est idéale pour ceux qui préfèrent utiliser du thé en vrac sans avoir à vider les feuilles restées au fond de la théière. Cette boule peut aussi servir à préparer les tisanes et à infuser les feuilles de menthe fraîche.

5

6

7

Braiser et cuire en ragoût

Ces ustensiles de cuisson sont la colonne vertébrale d'une cuisine. Ils permettent de mitonner des viandes braisées et de délicieux ragoûts et existent en différentes formes et tailles. Les matériaux sont les mêmes que pour les casseroles (voir «Choix des matériaux» p. 12). Cependant, à la différence des casseroles, ils ont des anses en forme d'oreilles, ce qui laisse supposer des différences de manipulation.

Cocottes en métal

2

La cocotte idéale est celle que l'on peut utiliser indifféremment sur le feu et dans le four, et qui est suffisamment jolie pour pouvoir être apportée à table. Il est également utile d'en avoir une que l'on peut transférer du freezer au four. Il vous en faudra deux, en fonte ou en acier inoxydable, pour un usage quotidien : une cocotte de 6 litres sert pour 4 ou 5 personnes, et une de 3 litres, pour 2 ou 3 personnes. Une cocotte basse s'avérera précieuse pour les plats braisés, et une cocotte en fonte pour les rôtis et les ragoûts.

2 COCOTTE À BRAISER
Cette cocotte à braiser s'utilise indifféremment sur un feu ou dans un four. Le couvercle arrondi favorise la condensation et maintient une chaleur humide à l'intérieur. Sans couvercle, la cocotte peut servir à frire les aliments. Faite en acier inoxydable 18/10 avec un épais noyau en aluminium qui se prolonge dans les parois, elle conduit la chaleur rapidement et de façon homogène.

3 COCOTTE BRETONNE
Les plats traditionnels comme les moules marinières ou le bœuf braisé se préparent dans ces marmites arrondies faites en fonte émaillée aux parois légèrement évasées.

1

1 COCOTTE POUR RÔTIS
Cette magnifique cocotte à rôtir de 6 litres est faite en acier inoxydable 18/10 avec un noyau en aluminium qui va jusqu'aux parois pour une conduite de la chaleur optimale (voir «Choix des matériaux» p. 12). La cocotte est vendue avec une grille interne amovible qui permet de sortir les aliments plus facilement. Elle possède des anses en forme d'oreilles et un couvercle hermétique.

3

4 COCOTTE EN FONTE ÉMAILLÉE

Cette cocotte Le Creuset® en fonte émaillée a de hautes parois droites et peut contenir des quantités substantielles de viande, de légumes et de liquide. Le couvercle peut être fermé hermétiquement ou être laissé entrouvert pour permettre à la vapeur de s'échapper. Le fond épais donne une bonne distribution de la chaleur. Utilisez cette cocotte pour faire mijoter des ragoûts.

5 COCOTTE EN FONTE

Cette cocotte en fonte conçue par Björn Dahlström est destinée à devenir un classique moderne. Comme la cocotte traditionnelle, elle a un fond épais qui permet de faire brunir la viande et de hautes parois qui peuvent contenir une grande quantité de viande et de liquide. Les parois sont évasées pour favoriser l'évaporation. Cette cocotte n'existe qu'en 5 litres.

4

5

6

6 COCOTTE EN ACIER INOXYDABLE BROSSÉ

Cet autre classique moderne de Björn Dahlström possède les mêmes lignes minimalistes que la cocotte en fonte. Proposée en deux tailles, 5 et 8 litres, elle est faite en acier inoxydable 18/10 de haute qualité avec un noyau en aluminium qui se prolonge jusqu'en haut des parois, permettant une excellente distribution de la chaleur dans toute la cocotte.

8 USTENSILES DE CUISSON EN FONTE ÉMAILLÉE LAFONT®

Créés en France par la famille Lafont en 1879 mais désormais produits en Argentine, ces superbes ustensiles de cuisson en fonte sont émaillés à des températures extrêmement élevées, ce qui les rend particulièrement résistants et leur garantit une durée de vie très longue. Ils existent en différentes formes et différentes couleurs.

7

8

7 COCOTTE ANTIADHÉSIVE

La surface en titane de cette cocotte est assez dure pour permettre l'utilisation d'ustensiles en métal. Grâce au fond ultrarésistant, on peut aussi bien faire dorer les aliments que les laisser mijoter à feu doux. Le couvercle en verre supporte une température de 250 °C et, par conséquent, aller au four. Cette cocotte ne convient pas aux feux à induction.

9 COCOTTE EN ACIER INOXYDABLE MULTICOUCHE

Cette cocotte multifonction en acier inoxydable convient à tous les feux et va au four. Produite par Le Creuset®, elle est faite de trois couches d'acier inoxydable et d'un noyau en aluminium qui monte jusqu'en haut des parois, ce qui évite les « crachotements » lorsqu'on verse les aliments et permet une excellente distribution de la chaleur. Une couche magnétique externe la rend idéale pour les feux à induction.

10

9

10 DOUFEU

La cocotte Doufeu de Le Creuset® est parfaite pour les ragoûts. Le secret réside dans le couvercle creux hérissé de sortes de boutons et dans lequel on place des glaçons, ce qui permet de le refroidir. Pendant la cuisson, la vapeur qui s'élève des aliments se condense sur les boutons et retombe, ce qui évite au contenu de se dessécher. Si la cuisson dure longtemps, il faut remettre des glaçons.

11 BABY REMOKSA

Créée en Tchécoslovaquie dans les années 1930, cette cocotte électrique portative sur pied fut un véritable don du ciel pour ceux qui ne possédaient que des équipements de cuisson très élémentaires. L'élément qui chauffe toute la cocotte est contenu dans le couvercle – un système simple et astucieux. Cet appareil est idéal pour faire cuire de petites quantités de ragoût. Il convient particulièrement pour les gens qui vivent dans un petit espace ou les adeptes du camping. Il existe des modèles plus grands équipés d'un couvercle en verre qui permet de suivre l'avancement de la cuisson.

12

11

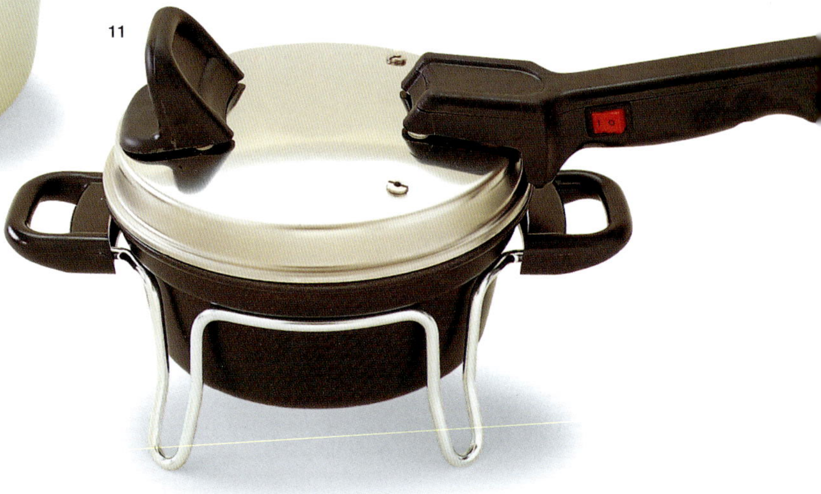

12 COCOTTE POUR LES MOULES

Les moules font un repas vite cuit, mais requièrent un ustensile de cuisson spacieux équipé d'un couvercle hermétique. Cette cocotte spéciale moules possède un couvercle arrondi qui peut se transformer en plat de service. Le réceptacle en acier inoxydable devient vraiment très chaud, de sorte qu'une fois le couvercle fermé, les moules cuisent très rapidement. Soulevez le couvercle au bout de quelques minutes et versez les moules avec leur jus dans le couvercle pour servir.

Viandes braisées et rôtis en cocotte

a

b

USTENSILES : cocotte en fonte, verre gradué

Les morceaux qui ont besoin d'une cuisson lente comme le bœuf pour ragoût, l'épaule, le jarret, le flanchet, etc., peuvent d'abord être saisis dans une poêle avec de l'huile, des oignons, des carottes avant d'être transférés dans une cocotte à couvercle hermétique.

Le braisage est une méthode de cuisson qui consiste à faire cuire les aliments dans juste assez d'eau pour produire de la vapeur. Le rôtissage en cocotte est similaire mais s'applique plutôt à des rôtis entiers de plus de 1 kilo. Cette méthode s'appuie plus sur l'humidité naturelle des aliments que sur les ajouts d'eau. Comptez au moins 45 minutes par kilo de viande coupée en morceaux et 1 heure par kilo de rôti à 150-160 °C. Ajoutez un peu de bouillon, d'eau, de vin, de cidre ou de bière (environ 300-500 ml) à un plat braisé (a), ainsi que des herbes ou des épices entières.

Les jus de cuisson peuvent être filtrés et mis à réduire dans une casserole propre ; vous pouvez également sortir les aliments solides de la cocotte à l'aide d'une cuillère à trous (b) et placer la cocotte sur la cuisinière pour faire réduire les jus et obtenir une sauce (d). Si vous voulez épaissir le jus, mélangez 1 cuillerée à soupe de farine de maïs avec un peu d'eau froide et incorporez la mixture au jus.

c

d

Rôti de bœuf en cocotte avec légumes d'hiver

Une cuisson lente dans une cocotte fermée donne des viandes fondantes, même lorsqu'on utilise les bas morceaux. Commencez par faire rissoler la viande puis mettez-la à mijoter à feu doux avec les légumes dans une petite quantité d'eau. Parsemez de persil haché frais, de zeste de citron et d'ail juste avant de servir pour relever le goût.

POUR 4 PERSONNES

USTENSILES
couteau à éplucher
cocotte en fonte
pinces
couteau de cuisine
épluche-légumes
râpe à agrumes
mezzaluna
tamis conique
4 casseroles
fouet
couteau à découper

INGRÉDIENTS
1,6 à 1,8 kg de rôti, gîte ou poitrine
4 grosses gousses d'ail finement tranchées, plus 1 petite hachée menu
20 feuilles de romarin
2 cuillerées à soupe d'huile végétale
25 g de beurre
1 oignon rouge haché menu
2 branches de céleri coupées en petits dés
2 carottes coupées en petits dés
1 petit bouquet de thym
1 feuille de laurier
2 ou 3 lanières d'écorce d'orange
350 g de vin rouge
150 ml de bouillon de viande, de préférence maison
sel de mer et poivre noir fraîchement moulu
le zeste d'1 citron finement râpé
3 cuillerées à soupe de persil plat haché
1/2 cuillerée à soupe de farine ordinaire

POUR SERVIR
16 petites carottes
12 petites pommes de terre ovales
1 chou frisé de Milan coupé en quatre et taillé en lanières
1 noix de beurre

1 Préchauffez le four à 140 °C (th. 4-5). Séchez bien la viande et faites des entailles sur le dessus avec la pointe d'un petit couteau. Enfoncez des tranches d'ail et des feuilles de thym (a).

2 Faites chauffer l'huile végétale dans une cocotte en fonte ou une casserole à fond épais. Ajoutez la viande et faites-la rissoler de chaque côté en la retournant avec les pinces (b). Débarrassez sur un plat.

3 Mettez la moitié du beurre dans la cocotte. Dès qu'il grésille, ajoutez l'oignon, les dés de céleri et de carottes et laissez frire 5 minutes à feu doux. Remettez la viande dans la cocotte avec le jus. Ajoutez le thym, la feuille de laurier et l'écorce d'orange, puis versez le vin et le bouillon (c). Le liquide ne doit pas dépasser un tiers du rôti. Salez et poivrez.

4 Portez le liquide à ébullition, puis couvrez hermétiquement et mettez au four. Laissez cuire 3 heures à 3 h 30 en retournant la viande toutes les 30 minutes. Un peu avant la fin, mélangez le zeste de citron avec le persil et l'ail haché. Mélangez la farine et le reste de beurre. Faites cuire les carottes, les pommes de terre et le chou, puis gardez-les au chaud dans des casseroles séparées. Sortez la viande de la cocotte. Débarrassez-la dans un plat chaud et laissez reposer 10 minutes sous une feuille d'aluminium.

5 Pendant ce temps, retirez le gras du liquide de cuisson avec de l'essuie-tout. Égouttez les légumes sur une casserole en appuyant dessus avec le dos d'une cuillère pour en extraire le liquide. Portez le liquide filtré à ébullition en ajoutant les jus rendus par la viande. Incorporez le beurre malaxé avec la farine en continuant de fouetter jusqu'à obtention d'une sauce lisse.

6 Découpez la viande et disposez les tranches sur un plat chaud. Versez la sauce par-dessus et saupoudrez avec le mélange à base de persil. Réchauffez les légumes avec du beurre. Salez et poivrez et parsemez avec le reste de persil.

a

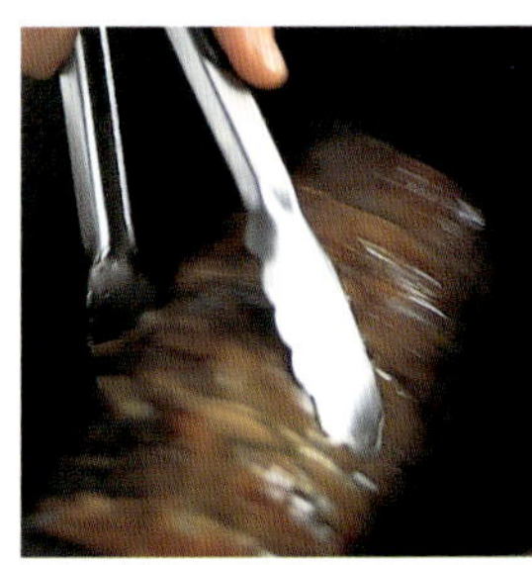
b

c

« Idéale pour les rôtis, la cocotte est un ustensile indispensable au Gavroche. »

MICHEL ROUX

Poulet au pot à la bière et aux champignons

MICHEL ROUX

Cette recette délicieuse a été créée par Michel Roux, qui a ouvert en 1967, avec son frère Albert, le célèbre restaurant *Le Gavroche* sur Lower Sloane Street, à Londres. Au cours de sa longue et brillante carrière, il a reçu de nombreuses distinctions, et en 1999, le British Catering Trade l'a nommé « Homme du Millenium ».

La cocotte en fonte émaillée dans laquelle ce plat a été cuit est, selon Michel, la « pierre angulaire de tous les classiques français ».

POUR 4 PERSONNES

USTENSILE

cocotte en fonte émaillée

INGRÉDIENTS

1 poulet nourri au grain d'environ 1,5 kg
huile d'olive
beurre
60 g d'échalotes hachées menu
250 g de champignons de Paris lavés et coupés en tranches
1 1/2 cuillerée à soupe de brandy
2 cuillerées à soupe de bière amère
2 cuillerées à café de sucre brun
200 ml de crème fraîche épaisse
sel et poivre noir fraîchement moulu

1 Préchauffez le four à 220 °C (th. 7-8). Salez et poivrez le poulet, y compris à l'intérieur. Mettez-le dans une cocotte en fonte émaillée avec un peu d'huile d'olive et de beurre. Enfournez, baissez le feu à 200 °C (th. 6-7) et laissez rôtir 40 minutes en l'arrosant de temps en temps et en le retournant pour qu'il dore de tous les côtés. Débarrassez le poulet sur un plat avec la poitrine sur le dessous de façon que la chair absorbe bien les jus.

2 Jetez les graisses restées dans la cocotte et ajoutez une noix de beurre. Portez sur feu doux et mettez les échalotes à fondre en remuant avec une cuillère en bois.

3 Ajoutez les champignons et laissez cuire 3 minutes. Versez le brandy et grattez le fond de la cocotte avec une cuillère en bois pour décoller les sucs. Dès que le liquide s'est évaporé, versez la bière et le sucre et faites bouillir pour réduire de moitié. Ajoutez la crème et réduisez à nouveau de façon à obtenir une sauce légère. Incorporez 50 g de beurre froid en fouettant. Ajoutez les jus de poulet, salez et poivrez à votre goût et remettez le poulet dans la cocotte. Apportez celle-ci sur la table.

Avec le fer, la glaise fut l'un des premiers matériaux utilisés pour fabriquer des ustensiles de cuisson, à l'époque où l'on faisait cuire les aliments sur un feu de bois ou sur un lit de cendres brûlantes. Ces ustensiles sont conçus pour mijoter à feu doux ou dans le four. Quelle que soit leur forme – qu'ils soient hauts, peu profonds, droits ou arrondis –, ils absorbent la chaleur lentement et régulièrement, et les aliments cuisent de façon uniforme sans brûler et ni se dessécher.

Ustensiles en terre

1

2

3

1 FAITOUT
Ce robuste ustensile de 4 litres mérite bien son nom, car, en effet, il « fait tout ». Les parois bombées augmentent la capacité et la surface chauffantes, tandis que l'ouverture plus étroite freine l'évaporation. Supportant bien les chocs thermiques, ce récipient peut passer directement du freezer au four. Il va au lave-vaisselle.

2 MARMITE
Cette grande marmite partiellement vernie est traditionnellement utilisée pour les plats consistants comme le cassoulet ou le pot-au-feu.
Le couvercle est arrondi, de sorte que la condensation retombe dans le pot et les aliments conservent leur humidité et leur moelleux. Quand on soulève le couvercle, le diamètre large et les parois droites favorisent l'évaporation et la formation de l'indispensable croûte du cassoulet.

4

3 TERRINE OVALE
L'ovale est la forme traditionnelle des terrines rustiques et des pâtés. Le couvercle hermétique repose sur un rebord intérieur et empêche les aliments de se dessécher. Certaines terrines ont un couvercle troué qui laisse échapper la vapeur.
Cet ustensile peut également servir pour les ragoûts. Il va au lave-vaisselle et supporte des températures allant de - 20 à 250 °C.

4 COCOTTE EN TERRE CUITE RONDE
Cuite à 1 050 °C, cette cocotte vernie classique aux parois droites résiste aux variations de température et ne se fracture pas. Elle est idéale pour préparer un repas d'hiver pour deux ou pour réchauffer de petites quantités de ragoût. Elle fait également un plat de service parfaitement correct pour les soupes consistantes qui doivent finir de cuire au four, comme la soupe aux oignons.

Tous les ustensiles en argile sont fragiles. Leur solidité dépend de la température à laquelle ils ont été cuits. Plus elle est élevée, plus ils sont résistants. Les plus fragiles et les moins coûteux sont les pots en terre.

Les ustensiles en argile vernis ne sont pas poreux, ils sont plus faciles à nettoyer et conservent mieux la chaleur que les ustensiles non vernis. Inversement, une surface non vernie absorbe mieux la chaleur, alors choisissez des contenants dont le fond n'est pas verni.

5

6

5 COCOTTE EN CÉRAMIQUE

La céramique conduit merveilleusement la chaleur. Grâce à un processus révolutionnaire mis au point par le fabricant français Émile Henry, ces cocottes peuvent aller sur une plaque comme au four, ce qui en fait une jolie alternative aux lourdes cocottes en fonte. Elles existent en différentes tailles, depuis les petites cocottes individuelles aux grandes cocottes familiales de 26 cm de diamètre.

7

6 DIABLE

Ce diable en terre cuite non verni et poreux conserve l'humidité des aliments et les cuit à la vapeur, préservant toute leur saveur. Pour de meilleurs résultats, la forme et la dimension de l'ustensile doivent épouser celles du contenu. Ce diable peut servir à cuire du poulet et du poisson, mais en France, on l'emploie surtout pour les fameuses « pommes de terre à la diable ».

8

7 TIERRA NEGRA

Ces merveilleuses cocottes en argile grise vernie sont fabriquées dans les Andes selon une méthode dite « bio ». On projette de la poussière d'herbes dessus dans les fours, ce qui leur donne leur élégant fini velouté noir. On peut les utiliser sur une cuisinière comme dans un four. Elles vont au lave-vaisselle.

8 TONTOPF

Cette cocotte non vernie permet de faire des ragoûts cuits au four délicieusement moelleux sans addition d'eau ou de graisse. On fait tremper la cocotte dans l'eau froide avant la cuisson, de sorte qu'elle libère de la vapeur en chauffant. La vapeur se condense à l'intérieur du couvercle et retombe en gouttes sur les aliments.

9 TAGINE

Cet ustensile s'utilise en Afrique du Nord pour faire cuire le plat du même nom. Il est traditionnellement utilisé sur un feu à ciel ouvert. On a besoin de très peu de liquide du fait que le couvercle condense la vapeur, qui retombe sur les aliments. Grâce à sa forme conique, le couvercle reste relativement frais en haut, ce qui permet de le soulever sans manique.

Légèrement modifié afin de pouvoir s'en servir sur tous les types de feux, ce tagine a un fond en fonte émaillée qui maintient une température constante. L'intérieur du couvercle en terre cuite est verni, ce qui le rend résistant et facile à nettoyer

9

10 PUCHERO

Ce pot en terre cuite espagnol au joli couvercle arrondi s'appelle *puchero*, « pot à ragoût », en Andalousie. Cette forme convient particulièrement pour faire cuire des haricots secs dans du bouillon ou de l'eau avec des oignons, de l'huile et des herbes.
Vu la profondeur du pot, les haricots restent immergés et ne sèchent pas. On dit que tous les Espagnols qui n'ont pas leur puchero sont fauchés.

11 CAZUELA

Ces jolies cocottes rustiques en terre cuite prennent différents styles, formes et dimensions selon les régions, en Espagne. On peut les utiliser sur des plaques, au four ou même sur un barbecue. Une *cazuela con punto* est une cocotte avec une pointe au milieu sur laquelle on peut mettre un poulet à rôtir, avec des légumes autour.

10

11

« Les hautes parois du puchero conviennent à la cuisson des haricots secs : grâce à la profondeur du pot, ils restent immergés et ne sèchent pas. »

Tagine de poulet aux citrons confits

CLAUDIA RODEN

Cette recette merveilleusement parfumée a été créée par Claudia Roden, auteur de livres de cuisine mondialement connue à qui l'on doit d'avoir « familiarisé le palais occidental avec la cuisine du Moyen-Orient ». Le mot « tagine » désigne à la fois l'ustensile de cuisson et le plat. Si vous n'avez pas de tagine, vous pouvez utiliser une cocotte allant sur le feu. Si vous posez un tagine en terre cuite sur le feu, il risque de craquer. Un diffuseur de chaleur préviendra l'accident. Sinon, faites la cuisson préliminaire dans une cocotte, puis transférez le contenu dans le tagine et terminez la cuisson au four.

POUR 4 À 6 PERSONNES

USTENSILES
râpe
presse-ail
pilon et mortier
mezzaluna
tagine ou cocotte de 4,5 litres allant sur le feu
2 grandes cuillères en métal
couteau de cuisine

INGRÉDIENTS
1 poulet de 1,8 kg environ
1 oignon râpé ou haché menu
2 gousses d'ail écrasées
1/2 cuillerée à café de pistils de safran écrasés
1/2 cuillerée à café de gingembre moulu
1 1/2 cuillerée à café de cannelle moulue
sel et poivre noir fraîchement moulu
1 bouquet de coriandre nettoyé et haché menu
1 bouquet de persil plat nettoyé et haché menu
l'écorce de 1 1/2 citron confit coupé en quatre
75 g d'olives vertes trempées dans deux eaux pendant 30 min, égouttées et rincées

1 Mettez le poulet dans un tagine ou une cocotte allant sur le feu avec tous les ingrédients, sauf le citron confit et les olives. Couvrez d'eau jusqu'à mi-hauteur (300 ml) et laissez mijoter à feu moyen ou doux, couvert, pendant 1 heure en retournant le poulet plusieurs fois et en ajoutant de l'eau si nécessaire.

2 Mettez l'écorce de citron et les olives dans la sauce et continuez le mijotage pendant 20 minutes pour réduire le liquide et attendrir le poulet : la peau doit se décoller de l'os.

3 Sortez le poulet de la sauce et posez-le sur un plat peu profond. Découpez-le et mettez les morceaux sur un plat de service. Épongez la graisse qui flotte sur la sauce avec de l'essuie-tout. Versez la sauce sur le poulet. Accompagnez de semoule.

CITRONS CONFITS : lavez et grattez 4 citrons à écorce épaisse. Coupez-les en quatre dans le sens de la longueur en vous arrêtant juste avant la tige de façon que les quartiers restent attachés. Mettez 1 cuillerée à soupe de sel de mer dans chaque citron. Placez les citrons dans un bocal de verre propre et appuyez dessus pour les écraser ensemble. Fermez hermétiquement et laissez reposer 3 ou 4 jours : les citrons rendront leur jus et les écorces se ramolliront. Pressez-les le plus possible et ajoutez du jus de citron frais pour les recouvrir complètement. Fermez le bocal et laissez reposer dans un endroit frais pendant au moins 1 mois. Rincez avant d'utiliser pour dessaler.

Poulet au pot avec légumes
MARK HIX

Cette succulente recette nous a été donnée par Mark Hix, l'ancien chef britannique de *The Ivy* et *Le Caprice*. Elle lui a été inspirée par une cazuela con punto que lui avait offerte James Sayell, de Sayell Foods, à Hoxton. « Ce qui est génial avec cet ustensile de cuisson, déclare Mark, c'est que tout ce que vous avez à faire, c'est de planter votre poulet farci d'herbes sur le cône central et de disposer vos légumes autour de la base afin qu'ils absorbent les jus de la volaille. On peut aussi cuire un canard, un faisan ou une pintade de la même façon. »

POUR 4 PERSONNES

USTENSILE

cazuela con punto ou plat allant au four

INGRÉDIENTS

- 1 gros navet épluché et coupé en morceaux de 2 à 3 cm
- 2 panais épluchés et coupés en morceaux de 2 à 3 cm
- 10 à 12 artichauts de Jérusalem épluchés
- 3 grosses carottes épluchées et coupées en tranches biseautées de 1 cm
- 10 gousses d'ail non épluchées
- 3 gros oignons rouges non épluchés coupés en 6 tranches
- quelques brins de romarin et de thym
- 1 poulet élevé en plein air de 1,2 à 1,5 kg
- 3 à 4 cuillerées à soupe d'huile d'olive
- sel et poivre noir fraîchement moulu

1 Préchauffez le four à 200 °C (th. 6-7). Disposez les légumes et les gousses d'ail dans la cazuela ou le plat allant au feu, salez, poivrez et arrosez avec la moitié de l'huile d'olive.

2 Placez les herbes dans la cavité du poulet, salez, poivrez et badigeonnez avec le reste d'huile d'olive.

3 Plantez le poulet sur le cône central de la cazuela ou déposez-le dans le plat. Enfournez et laissez cuire pendant 1 heure en arrosant deux ou trois fois et en retournant les légumes pour qu'ils dorent de façon homogène.

4 Coupez le poulet en morceaux et servez avec les légumes.

NOTE : vous pouvez utiliser n'importe quel légume racine tel que du céleri-rave ou des rutabagas.

Frire et griller

Il existe une très grande variété de poêles, et les poêles de bonne qualité coûtent cher, alors avant d'acheter, réfléchissez bien au type d'aliments que vous voulez préparer et sur quel type de feu. Les poêles ont différentes formes suivant l'usage auquel elles sont destinées. Celles à parois hautes évitent les éclaboussures ; avec des parois arrondies et évasées, elles se prêtent bien à l'utilisation de cuillères et de spatules pour remuer ; les poêles peu profondes sont plus pratiques lorsque vous voulez transférer les aliments de la poêle à l'assiette.

Poêles

L'utilisation d'une poêle de taille appropriée fait une grande différence dans le processus de cuisson. Si vous préparez de petites quantités d'aliments dans une grande poêle, ils se dessécheront et brûleront. Les jus se répandront trop et s'évaporeront. Inversement, si vous mettez une trop grande quantité d'aliments dans une petite poêle, ils cuiront à la vapeur au lieu de frire et de devenir dorés et croustillants.

Quel métal ?

Pour frire les aliments, la poêle doit chauffer vite et de façon régulière. Les meilleures poêles sont donc faites de métaux denses et pesants qui permettent une bonne distribution de la chaleur (voir « Choix des matériaux », p. 12). Les poêles en cuivre doublées d'étain ou d'acier inoxydable sont superbes, mais elles coûtent cher. La fonte d'aluminium anodisé est l'un des meilleurs matériaux, à condition d'être épaisse. Les poêles trop légères tendent à gondoler et à se tacher. L'acier inoxydable est très esthétique et facile à nettoyer, mais seul, il conduit mal la chaleur. En revanche, il est imbattable lorsqu'il est associé avec une épaisse couche de cuivre ou d'aluminium.

La fonte est lourde et chauffe lentement, mais une fois chaude, elle garde sa température et assure une bonne distribution de la chaleur. Une petite poêle en fonte est très pratique pour faire sécher des épices entières, et si vous voulez en acheter une grande, assurez-vous que son poids ne vous pose pas de problème.

L'acier épais non traité est une autre option. Il faut y mettre de l'huile, et, avec le temps, il se patine et devient antiadhésif. Mais jusque-là, il faudra l'entretenir avec soin pour empêcher la rouille. Ne lavez jamais une poêle en acier non traité, contentez-vous de l'essuyer avec de l'essuie-tout et de la huiler.

Les poêles antiadhésives ont beaucoup progressé dernièrement. Elles valent l'investissement, non seulement parce qu'elles sont faciles à nettoyer, mais parce qu'elles permettent d'utiliser moins de matière grasse.

Choisir une poêle

Pour une batterie de base, ayez deux ou trois poêles rondes à fond épais pour une utilisation courante : une de 25-28 cm de diamètre, une de 20-23 cm et une troisième de 18 cm. Vous pouvez également acheter une large sauteuse à parois hautes, équipée d'un couvercle, pour faire sauter les gros morceaux de volaille et les pommes de terre. Une petite poêle à parois inclinées est indispensable pour faire les omelettes. Si vous aimez les aliments cuits dans la friture, il vous faudra aussi un wok, encore qu'une poêle à fond épais fera aussi l'affaire.

Quand vous achetez une poêle, assurez-vous que le manche est solidement soudé ou riveté. Si la poêle est très grande, une anse placée à l'opposé du manche s'avérera fort utile pour la soulever. Certains manches sont faits d'une pièce avec la poêle. Ils ne risquent pas de se détacher, mais tendent à devenir très chauds pendant la cuisson.

1 POÊLE CARRÉE À RAINURES

Intermédiaire entre la poêle et le gril, cette poêle possède un fond à rainures qui permet de garder les aliments au-dessus des graisses et d'obtenir des traces de gril appétissantes lorsqu'on fait cuire un steak. Elle est faite de fonte d'aluminium recouverte d'un revêtement antiadhésif.

2 WOK

Conçu pour être sans cesse remué sur le feu, le wok a une forme conique qui renvoie les aliments vers le fond, où la chaleur est plus intense. Du fait que les aliments sont constamment déplacés, on utilise moins d'huile. Les woks à fond arrondi conviennent aux gazinières. Ceux à fond légèrement aplati fonctionnent mieux sur les plaques électriques ou en céramique. Ce wok possède des poignées en bois qui restent froides pendant la cuisson.

2

1

4

4 POÊLE RONDE

Léger ne veut pas dire de mauvaise qualité, surtout quand il s'agit de titane. Mélangé à la fonte d'aluminium, le titane assure une excellente distribution de la chaleur et dure très longtemps. Le fabricant allemand SKK propose une gamme de poêles qui comptent « sans doute parmi les meilleures poêles antiadhésives qui existent sur le marché ». Ces poêles peuvent être chauffées à température très élevée, ce qui permet de saisir les viandes en utilisant peu ou pas d'huile. Elles ne sont pas bon marché, mais l'investissement en vaut la peine à long terme.

3 POÊLE EN ACIER INOXYDABLE

Faite en acier inoxydable 18/10 de haute qualité (voir « Choix des matériaux », p. 12), cette poêle possède un fond brossé épais qui absorbe bien la chaleur. Les hautes parois droites permettent une cuisson rapide des morceaux de poulet ou de grandes quantités de pommes de terre avec très peu d'huile. Elles empêchent aussi de renverser les aliments quand on les secoue et préviennent les éclaboussures d'huile. Dès que les aliments commencent à brunir, on peut couvrir la poêle partiellement ou complètement et laisser mijoter à feu doux.

3

5

5 SAUTEUSE

La sauteuse se situe à mi-chemin entre la casserole et la poêle. L'idée est que, grâce au fond large, on peut d'abord faire sauter et dorer les aliments rapidement, puis ajouter du vin ou du bouillon et laisser réduire à feu doux de façon à obtenir une sauce légère et délicieuse. Les sauteuses de la marque française Cristel®, sont faites d'un alliage d'aluminium et d'acier inoxydable de haute qualité. Le manche est amovible, ce qui permet de transformer la sauteuse en cocotte allant au four – deux poêles pour le prix d'une.

6 **POÊLE À OMELETTE EN ACIER**

Les parois inclinées et le fond plat facilitent les manipulations nécessaires pour réussir une omelette parfaite. Faite en acier non traité (voir « Quel métal ? », p. 189), cette poêle mérite le respect – ne l'utilisez que pour faire des omelettes et des crêpes et prenez-en soin.

6

7 **POÊLE EN ALUMINIUM ANODISÉ**

Cette poêle précieuse peut être utilisée comme un wok ou, grâce à son couvercle de verre durci à la chaleur, comme une cocotte. Elle possède un fond épais brossé qui conduit bien la chaleur, un revêtement intérieur antiadhésif très résistant et deux poignées en acier inoxydable qui permettent de la soulever facilement.

7

8 **POÊLE ANTIADHÉSIVE DIAMOND®**

Cette marque propose un revêtement antiadhésif révolutionnaire incorporant de minuscules cristaux de diamant. On sait que le diamant est l'un des minéraux les plus durs qui soient. Dans la pratique, cela veut dire que l'on peut utiliser des spatules en métal sans risquer d'endommager la surface de ces poêles. Préchauffez à feu moyen pendant 2 à 3 minutes.

8

9

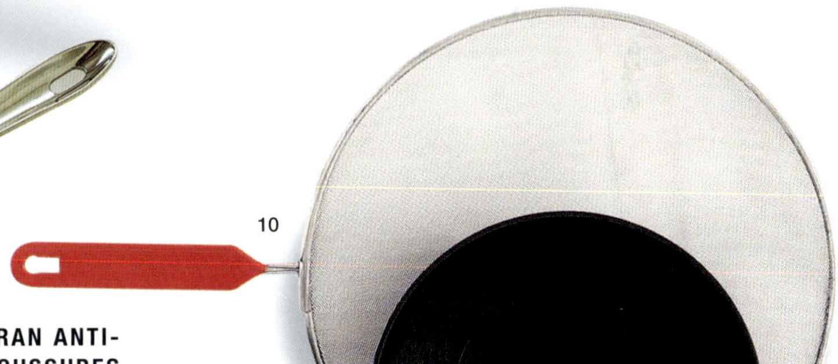

10

10 **ÉCRAN ANTI-ÉCLABOUSSURES**

Quand on fait frire les aliments, les graisses tendent à crachoter et à faire des éclaboussures. Cet écran au fin maillage métallique les oblige à rester à leur place !

11

9 **POÊLE ANTIADHÉSIVE**

Cette poêle de haute qualité manufacturée par All-Clad est faite d'une association unique de métaux purs et d'alliages. Le résultat est une poêle très résistante qui conduit extrêmement bien la chaleur et réagit très vite. Fini, le bacon brûlé et les œufs trop cuits ! La poignée est faite dans un métal qui ne conduit pas la chaleur. Cette poêle coûte cher, mais elle vous sera très utile. Elle va sur tous les types de feux, y compris à induction.

11 **SAUTEUSE EN ALUMINIUM ANODISÉ**

Précieuse pour les célibataires, cette poêle de 20 cm possède une surface antiadhésive solide recouverte de minuscules stries. Le fond plat convient à tous les feux.

Faire sauter les aliments

USTENSILES : wok, baguettes chinoises, planche à découper, couperet

Pour bien réussir votre plat, préparez tous les ingrédients à l'avance, car la cuisson à proprement parler prend très peu de temps.

Tranchez finement les viandes et les légumes, l'ail et le gingembre et mettez-les dans de petites assiettes ou des bols. Mélangez les sauces (soja, vin, sésame, Hoisin) dans une tasse avec une cuillerée à café de farine de maïs pour épaissir un peu.

Faites chauffer 1 à 2 cuillerées à soupe d'huile d'arachide dans le wok. Dès qu'elle fume, ajoutez la viande avec l'ail et le gingembre et faites sauter en remuant avec des baguettes pendant 1 à 2 minutes. Sortez du feu et mettez de côté. Ajoutez les légumes coupés en tranches fines ou en bâtonnets comme les carottes, les poivrons et les ciboules et faites sauter pendant 2 minutes.

Remettez la viande, le poisson ou les fruits de mer dans le wok. Faites cuire pendant 1 minute, puis incorporez la sauce. Laissez réduire en remuant pendant quelques secondes, puis ajoutez les légumes feuillus comme les épinards. Parsemez de graines de sésame ou de noix de cajou ou d'amandes hachées et servez immédiatement. Cette préparation ne devrait pas prendre plus de 10 minutes

Faire une omelette

a

b

c

USTENSILES : poêle à omelette, fourchette, couteau à palette (spatule en métal)

Il est indispensable d'avoir une poêle à fond épais et aux parois inclinées pour réussir une omelette. Pour les omelettes individuelles, une poêle de 20 cm de diamètre est idéale. Comptez 2 gros œufs par personne et battez bien juste avant la cuisson avec 2 cuillerées à soupe d'eau froide ; salez et poivrez légèrement.

Faites chauffer la poêle à feu moyen, puis versez 1 cuillerée à soupe d'huile d'olive et ajoutez une petite noix de beurre. Faites tourner la poêle et versez immédiatement les œufs battus de façon à recouvrir le fond.

Avec le dos d'une fourchette, remuez un peu les œufs en inclinant la poêle de façon que l'œuf cuit passe au fond. Secouez la poêle sur le feu plusieurs fois. Dès que l'omelette est cuite mais encore baveuse, décollez les côtés avec la spatule ; inclinez la poêle et faites rouler le bord qui se trouve près de la poignée de façon à le replier vers le milieu, puis repliez-le à nouveau. Faites glisser sur une assiette chaude et dégustez.

Faire fondre les oignons

a

b

USTENSILES : casserole avec couvercle, planche à découper, couteau de cuisine

Les oignons sont meilleurs quand on les fait fondre dans une casserole à fond épais couverte hermétiquement. Ainsi, ils perdent leur dureté naturelle et prennent une saveur plus douce.

Hachez les oignons menu ou coupez-les en tranches fines. Faites chauffer 3 bonnes cuillerées à soupe d'huile d'olive légère dans une casserole à fond épais. Mettez les oignons et, dès qu'ils commencent à grésiller, saupoudrez1 ou 2 pincées de sucre, puis salez et poivrez. Couvrez et laissez cuire à feu très doux 20 minutes en remuant une ou deux fois. La vapeur se condensera à l'intérieur du couvercle et retombera sur les oignons.

Au-delà des ustensiles de base

Ces poêles sont destinées à un usage précis. Certaines coûtent cher et prennent de la place. À acheter seulement si vous préparez souvent le type de plat auquel elles sont destinées. Cependant, il est certain que si vous investissez dans une poêle à poisson ovale, vous risquez de manger du poisson plus souvent, ce qui n'est pas une mauvaise chose. Et pourquoi pas une poêle à marrons pour Noël !

1 CRÊPIÈRE

Avec cette poêle en aluminium épais à la surface antiadhésive Silverstone®, vous retournerez les crêpes comme un pro. La base lisse de 25 cm permet d'étendre la pâte de façon régulière et fine, et les parois peu profondes aident à retourner les crêpes.

2 POÊLE OVALE

Cette excellente poêle est idéale pour faire frire deux ou trois poissons bien dodus. La surface anti-adhésive permet d'utiliser très peu de matière grasse et empêche la peau des poissons de coller. Il suffit de quelques petites secondes pour nettoyer cet ustensile de qualité.

3 POÊLE FAJITA

Cette poêle ovale est conçue pour saisir la pièce de bœuf (flanchet) à laquelle elle doit son nom. Faite en aluminium anodisé, elle chauffe très vite. Les parois peu profondes et très évasées permettent de retourner la viande facilement et de la faire glisser dans les assiettes.

4 PETITE POÊLE À BLINIS

Cette mignonne petite poêle de 12 cm de diamètre a des parois arrondis qui aident la pâte à gonfler. Le manche est suffisamment long pour tenir votre main éloignée du feu.

5 GRANDE POÊLE À BLINIS

La fonte d'aluminium est un métal léger mais résistant. Avec un revêtement antiadhésif, elle fait d'excellentes crêpières – comme cette poêle à blinis, idéale pour réaliser des crêpes au sarrasin. Vous pouvez aussi l'utiliser pour faire des scones ou des crêpes américaines au babeurre. Badigeonnez-les légèrement d'huile pendant la cuisson pour donner plus de goût.

7 KARHAI (WOK INDIEN)

Aussi polyvalent que le wok chinois, le karhai sert à frire la viande, la volaille, les fruits de mer ou les plats à base de légumes secs. Quand on met le couvercle, on peut aussi mijoter les aliments à feu doux. Fait d'acier enrichi en carbone et revêtu d'une surface antiadhésive Xylan®, ce karhai est équipé de deux anses qui permettent de le transporter à table.

7

8

9

9 POÊLE À MARRONS

Cette poêle est plutôt une rôtisseuse. Large et profonde, elle est conçue pour faire griller les marrons sur un brûleur à gaz ou un feu ouvert. Les grosses perforations permettent à la peau d'être en contact avec les flammes et de griller, tandis que la chair à l'intérieur reste bien moelleuse. Il n'y a pas de meilleure manière de se réconforter pendant les longues soirées d'hiver.

8 POÊLE À PAELLA

Les poêles à paella sont vendues sur de nombreux marchés du contour méditerranéen, et pas seulement en Espagne. La poêle traditionnelle est large et peu profonde avec des parois évasées, ce qui permet aux grains de riz d'absorber le bouillon rapidement. Traditionnellement faite. d'acier léger, elles fonctionnent mieux sur des brûleurs à gaz (lavez-les légèrement après usage et essuyez-les avec de l'essuie-tout huilé pour permettre la formation d'une patine protectrice). Les poêles à paella existent aussi en acier émaillé noir, ce qui les rend plus faciles à nettoyer.

10

10 POÊLE À GÂTEAUX DANOISE

Avec ses sept creux ronds, ce robuste morceau de fonte est idéal pour cuire les aebleskiver (beignets aux pommes). La fonte conduit bien la chaleur et la maintient au niveau nécessaire pour cuire les beignets, y compris à l'intérieur.

Paella
SAM HART

Sam Hart, copropriétaire avec son frère Eddie du célèbre restaurant londonien *Fino*, nous livre cette recette de paella typique du genre de cuisine espagnole qu'il propose. « Pour obtenir une consistance croquante, il faut de l'entraînement, explique Sam. Le feu doit être réglé juste comme il faut pour que le riz soit prêt juste au moment où le bouillon finit de s'évaporer. À ce stade, le fond du riz commence à frire et à devenir croustillant. Attention à ne pas le brûler en posant la poêle sur une flamme trop forte. »

POUR 4 À 6 PERSONNES

USTENSILES
- poêle à paella de 35 cm
- cuillère en bois

INGRÉDIENTS
- 3 cuillerées à soupe d'une bonne huile d'olive légère
- 1 gros oignon épluché et coupé en petits dés
- 1 poivron rouge coupé en petits dés
- 1 poivron vert coupé en petits dés
- 2 gousses d'ail épluchées et coupées en tranches dans le sens de la longueur
- 2 feuilles de laurier fraîches
- 250 g de calamars frais coupés en anneaux
- 1 cuillerée à café de paprika doux
- 400 g de riz à paella
- 1 litre de bouillon de crevettes
- 2 petites pincées de safran
- 300 g de moules fraîches
- 500 g de grosses crevettes/langoustines
- 300 g de palourdes fraîches
- 1 petit bouquet de persil plat haché menu
- 4 cuillerées à café d'huile d'olive extra-vierge de bonne qualité
- citrons coupés en tranches
- sel de mer

1 Faites chauffer l'huile d'olive légère dans la poêle sur feu moyen. Ajoutez l'oignon et faites frire 2 minutes, puis incorporez les poivrons et une pincée de sel ; laissez frire 2 minutes supplémentaires. Ajoutez l'ail et faites encore frire 2 minutes (a).

2 Ajoutez les feuilles de laurier et le calamar et faites cuire 4 minutes, puis le paprika ; continuez la cuisson 2 minutes en remuant bien.

3 Ajoutez le riz, mélangez bien et faites cuire 2 minutes. Versez le bouillon de crevettes (b) et portez à ébullition à feu vif, puis laissez mijoter assez fort pendant 10 minutes.

4 Ajoutez les grosses crevettes (ou langoustines) en les disposant en anneau vers le milieu de la poêle, puis les moules (en les enfonçant dans le riz) plutôt vers les bords. Incorporez les palourdes entre les crevettes et les moules en les enfonçant aussi dans le riz, et laissez cuire 8 minutes (c).

5 Si la paella menace de se dessécher, versez davantage de bouillon sur le riz, mais n'oubliez pas que le résultat doit être sec et non trempé comme une soupe. Par conséquent, pendant les quelque 5 dernières minutes de cuisson, il ne doit plus guère rester de bouillon dans la poêle.

6 Enlevez la poêle du feu, couvrez d'aluminium et laissez reposer 5 minutes. La vapeur finira de cuire le riz qui se trouve sur le dessus de la paella.

7 Retirez l'aluminium, parsemez de persil haché et ajoutez un filet d'huile d'olive extra-vierge. Servez immédiatement avec des tranches de citron sur le côté.

NOTE : votre paella sera bien meilleure si vous utilisez du bouillon maison. Chauffez un peu d'huile dans une grande casserole et faites cuire les têtes de crevettes, les coquilles et les têtes de poisson ou les arêtes pendant 1 à 2 minutes. Cassez les coquilles avec une cuillère en bois. Ajoutez un oignon haché, du fenouil et des ciboules et faites fondre à feu moyen pendant 10 à 15 minutes. Incorporez des tomates, de la purée de tomates et du paprika et faites cuire 5 minutes. Ajoutez un trait de brandy et enflammez pour brûler tout l'alcool. Grattez les ingrédients caramélisés du fond à l'aide d'une cuillère en bois. Ajoutez 2 litres d'eau, du thym et des feuilles de laurier ; portez à ébullition. Baissez le feu et laissez réduire de moitié (40 à 60 minutes) de façon à obtenir 1 litre de bouillon. Filtrez et jetez les solides. Salez et poivrez avec du poivre noir fraîchement moulu.

a

b

c

Friture de coquilles Saint-Jacques et de shiitakes

RAYMOND BLANC

Cette recette de Raymond Blanc, considéré comme l'un des plus grands chefs du monde, reflète son insistance sur l'utilisation d'ingrédients frais de la meilleure qualité et son goût pour les saveurs pures et légères. Ce plat est un merveilleux mélange de doux-amer, de moelleux et de croquant. Il est cuit dans une poêle de chef antiadhésive (p. 191) qui, selon Raymond, « résume bien la cuisine d'aujourd'hui. D'un bon design, elle a le poids idéal et conduit parfaitement la chaleur. C'est la meilleure poêle antiadhésive que j'ai jamais utilisée. J'aime le couvercle de verre qui me permet de voir ce qui se passe au-dessous ».

POUR 4 PERSONNES, COMME HORS-D'ŒUVRE OU REPAS LÉGER

USTENSILES

- bols à mélanger
- couteau de chef
- couteau à éplucher
- presse-agrumes
- grande poêle antiadhésive
- cuillère en bois à long manche ou louche à wok

INGRÉDIENTS

- 12 grosses noix de Saint-Jacques avec le corail
- 2 cuillerées à soupe d'huile de sésame
- 3 cuillerées à soupe d'huile d'arachide
- 200 g de petits shiitakes
- 2 têtes de mini-bok choy, avec les feuilles entières, tiges coupées en segments de 2 cm
- 150 g de cosses de petits pois coupées en deux dans le sens de la longueur
- 3 cm de gingembre frais haché
- 2 gousses d'ail hachées menu
- le jus d'1 citron vert
- sel et poivre noir fraîchement moulu

1 Coupez les noix de Saint-Jacques en deux et chaque morceau de corail en trois.

2 Faites chauffer une poêle ou un wok avec les deux huiles. Mettez les noix de Saint-Jacques et les morceaux de corail et remuez sur feu vif pendant 1 minute.

3 Ajoutez les champignons, les morceaux de tiges de bok choy et les cosses de petits pois ; faites frire en remuant pendant 1 minute.

4 Incorporez le gingembre, l'ail, ainsi que les feuilles de bok choy. Versez un peu d'eau et faites frire pendant 1 minute.

5 Ajoutez le jus de citron vert, salez et poivrez à votre goût. Servez sur quatre grandes assiettes réchauffées.

VARIANTES : on peut remplacer les coquilles Saint-Jacques par de la lotte, et le bok choy par du chou chinois, du choi-sum ou des épinards. Si vous n'aimez pas les shiitakes, utilisez n'importe quel autre champignon.

Poulet et sa sauce au poivron rouge

MADHUR JAFFREY

La recette de ce plat coloré à base de poivrons a été créée par Madhur Jaffrey, auteur de livres de cuisine indienne. Ce plat est entièrement cuit dans un karhai (voir p. 195), qui ressemble au wok chinois, idéal pour les cuissons en friture aussi bien que pour les plats braisés.

POUR 4 PERSONNES

USTENSILES
couteau de cuisine
couteau à éplucher
mixeur ou robot ménager
spatule en plastique ou en caoutchouc
karhai ou wok avec couvercle
presse-agrumes

INGRÉDIENTS
1/2 gros oignon haché
2,5 cm de gingembre haché
3 gousses d'ail
25 g d'amandes émondées
2 poivrons rouges épépinés et hachés
1 cuillerée à soupe de cumin moulu
2 cuillerées à café de coriandre moulue
1/2 cuillerée à café de curcuma moulu
1/2 cuillerée à café de poivre de Cayenne
2 cuillerées à café de sel
7 cuillerées à soupe d'huile végétale, tournesol ou huile de raisin
1 kg de morceaux de poulet, sans la peau, coupés en morceaux
150 à 250 ml d'eau
2 cuillerées à soupe de jus de citron
1/2 cuillerée à café de poivre noir moulu
coriandre fraîche

1 Mettez l'oignon, le gingembre, l'ail, les amandes, les poivrons, le cumin, la coriandre, le curcuma, le poivre de Cayenne et le sel dans le bol d'un mixeur ou d'un robot ménager et mixez jusqu'à obtention d'une pâte.

2 Versez l'huile dans un karhai ou un wok de préférence antiadhésif et faites chauffer sur feu moyen. Mettez la pâte et faites frire en remuant pendant 10 à 12 minutes jusqu'à ce que de minuscules bulles apparaissent.

3 Ajoutez le poulet, 150 ml d'eau, le jus de citron et le poivre noir. Mélangez et portez à ébullition. Couvrez, baissez le feu et laissez mijoter doucement pendant 25 minutes en remuant de temps en temps jusqu'à ce que le poulet soit tendre. Ajoutez un peu d'eau si nécessaire.

4 Servez directement dans le karhai ou dans un plat de service. Garnissez de coriandre au dernier moment.

Cuire dans la friture

Les ustensiles présentés ici sont conçus pour cuire les aliments dans l'huile bouillante. De nombreux aliments sont cuits de cette façon – le poisson pané, les frites, les boulettes de viande, les churros, le falafel et le kibbeh du Moyen-Orient, les boulettes de riz et les nouilles croustillantes asiatiques, les pakoras et les sucreries indiennes, pour n'en nommer que quelques-uns.

Il est essentiel que ces ustensiles ne gardent pas les odeurs et soient faciles à nettoyer. Et comme les fritures doivent être cuites exactement à la bonne température, les matériaux des ustensiles doivent bien conduire la chaleur et la conserver. Mais surtout, vu le danger que représente l'huile bouillante, ils doivent être sûrs.

1

2 CASSEROLE À TEMPURA

Cette superbe casserole en fer épais permet de réussir une tempura parfaitement croustillante et d'autres fritures. Elle conduit la chaleur rapidement et régulièrement et garde l'huile à 170-180 °C. Elle a un bec verseur et une grille pour égoutter les aliments ou garder certains aliments chauds. Elle est vendue avec deux baguettes métalliques.

2

1 CASSEROLE À FRIRE

En acier émaillé de haute qualité, cette casserole n'absorbe ni les odeurs ni les graisses et elle est facile à nettoyer. Elle conduit bien la chaleur et peut être utilisée sur n'importe quel type de feu, même l'induction. Le panier en fer est facile à égoutter. Ses poignées sont équipées d'extensions qui permetten de le poser sur les poignées de la casserole et de soulever les aliments au-dessus de l'huile. Cette casserole peut aussi servir à blanchir les légumes.

3

4

3 NIDS À FRITURE

Les pommes allumettes ou autres féculents sont frits dans le panier extérieur. Le panier plus petit permet de presser le contenu en forme de nid. Le panier intérieur est fixé à l'autre à l'aide d'une charnière. Le tout est maintenu en place avec un anneau qui entoure les deux manches. Ceux-ci sont assez longs pour vous tenir à l'écart de la chaleur.

4 FRITEUSE ÉLECTRIQUE

Cette friteuse de forme allongée ne prend pas trop de place et permet de frire un poisson entier sans le recourber. Elle est équipée d'un contrôle thermostatique, mais sa particularité est de filtrer les débris de cuisson dans une zone froide entre l'élément chauffant et le fond de la friteuse. Cela permet à l'huile de rester propre et fraîche plus longtemps. À l'exception de l'élément chauffant, toutes les composantes peuvent aller au lave-vaisselle. La friteuse est vendue avec un couvercle

Réussir une friture

Réussir une friture est tout un art. Cela dépend de nombreux facteurs – le type d'huile, son état et sa température, le type de friteuse et ses dimensions, le degré d'humidité des aliments, leur porosité et leur surface, le temps de cuisson, etc.

Le type d'huile ou de graisse utilisée est essentiel. Toutes les graisses et huiles se décomposent au-delà d'une certaine température – certaines peuvent même s'enflammer spontanément. Dès que vous voyez de la fumée et que l'huile noircit et se couvre de particules, c'est qu'elle se décompose. Le beurre et les graisses animales se décomposent à plus basse température que les huiles végétales (environ 190 °C), c'est pourquoi ils brûlent rapidement si on les chauffe trop. Les huiles végétales se décomposent à environ 230 °C. L'huile d'arachide est l'huile qui supporte les températures les plus élevées, elle convient donc bien pour les fritures.

Si vous ne possédez pas de thermomètre, vous pouvez vérifier la température de l'huile en jetant un petit cube de pain dedans : s'il brunit en 1 minute, c'est qu'elle est prête.

La question de savoir si l'huile peut être réutilisée est sujette à controverse. Personnellement, je ne le fais jamais. Une fois que l'huile a été chauffée à haute température, la décomposition intervient rapidement et le goût est modifié. Si vous réutilisez votre huile, ne la chauffez pas trop et filtrez-la après usage.

Frites

Coupez les pommes de terre en frites. Trempez-les dans l'eau froide 30 minutes pour retirer l'excédent de fécule. Égouttez et séchez avec un essuie-tout. Emplissez la friteuse au tiers d'huile d'arachide ou de tournesol et chauffez à 160 °C. Mettez une poignée de frites dans le panier et faites-les frire 5 minutes jusqu'à ce qu'elles dorent.

Égouttez-les et montez la température à 190 °C. Plongez à nouveau les frites dans l'huile pendant 1 minute pour les rendre bien croustillantes. Égouttez bien et salez.

a

b

Churros

Beignets de pâte à choux parfumés au citron et roulés dans du sucre en poudre

USTENSILES : casserole antiadhésive, cuillère en bois, friteuse, poche à douille avec douille en forme d'étoile.

Pour réaliser la pâte à choux, chauffez 1 cuillerée à café de sucre en poudre avec 1 cuillerée à café de sel de mer, le zeste râpé d'un demi-citron, 250 ml d'eau et 100 g de beurre coupé en dés dans une casserole antiadhésive. Tamisez 100 g de farine au-dessus d'une assiette et battez 3 gros œufs dans un bol.

Quand le beurre est fondu et que l'eau commence à bouillir, jetez la farine et battez bien avec une cuillère en bois jusqu'à ce que le mélange forme une pâte épaisse et lisse qui se décolle des parois de la casserole. Laissez refroidir 5 minutes et incorporez les œufs jusqu'à obtention d'une consistance onctueuse.

Chauffez l'huile dans la friteuse à 180 °C. Emplissez de pâte une poche à douille. Pressez pour faire sortir des tortillons de pâte de 15 à 18 cm de long et laissez-les tomber directement dans l'huile bouillante en coupant la pâte avec un couteau. Faites cuire 2 minutes jusqu'à ce que les tortillons soient bien dorés. Égouttez à l'aide d'une cuillère à trous en métal et mettez-les dans un bol de sucre en poudre parfumé à l'anis ou d'une poudre aux cinq épices.

c

Tempura

Pour faire de la tempura japonaise, trempez des légumes coupés en fines tranches ou de grosses crevettes roses décortiquées dans une pâte faite avec 2 jaunes d'œufs, 300 ml d'eau et 200 g de farine ordinaire. Faites frire deux ou trois morceaux à la fois dans de l'huile d'arachide ou de tournesol chauffée à 180 °C dans une friteuse à tempura ou un wok. Sortez la tempura de l'huile et égouttez-la sur une grille.

Rouleaux de printemps
SRI OWEN

Cette recette nous a été communiquée par Sri Owen, auteur de plusieurs livres de cuisine, notamment *Indonisian Regional Food and Cookery*. Sri Owen est incapable de cuisiner sans wok. « Cet ustensile est merveilleusement polyvalent, dit-elle. C'est, bien sûr, le meilleur ustensile pour cuire les aliments dans la friture, mais aussi pour les faire sauter, braiser ou cuire à la vapeur. »

Les rouleaux de printemps sont apparus en Chine aux environs du VIe siècle après J.-C. Ils consistaient alors en crêpes roulées garnies de légumes de printemps. Aujourd'hui, de minces feuilles de riz ont remplacé les crêpes, et la diversité des garnitures est infinie. Ici, ils contiennent des légumes cuits, mais n'hésitez pas à y ajouter de la viande hachée ou des crevettes si vous en avez envie.

POUR 20 ROULEAUX DE PRINTEMPS

USTENSILES
grand wok à fond plat

INGRÉDIENTS
20 galettes de riz de 21 à 25 cm
1 blanc d'œuf légèrement battu
300 ml d'huile d'arachide ou de tournesol

POUR LA GARNITURE
3 cuillerées à soupe d'huile d'arachide ou de tournesol
450 g de carottes épluchées et coupées en allumettes
115 g de chou blanc coupé en allumettes
200 g de pousses de bambou en boîte rincées et coupées en fins bâtonnets
150 g de shiitakes frais nettoyés et coupés en tranches fines
225 g de champignons de Paris coupés en tranches fines
2 cuillerées à café de gingembre frais haché
3 cuillerées à soupe de sauce soja légère
90 g de vermicelles cellophanes trempés dans l'eau chaude pendant 5 minutes, égouttés et coupés en segments de 5 cm
6 ciboules coupées en fines rondelles
1 blanc d'œuf
1 pincée de poudre de piment

1 Préparez d'abord la garniture. Chauffez l'huile dans un wok ou une poêle et ajoutez les carottes, le chou et les pousses de bambou. Faites frire pendant 2 minutes. Ajoutez les champignons, le gingembre et la sauce soja, puis faites frire pendant 3 minutes.

2 Ajoutez les vermicelles et les ciboules et faites frire à feu vif pendant 2 minutes jusqu'à ce que le liquide soit évaporé. Assaisonnez à votre goût. Sortez le mélange du wok et laissez refroidir.

3 Placez une galette de riz sur une surface plate, en losange, avec l'un des coins tourné vers vous. Mettez 2 cuillerées à soupe de garniture sur ce coin. Appuyez un peu sur la garniture pour l'écraser et repliez le coin dessus ; continuez d'enrouler.

4 Repliez les deux coins de droite et de gauche. Badigeonnez le coin le plus éloigné de vous avec un peu de blanc d'œuf et enroulez de façon à obtenir un rouleau cylindrique bien net et bien fermé. Répétez l'opération jusqu'à épuisement des galettes et de la garniture en vous efforçant de faire des rouleaux de taille égale.

5 Faites chauffer l'huile dans une friteuse, un wok ou une casserole à 180 °C. Mettez quatre rouleaux de printemps, baissez le feu et faites frire 6 à 8 minutes en retournant plusieurs fois jusqu'à ce que les rouleaux soient dorés et croustillants. Sortez-les de l'huile avec une cuillère à trous en métal et égouttez-les sur un essuie-tout.

6 Gardez les rouleaux de printemps dans un four chaud jusqu'au moment de servir. Sinon, vous devez les faire frire 1 minute juste avant de servir.

CONSEIL
Les rouleaux de printemps cuits peuvent être congelés pendant 4 semaines. Pour les servir, il vous suffira de les plonger 6 à 8 minutes dans de l'huile à 150 °C.

Le gril permet de cuire les aliments avec une chaleur sèche, directe. La cuisson doit être assez rapide pour emprisonner les jus tout en produisant une croûte croustillante. Pour réussir une grillade, il faut des ingrédients tendres et juteux, une source de chaleur intense et des ustensiles de cuisson qui chauffent vite et peuvent supporter des températures élevées sans se déformer.

Griller

Pour cuire les aliments sous le gril, il vous faut un récipient métallique équipé d'une grille. Le gril qui vous a été fourni avec votre four faisait peut-être l'affaire, mais s'il a gondolé ou s'est déformé, il faut le remplacer.

Pour griller les aliments sur une cuisinière, vous aurez besoin d'un gril en fonte, avec ou sans rainures. Un gril ovale ou rectangulaire sera plus pratique, car il vous permettra de faire griller plus d'aliments à la fois. Il existe aussi des poêles à griller, avec des parois peu élevées qui ressemblent à des poêles à frire mais sont beaucoup plus lourdes.

1 CHALUMEAU

La mode des aliments calcinés qui a commencé dans les années 1980 a vu le chalumeau migrer de l'atelier à la cuisine. Cet ustensile permet de peler les poivrons et les tomates, de caraméliser le sucre, de saisir la viande ou juste d'ajouter une touche de noir aux plats. Ce modèle noir a une flamme ajustable et un bouton d'ignition.

1

2

2 GRILLE-PAIN

Les grille-pain en acier inoxydable ont de plus en plus de succès du fait que les éléments chauffants sont plus résistants. De nombreux modèles incluent désormais un compartiment à sandwich qui permet de réaliser des croque-monsieur. Un minuteur manuel et un levier d'éjection permettent un meilleur contrôle de l'appareil. Enfin, la base amovible est pratique pour retirer les miettes de temps en temps.

3

3 SALAMANDRE

Ce petit disque de fer qui ressemble un peu à un fer à marquer peut être chauffé jusqu'à devenir incandescent pour brunir ou caraméliser des plats individuels, comme les crèmes brûlées. Même si l'on peut obtenir le même résultat avec un gril, la salamandre permet de ne chauffer que la surface des aliments, de sorte que l'on peut savourer le contraste sensuel entre une crème anglaise fondante, glacée, et la croûte chaude, caramélisée.

Caraméliser une crème brûlée

USTENSILE : chalumeau

Pour de meilleurs résultats, la crème doit être bien ferme et réfrigérée. Caramélisez le dessus juste avant de servir, car si vous remettez la crème au réfrigérateur après l'avoir caramélisée, la croûte risque de se ramollir.

Saupoudrez légèrement chaque crème brûlée de sucre en poudre extra-fin. Brûlez la surface à l'aide d'un chalumeau en tenant celui-ci à environ 10 cm, jusqu'à ce qu'une croûte commence à se former et devenir dorée. Ne laissez pas noircir, sinon le sucre prendrait un goût désagréable. Laissez refroidir. Cassez le dessus avec une cuillère juste avant de servir.

1

1 GRIL RÉVERSIBLE

Ce gril en fonte de 52,5 x 24 cm est conçu pour être utilisé sur deux brûleurs ou sur un barbecue. Le côté strié permet de cuire les steaks, les côtelettes, les hamburgers, le poisson et les légumes avec un minimum de graisse. Utilisez le côté lisse pour les röstis de pommes de terre, les scones traditionnels ou les paninis. Les deux côtés du gril sont pourvus d'une petite rigole qui permet d'écouler les graisses.

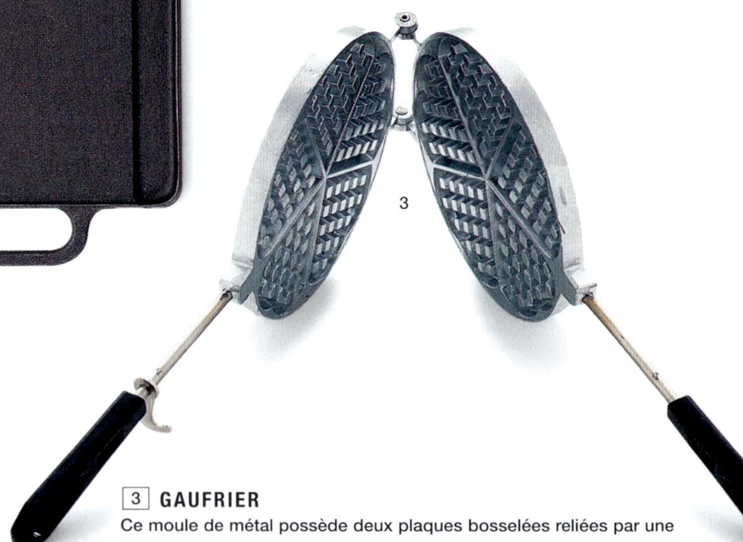

3

2

2 POÊLE À GRILLER STRIÉE

Faite en fonte vitrifiée, cette poêle à griller rectangulaire possède une surface striée qui donne des rayures appétissantes et soulève les aliments au-dessus des graisses. Une rigole continue et un large bec permettent d'égoutter les graisses facilement. La poignée en fil d'acier se replie par-dessus la poêle, facilitant le rangement.

3 GAUFRIER

Ce moule de métal possède deux plaques bosselées reliées par une charnière entre lesquelles on fait cuire la pâte à gaufres. Les poignées sont reliées par un crochet pour empêcher la pâte de s'échapper. Elles sont suffisamment longues pour protéger vos mains de la chaleur. Les premiers gaufriers sont apparus au XVe siècle. Certains étaient de véritables chefs-d'œuvre, avec des motifs moulés très élaborés, des armoiries ou des symboles religieux.

4

5

5 TÔLE PLATE

Cette tôle de 30 cm en aluminium anodisé peut servir pour réaliser des scones ou des gâteaux ou encore des sandwichs grillés. On peut aussi l'utiliser pour faire des œufs au bacon. La poignée arrondie se replie pour faciliter le rangement.

4 POÊLE À GRILLER OVALE PLATE

Cette élégante poêle à griller ovale est faite en fonte noire mate. La poignée est moulée avec la poêle. Les parois peu élevées et évasées permettent de retourner les aliments facilement. Cette poêle peut servir de plat de service. Elle est vendue avec son propre dessous-de-plat, fait dans un bois très résistant.

6 GRILLE CIRCULAIRE

Cette grille antiadhésive de 25,5 cm de diamètre s'utilise sur une cuisinière pour griller des piments, des poivrons, des anneaux d'oignon et d'autres légumes frais, ainsi que pour réchauffer les pains plats et les tortillas. Les poignées en bois ne conduisent pas la chaleur.

6

7

7 GAUFRIER ÉLECTRIQUE EN FER

Si votre famille aime les gaufres et les crêpes fraîchement cuites, un gaufrier électrique peut vous inciter à en faire plus souvent. Le fer utilisé ici consiste en deux plaques antiadhésives épaisses en fonte. Mettez la pâte dans l'une et refermez l'autre par-dessus. Réglez l'appareil, et une sonnerie vous avertira lorsque votre gaufre (ou crêpe) sera prête. Cet appareil est un excellent moyen d'initier vos enfants aux joies de la cuisine.

Griller les légumes

USTENSILES : planche à découper, couteau à légumes, mandoline, poêle à griller, couteau à palette (spatule en métal)
Pour griller les poivrons, les tranches de courgette, les rondelles d'oignon et les pointes d'asperges.

Taillez les poivrons en quatre, épépinez-les et coupez les extrémités. Coupez les extrémités des courgettes et taillez-les en tranches de 5 mm d'épaisseur dans le sens de la longueur. Enlevez la partie ligneuse des asperges et épluchez-les à l'aide d'un économe.

Placez une poêle à griller sur feu moyen. Dès qu'elle est bien chaude, mettez les légumes en travers des rainures en une seule couche et faites griller 3 à 5 minutes.

Décollez les légumes avec un couteau à palette et retournez-les pour faire cuire l'autre côté 2 à 3 minutes. Empilez les légumes dans un bol peu profond et couvrez avec une feuille d'aluminium ou un couvercle afin que la vapeur finisse d'attendrir la chair. Arrosez avec un filet d'huile d'olive et du jus de citron frais, salez, poivrez et servez.

Griller des bruschettas

Coupez du pain de campagne blanc et croustillant en tranches de 1 cm d'épaisseur et faites-les griller sur une poêle à griller. Frottez un côté avec une grosse gousse d'ail coupée et badigeonnez avec un peu d'huile d'olive.

Griller un steak

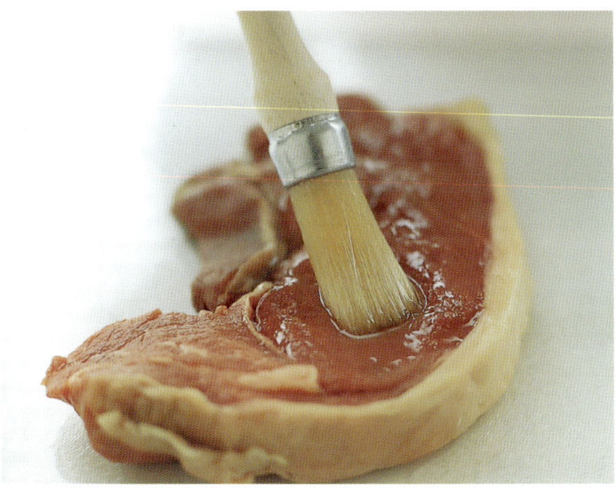

Achetez un morceau de rumsteck, d'aloyau, de côte de bœuf ou de filet de 1,5 à 2 cm d'épaisseur au moins et de 150 à 200 g. Faites chauffer une poêle à griller. Badigeonnez chaque côté de la viande avec de l'huile. Salez et poivrez et mettez dans la poêle en travers des rainures.

Faites cuire 1 minute, puis décollez avec un couteau à palette et tournez le steak de façon à obtenir un motif de croisillons ; laissez cuire 1 minute de plus. Retournez et faites cuire l'autre côté de la même façon, c'est-à-dire plus ou moins 4 minutes selon votre goût.

Calamars grillés aux piments

RUTH ROGERS • ROSE GRAY

Grâce à leur approche inspirée de la cuisine rustique italienne, Ruth Rogers et Rose Gray ont fait du *River Café* de Londres l'un des restaurants les plus réputés du monde. Merveilleusement simple, leur recette utilise un gril en fonte.

POUR 4 PERSONNES

USTENSILES
couteau de cuisine
couteau à dents de scie
couteau à éplucher
petit fouet
gril badigeonné d'huile
pinces

INGRÉDIENTS
6 calamars de taille moyenne (pas plus grands que la main)
4 à 6 piments rouges doux épépinés et hachés menu
huile d'olive extra-vierge
sel de mer et poivre noir fraîchement moulu
2 cuillerées à soupe de jus de citron
225 g de feuilles de roquette

POUR SERVIR
3 citrons coupés en quatre

1 Ouvrez les calamars de façon à les mettre à plat. Videz-les mais en laissant les tentacules ; retirez les yeux et la bouche.

2 À l'aide d'un couteau à dents de scie, entaillez l'intérieur du corps en faisant des lignes parallèles à 1 cm d'intervalle. Répétez l'opération dans l'autre sens de façon à créer un motif de croisillons.

3 Pour la sauce, mettez les piments dans un bol et couvrez d'huile jusqu'à 2,5 cm. Salez et poivrez à votre goût.

4 Pour l'assaisonnement, mélangez 6 cuillerées à soupe d'huile d'olive avec le jus de citron. Salez et poivrez à votre goût et fouettez bien.

5 Faites chauffer le gril. Lorsqu'il est très chaud, mettez les calamars avec les tentacules dessus, les entailles en croisillons sur le dessous. Salez et poivrez. Faites griller 1 à 2 minutes, puis retournez. Dès que les morceaux se recroquevillent, c'est qu'ils sont cuits.

6 Assaisonnez la roquette. Répartissez les calamars dans les assiettes avec un peu de roquette. Déposez un peu de piment sur le calamar et servez avec un quart de citron.

Le choix des appareils à barbecue augmente chaque année. Avant d'en acheter un, réfléchissez bien à leurs particularités. Où le rangerez-vous ? Pour combien de gens cuisinerez-vous ? Si votre barbecue est trop petit, le gril sera surchargé et les aliments cuiront mal. S'il est trop grand, vous gaspillerez le combustible. Pour 4 ou 6 personnes, il vous faut une surface de gril d'au moins 30 x 30 cm de diamètre.

Barbecues

Le charbon de bois est de loin le meilleur combustible. Très pratiques, les barbecues à gaz ou électriques ne donnent pas le même goût aux aliments. Mais le fonctionnement est le même. Choisissez du charbon de bois en briquettes, qui brûlent plus longtemps. Évitez le charbon de bois à allumage instantané ou les agents d'allumage, qui donnent un goût de pétrole à la nourriture. Parsemez des brins de romarin sur les charbons pendant la cuisson pour améliorer la saveur.

Tous les barbecues au charbon de bois sont faits d'un foyer et d'une grille pour poser les aliments. De nombreux modèles ont une grille d'aération placée sous le combustible, et certains possèdent une ouverture réglable pour contrôler la chaleur. La hauteur de la grille est souvent ajustable pour contrôler la cuisson.

Choisir un barbecue

Pour cuire des aliments au barbecue, une grille à pâtisserie posée sur deux briques suffit. Pendant de nombreuses années, c'est ce que j'ai utilisé ; le résultat était parfait. Le barbecue jetable, fait d'un plateau d'aluminium, d'un allume-feu, de combustible et d'une grille est tout aussi simple, mais plus ordonné. Tout ce qu'il vous faut, c'est une allumette.

Les barbecues portatifs en fonte comme le hibachi sont résistants et faciles à utiliser. Ils sont posés sur des pieds courts et peuvent s'utiliser sur le sol ou sur un plan de travail résistant à la chaleur.

Les aliments que l'on peut cuire sur un barbecue portatif sont limités. Si vous voulez cuire un poisson entier ou un poulet à la broche, vous devrez investir dans un appareil plus sophistiqué. Les barbecues de style brasero ont un gril ouvert et sont parfois vendus avec un pare-brise, un capot et une broche. Ils sont montés sur roues ou sur des pieds amovibles, et certains modèles sont portatifs. Assurez-vous que les pieds sont assez hauts pour vous permettre de cuisiner confortablement, sans être obligé de vous plier en deux ou de vous accroupir par terre.

Les barbecues bouilloires ont un couvercle arrondi qui exclut l'air, ce qui évite les risques de flambée soudaine. Le couvercle permet aussi de rabattre la chaleur sur la nourriture et donc de cuire les aliments plus vite et de façon plus régulière. Bien que la grille des barbecues bouilloires ne soit pas ajustable, la boîte à feu est pourvue de trous d'aération qui permettent de contrôler la température de cuisson. Un fini émaillé est plus solide que les peintures résistant à la chaleur avec lesquelles certains modèles sont traités.

Le foyer des barbecues de type piédestal est installé juste au-dessus d'un tuyau intégré. Celui-ci est rempli de papier journal, que l'on allume par le trou d'aération à l'aide d'une longue allumette. L'air est aspiré vers le haut, ce qui facilite l'allumage du combustible.

1 BARBECUE JETABLE

Idéal pour les barbecues improvisés, le barbecue jetable est prêt à servir en 15 à 20 minutes et peut fonctionner pendant 2 heures. On peut y cuire deux steaks ou deux côtelettes ou plusieurs saucisses à la fois.

1

2 BARBECUE PIÉDESTAL

Ce modèle en acier inoxydable est suffisamment beau pour rester sur le balcon du loft le plus élégant. Pas besoin de bois d'allumage, il suffit de bourrer le tuyau de vieux journaux et d'allumer. La fumée peut gêner les voisins au début, mais elle disparaît rapidement. Le barbecue est pourvu de trous d'aération qui permettent de régler la température et d'un pare-brise pourvu de trois trous pour ajuster la hauteur de la grille. Inconvénients : la surface extérieure devient brûlante et peut, par conséquent, être dangereuse pour les enfants et les animaux ; le barbecue est haut et la base relativement étroite, aussi doit-il être posé sur un sol très plat pour rester stable.

2

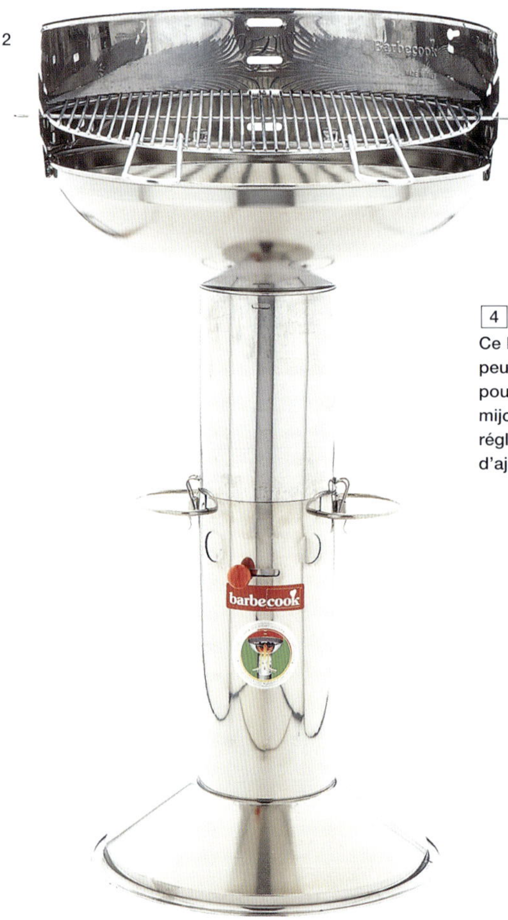

3 HIBACHI

Ces barbecues en fonte originaires du Japon sont portatifs bien que pesants. Ils ont des pieds courts et peuvent être posés par terre ou sur une surface ignifugée. On met le combustible dans une cuve près de la grille, dont la hauteur est ajustable. Bien que pratiques et faciles à utiliser, les hibachis ont un inconvénient : le foyer est petit, ce qui implique que le feu ne dure pas longtemps. Utilisez-les de préférence pour de petits morceaux d'aliments à cuisson rapide.

3

4 BARBECUE PORTATIF OVALE

Ce barbecue en fonte convient bien à un usage en extérieur. La grille peut être fixée à deux niveaux différents et est suffisamment solide pour supporter une casserole. Aussi peut-elle servir à faire bouillir et mijoter les aliments aussi bien qu'à les griller. Grâce à la soupape de réglage on peut contrôler la chaleur, et le couvercle rabattable permet d'ajouter du combustible.

4

5 BARBECUE BOUILLOIRE
Ce classique très américain est fait d'acier inoxydable émaillé. Son couvercle contient un thermomètre qui permet de contrôler la température. Les aérations s'ouvrent pendant la cuisson tandis que le couvercle s'abaisse, donnant une chaleur de convection qui favorise la création d'une croûte dorée sur les aliments, dont les jus sont emprisonnés. Appuyez sur un bouton pour que les cendres tombent dans un récipient placé sous la boîte à feu.

6

6 USTENSILES À LONG MANCHE
Les ustensiles à long manche vous permettent d'arroser les aliments et de les retourner sans vous brûler. Les pinces ont une surface striée grâce à laquelle on peut bien agripper les aliments. La spatule à trous au bord relevé empêche les aliments de glisser. La brosse à pâtisserie permet de badigeonner les aliments avec de l'huile ou une marinade sans crainte d'en laisser tomber et de provoquer une flambée soudaine.

7 PORTE-ALIMENTS EN FIL DE FER
Cet ustensile permet de retourner des pièces de poisson ou de viande entières. Badigeonnez-le avec de l'huile pour l'empêcher de coller.

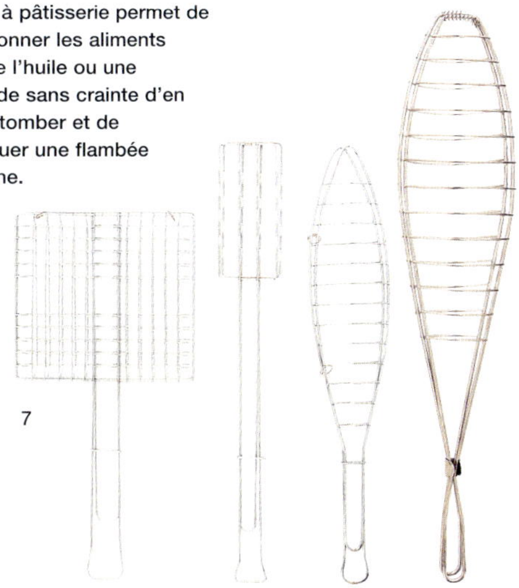
7

5

Pour réussir un barbecue

Garnissez la base de la boîte à feu avec de l'aluminium et couvrez de sable : cela absorbe les graisses et empêche les flambées soudaines.
• Allumez le barbecue avec du papier journal et du petit bois. Attendez que le charbon de bois se couvre de cendres.
• Pour vérifier la température, tendez la main à 15 cm du gril avec la paume vers le bas. Si vous sentez la chaleur au bout de 2 à 3 secondes, le feu est assez fort pour mettre à cuire de petits aliments (chipolatas, brochettes ou filets de poisson).
• Si vous pouvez garder la main au-dessus du gril pendant 4 à 5 secondes, la chaleur convient pour cuire des aliments plus volumineux comme des côtelettes ou des quartiers de poulet.
• Si la chaleur est supportable pendant plus de 5 secondes, c'est que le feu n'est pas assez fort.
• Les ustensiles à long manche doivent rester à portée de main : pinces, fourchette, spatule et brosse. Un couteau pointu est utile pour vérifier la cuisson de la viande.
• Pour réduire les risques d'intoxication, réservez une paire de pinces pour les volailles et les viandes crues exclusivement.

Brochettes de fruits de mer au barbecue

WOLFGANG PUCK

Idéale pour un déjeuner d'été, cette recette a été créée par Wolfgang Puck, l'un des chefs californiens les plus réputés, qui a l'art d'associer les ingrédients locaux les plus frais aux techniques françaises les plus éprouvées. Faites d'abord cuire les légumes, puis mettez à chauffer le barbecue pour cuire les fruits de mer.

POUR 6 À 8 PERSONNES

USTENSILES

couteau de cuisine
mezzaluna
grand plat peu profond
couteau à éplucher
robot ménager
6 brochettes en métal de 30 cm de long

INGRÉDIENTS

450 g d'espadon ou de saumon coupé en cubes de 2,5 cm
450 g de noix de Saint-Jacques coupées en deux si nécessaire
450 g de grosses crevettes crues décortiquées
sel

POUR LA MARINADE

7 cuillerées à soupe d'huile d'olive
2 cuillerées à soupe de poivre noir fraîchement moulu
4 cuillerées à soupe d'herbes fraîches hachées (basilic, origan, thym, persil)

POUR L'AÏOLI

75 g de tomates séchées conservées dans l'huile
2 cuillerées à soupe de basilic haché
8 gousses d'ail rôties
2 cuillerées à soupe de vinaigre balsamique
7 cuillerées à soupe d'huile d'olive extra-vierge
sel et poivre noir

POUR LA SALADE DE LÉGUMES GRILLÉS

225 g de ciboules ou de poireaux coupés en deux dans la longueur
225 g de petites carottes ou de maïs doux coupés en deux dans la longueur
2 poivrons rouges coupés en deux et épépinés
225 g de courgettes coupées en deux dans la longueur
225 g d'aubergines japonaises coupées en deux dans la longueur
1 bulbe de fenouil coupé dans la longueur en tranches de 1 cm d'épaisseur
4 grosses tomates coupées en deux et épépinées
sel et poivre noir fraîchement moulu
250 ml d'huile d'olive
1 cuillerée à soupe d'ail haché menu
1 cuillerée à café de cumin moulu
7 cuillerées à soupe de vinaigre balsamique
7 cuillerées à soupe d'herbes hachées menu (basilic, origan, persil, thym)

1 Mélangez tous les ingrédients de la marinade. Mettez les fruits de mer dans un grand plat peu profond et versez la marinade par-dessus. Réservez au frais 2 à 4 heures.

2 Pour l'aïoli, mixez les tomates avec le basilic, l'ail et le vinaigre balsamique. Tout en laissant tourner le moteur, ajoutez progressivement l'huile d'olive, le sel et le poivre. Réservez au frais.

3 Pour la salade, mélangez tous les légumes avec du sel, du poivre et la moitié de l'huile d'olive. Placez sur un barbecue chaud et faites brunir. Enlevez les légumes du gril, laissez refroidir et coupez en morceaux de 2,5 cm. Taillez les tomates en cubes de 1 cm et ajoutez-les aux légumes. Mélangez le tout avec l'ail, le cumin, le vinaigre, les herbes et le reste de l'huile d'olive.

4 Quand vous êtes prêt à faire cuire les fruits de mer, enfilez-les sur des brochettes en alternant les crevettes, les noix de Saint-Jacques et les morceaux d'espadon ou de saumon. Salez.

5 Dès que le barbecue est suffisamment chaud, faites griller les brochettes de fruits de mer pendant 4 minutes de chaque côté.

6 Pour servir, répartissez la salade sur les assiettes et placez une brochette par-dessus. Versez une partie de l'aïoli et servez le reste séparément.

Cailles grillées
PETER GORDON

Le brillant chef néo-zélandais Peter Gordon associe la cuisine britannique moderne aux meilleures saveurs du pourtour du Pacifique. Sa recette de caille est idéale pour les barbecues. « Elles sont faciles à tenir dans les mains et elles dégoulinent juste comme il faut le long de votre menton », dit-il. Même s'il n'est pas indispensable, un barbecue à couvercle vous permettra de donner à la caille un petit goût de fumée délicieux.

POUR 4 PERSONNES

USTENSILES
ciseaux de cuisine
grand bol
couteau à éplucher
longues pinces
presse-agrumes

INGRÉDIENTS
8 cailles
1 poignée de feuilles de basilic plus quelques-unes, hachées
3 cuillerées à soupe plus 1 cuillerée à café d'huile de sésame
2 cuillerées à café de graines de sésame
1 morceau de gingembre gros comme le pouce, haché menu
3 gousses d'ail hachées menu
4 cuillerées à café de sauce pour poisson thaïe
4 cuillerées à café de mirin
4 cuillerées à café de vinaigre de vin
1 cuillerée à soupe de cassonade
le jus d'1 citron vert

1 Prenez une caille dans la main avec la poitrine tournée vers le dessous et coupez la colonne vertébrale avec des ciseaux de cuisine. Mettez la volaille dans un grand bol. Répétez l'opération avec les sept autres.

2 Ajoutez le reste des ingrédients dans le bol en réservant un peu de basilic, et mélangez. Couvrez de film alimentaire et laissez mariner au réfrigérateur pendant au moins 6 heures. Réservez 2 heures à température ambiante.

3 Dès que les charbons du barbecue sont incandescents, empilez-les au milieu du foyer. Disposez les cailles aplaties sur la grille, avec la poitrine sur le dessus, en formant un cercle autour de la pile de charbons. Rabattez le couvercle si vous en avez un pour garder un peu de fumée à l'intérieur. Faites cuire 6 minutes, puis ouvrez le couvercle, retournez les cailles et laissez cuire 5 à 8 minutes.

4 Vérifiez si les cailles sont suffisamment cuites avec la pointe d'une fourchette : si le jus est encore rose, cuisez-les 2 minutes de plus.

5 Débarrassez les cailles sur un plat de service et parsemez-les de basilic haché. Ajoutez un trait de jus de citron vert et servez.

Pour cuisiner à haute température, il vous faut des ustensiles de manipulation à long manche qui protégeront vos mains de la chaleur. Les ustensiles doivent bien agripper les aliments et avoir une forme compatible avec la nature des aliments et la forme des poêles ou des casseroles. Accrochez-les à proximité des plaques de cuisson. Évitez les manches en bois ou peints et ceux qui ont des rivets ou des soudures. Les ustensiles faits d'une seule pièce de métal sont plus faciles à nettoyer et vous dureront toute la vie.

Ustensiles pour soulever et retourner

1 SPATULE À SOULEVER LE POISSON

Cet ustensile très efficace permet de soulever le poisson d'une seule pièce et de le conserver intact. La lame inclinée a un bord légèrement chanfreiné qui glisse sous le poisson sans déchirer la peau. Les perforations laissent égoutter les graisses.

2 SPATULE À WOK

Cet ustensile en forme de pelle permet de remuer, retourner et soulever les aliments dans le wok. Il existe avec ou sans perforations.

3 SPATULE À RETOURNER LE POISSON

Une lame fine et arrondie permet de retourner le poisson et autres aliments délicats. Les fentes laissent d'égoutter les graisses.

4 PINCE À RESSORT

Très apprécié des professionnels, cet ustensile en acier inoxydable monté sur ressort possède des extrémités en feston qui permettent de bien agripper les aliments.

5 PINCES CISEAUX

Avec leurs extrémités recourbées vers l'intérieur, ces pinces sont idéales pour soulever et retourner de petits morceaux d'aliments. Les poignées revêtues de plastique sont confortables et ne conduisent pas la chaleur.

6 SPATULE EN BISEAU

Très ergonomique, cette spatule existe en deux versions : pour les gauchers et pour les droitiers.

7 SPATULE ANTIADHÉSIVE

Même si les poêles antiadhésives sont plus résistantes qu'autrefois, il est préférable d'utiliser des ustensiles de manipulation antiadhésifs. Celui-ci est fait en fonte d'aluminium moulée et possède une lame en biseau pourvue de larges fentes qui laissent égoutter les graisses.

8 PELLE ET FOURCHETTE EN BAMBOU

Ces ustensiles sont faits pour servir le riz ou le mélanger avec d'autres ingrédients. Le bord effilé de la pelle permet de séparer les grains de riz sans les écraser.

9 FOURCHETTE À RETOURNER

Cette fourchette à cinq dents permet de bien saisir les aliments glissants.

10 USTENSILES À GRILLER

Il est essentiel d'avoir des ustensiles d'une forme adéquate pour empêcher les hamburgers, les steaks, les côtelettes et les légumes de coller à la poêle ou au gril. Laissez les aliments griller pendant 2 minutes sans les déplacer, puis poussez-les ou soulevez-les délicatement. Les manches longs vous évitent de vous brûler les mains.

11 ÉCUMOIRE À PAELLA

Pour la paella, utilisez une écumoire pourvue d'un bol perforé plat.

Rôtir et cuire au four

Achetez de bons plats à four et soyez prêt à les payer cher. Celui qui vous a été fourni avec votre four est sans doute déjà déformé, et les graisses s'accumulent dans un coin, laissant le reste du plat parfaitement sec. Les plats à rôtir existent en divers matériaux. Cependant, la taille et le poids sont essentiels. Il doit rester au moins 5 cm d'espace autour du plat dans le four pour permettre à l'air de circuler, aussi devrez-vous vérifier la taille de votre four avant de choisir votre plat.

Rôtir

Achetez plusieurs tailles – si vous faites cuire un rôti dans un plat trop grand, les jus s'étaleront trop et brûleront. Inversement, un rôti dans un plat trop petit ne cuira pas de façon homogène. Les plats doivent être rigides, avec des parois hautes pour empêcher les éclaboussures. Une surface antiadhésive est utile pour empêcher l'absorption des graisses. Pour les légumes rôtis, achetez un plat large et peu profond. Il pourra aussi faire office de plaque à pâtisserie.

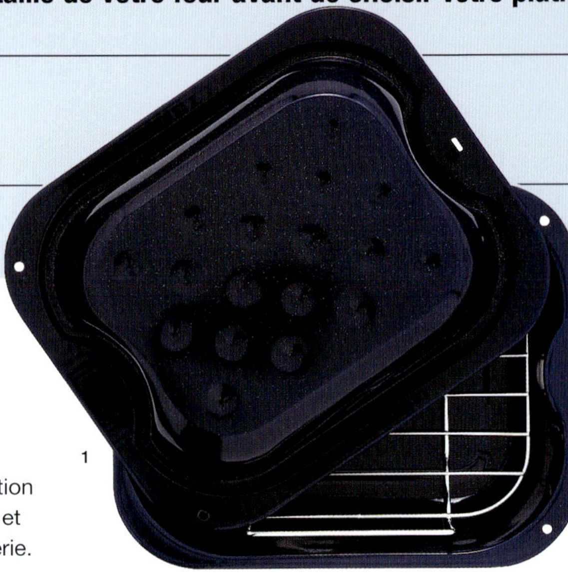

1

2

4

3

2 FOURCHETTES À SOULEVER

Deux fourches facilitent le transfert du plat à rôtir au plat de service. Choisissez des fourches qui ont au moins trois dents, faute de quoi la viande risque de glisser entre les dents.

1 PLAT À RÔTIR ÉMAILLÉ

Le couvercle de ce plat à rôtir de haute qualité est creusé de petites « fossettes » qui condensent l'humidité et la font retomber sur les viandes, ce qui permet de faire de succulents rôtis.

La grille en acier inoxydable soulève la viande au-dessus des graisses. Comme elle est complètement enfermée, la surface ne durcira pas. Si vous voulez une surface croustillante, retirez le couvercle en fin de cuisson.

3 PLAT À RÔTIR EN ALUMINIUM ANODISÉ

Ce plat à rôtir et le plateau peu profond (4) ne se déformeront jamais sous l'effet d'une température élevée. La surface dure résiste aux égratignures, même si vous utilisez des ustensiles en métal. La base est suffisamment solide pour supporter la chaleur d'une plaque de cuisson, aussi pouvez-vous l'utiliser pour faire des sauces directement sur votre cuisinière. Existe en différentes tailles.

4 PLATEAU À RÔTIR EN ALUMINIUM ANODISÉ

Ce plateau est idéal pour rôtir des légumes. Les tranches d'aubergine, les anneaux d'oignon et les poivrons seront délicieusement croustillants du fait que la chaleur sèche du four sera libre de circuler autour sans être arrêtée par de hautes parois. Comme il y a beaucoup de place, vous pouvez espacer les légumes, ce qui leur évite de cuire à la vapeur dans leur propre jus.

5 MINI-PLAT À RÔTIR EN ACIER INOXYDABLE

Les personnes qui vivent seules peuvent aussi avoir envie de se faire plaisir avec un rôti. Ce petit plat carré de 20 cm a la taille idéale. Il permet aussi de rôtir des oignons entiers, des betteraves ou des navets. Fait en acier inoxydable de haute qualité, il peut également être utilisé sous le gril et sur une plaque de cuisson.

5

6

6 BULBE À BADIGEONNER

Ce tube de verre terminé par une boule de caoutchouc sert à arroser les aliments et à les dégraisser. Pour aspirer les jus de viande, pressez le bulbe, puis relâchez-le en tenant le tube droit. Les graisses monteront en haut du tube et vous pourrez arroser la viande avec les jus dégraissés ou les utiliser pour préparer une sauce.

7 PLAQUE DE FOUR À RAINURES

Cette plaque antiadhésive pour rôtir à four ouvert est faite en polymère à cristaux liquides non métalliques. Grâce aux arêtes, les graisses s'écoulent au fond et sont collectées par la rainure circulaire au bas de la paroi. Vous pouvez cuire des viandes et du poisson avec de fines tranches de légumes, mais les viandes maigres auront besoin d'une marinade légère. Vendue avec ou sans poignées, elle va au lave-vaisselle.

7

8 PLAT À RÔTIR DE QUALITÉ PROFESSIONNELLE

Ces plats à rôtir antiadhésifs en épais aluminium anodisé sont assez larges pour cuire une dinde de taille moyenne ou de grandes lasagnes. Ils dureront de nombreuses années même si vous vous en servez beaucoup.

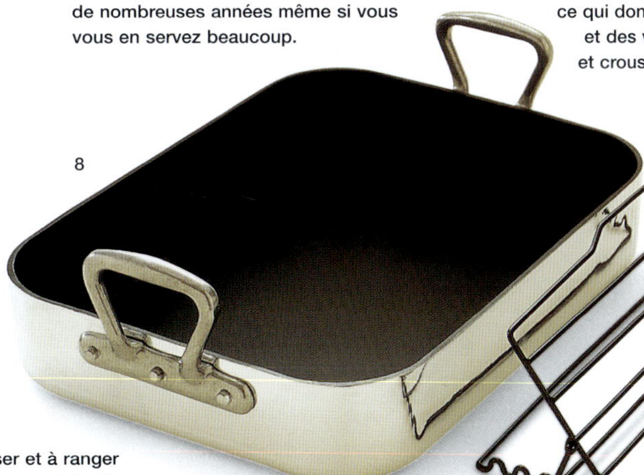

8

9 GRILLE À RÔTIR EN V

Cette grille ajustable permet de soulever les viandes bien au-dessus des graisses. La forme en V fait circuler l'air sous la viande, ce qui donne une cuisson plus régulière et des volailles à la peau bien dorée et croustillante.

9

10 MANIQUE DOUBLE

Cette manique double est plus facile à utiliser et à ranger que la manique simple. Les poches profondes sont triplées du côté des paumes et doublées sur le dos pour protéger vos mains et vos poignets.

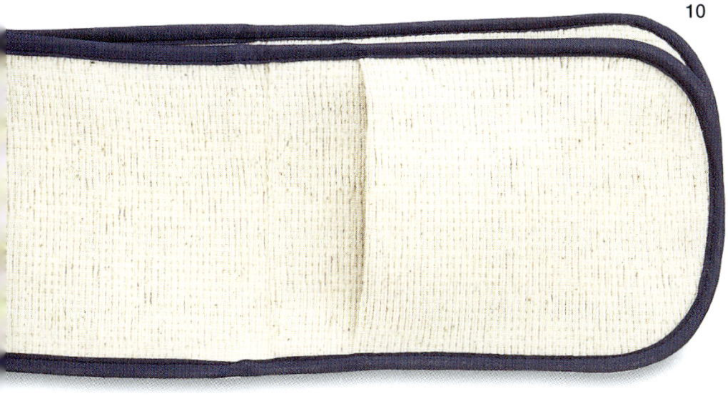

10

11

11 MITAINE DE FOUR EN SILICONE

Cette mitaine en silicone, matériau magique qui intervient dans la composition de nombreux ustensiles de cuisine, résiste à la chaleur. Elle est suffisamment flexible pour permettre au cuisinier de saisir le bord d'un plat à rôtir chaud pour le sortir du four. Mieux encore, elle ne s'use pas, ne se tache pas et ne garde pas les odeurs ; il suffit de l'essuyer après usage.

12

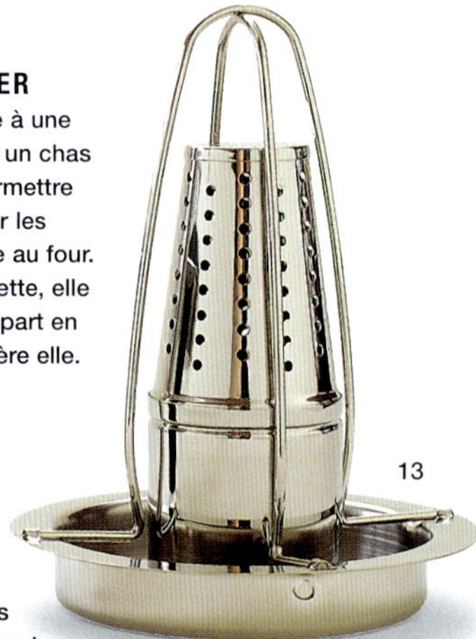

13

12 AIGUILLE À FICELER

Cette aiguille qui ressemble à une énorme aiguille à repriser a un chas suffisamment gros pour permettre d'enfiler une ficelle et ficeler les volailles avant de les mettre au four. À la différence d'une brochette, elle peut traverser la viande de part en part en tirant la ficelle derrière elle.

13 RÔTISSOIRE VERTICALE

Si le poulet est l'un des plats préférés pour un déjeuner, il est difficile de garder une chair humide et moelleuse tout en faisant bien cuire les cuisses. La solution ? Enfiler la volaille sur une rôtissoire en métal verticale pour faire cuire l'intérieur autant que l'extérieur. Ce modèle contient une infusoire que l'on peut remplir d'herbes aromatiques ou de tranches de citron. Les jus dégoulinent le long de la chair pendant la cuisson, l'humidifiant et la parfumant, et sont collectés dans la base métallique, ce qui permet de les récupérer pour faire une sauce.

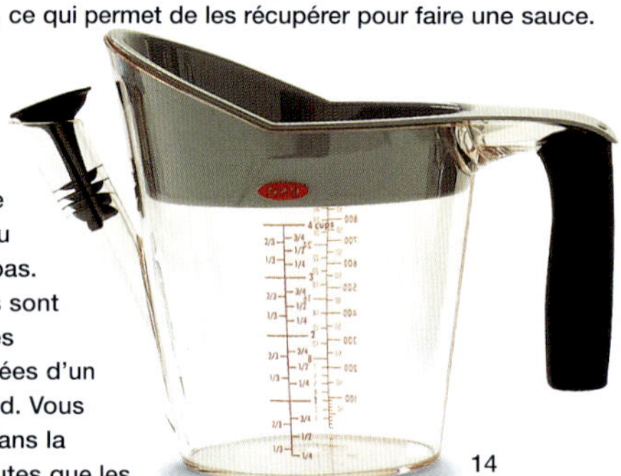

14

14 SÉPARATEUR DE JUS

Le concept de cette cruche est basé sur l'idée que l'eau et l'huile ne se mélangent pas. Tous les séparateurs de jus sont essentiellement des cruches résistant à la chaleur équipées d'un bec verseur qui part du fond. Vous versez les jus de cuisson dans la cruche, attendez deux minutes que les graisses montent vers la surface et versez pour récupérer les jus de viande dégraissés soit pour arroser la viande, soit pour préparer une sauce.

15

15 SÉPARATEUR DE GRAISSE

Partant du principe que les graisses remontent en refroidissant, un ustensile pourvu d'un bec verseur qui part du fond vous permet de drainer le liquide en laissant les graisses derrière. Cet élégant séparateur de graisses en porcelaine est conçu pour verser les jus dégraissés par un bec verseur qui part du fond d'un côté, et les graisses par un autre bec verseur placé en haut de l'autre côté.

Ficeler une volaille

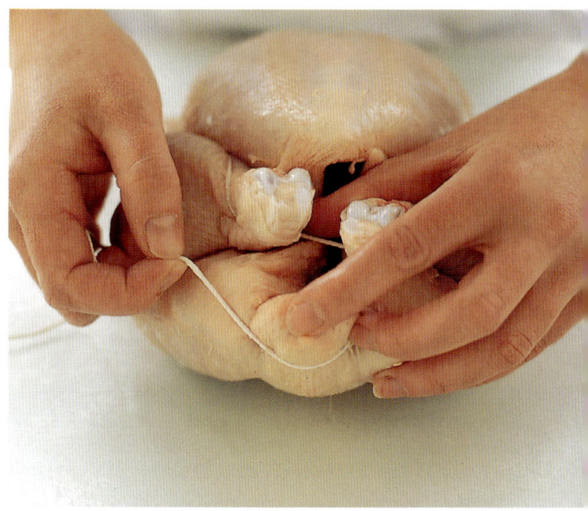

USTENSILES : aiguille à ficeler, ficelle de cuisine

Une volaille bien ficelée cuit de façon plus homogène. La plupart des poulets sont vendus préficelés, mais si vous êtes obligé de faire vous-même, coupez 1 mètre de ficelle de cuisine et enfilez-sur une aiguille à ficeler.

Coupez la partie cartilagineuse des articulations en laissant les pilons et les cuisses. Mettez votre poulet sur une surface de trav avec la poitrine sur le dessous et attachez les pattes ensemble (Passez l'aiguille enfilée entre le pilon et la cuisse. Tirez et faites u nœud au bout du fil.

Repliez les ailes contre la colonne vertébrale, repliez le cou, p enfoncez l'aiguille à travers l'articulation des ailes et le cou. Pass

b

d

l de l'autre côté (b) en tirant légèrement pour maintenir les ailes lat, puis amenez la ficelle par-dessus l'articulation des cuisses l'autre côté.

Rentrez le croupion dans le corps sous les pattes (c) et attachez pattes ensemble (d). Faites un double nœud et coupez la lle.

ur les rôtis farcis, assurez-vous que le rôti forme une poche bien nche, puis mettez la farce dedans avant de ficeler de façon à n l'enfermer. Cousez fermement et faites un double nœud.

Préparer une sauce

a

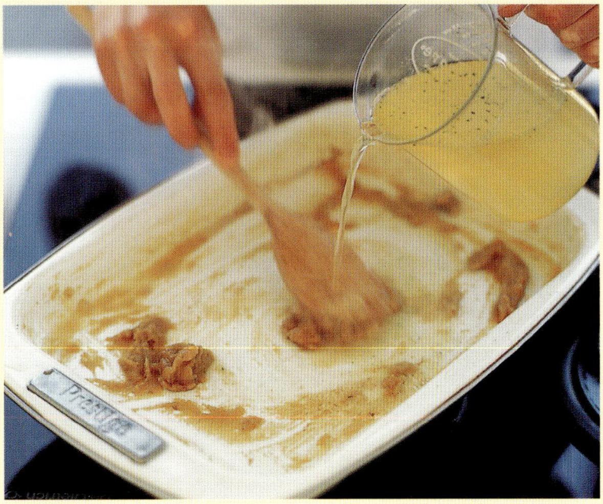

b

USTENSILES : plat à rôtir, cuillère en bois

Sortez la volaille ou le rôti du four, mettez-le sur un plat, couvrez d'aluminium et laissez reposer pendant que vous préparez la sauce.

Mettez le plat à rôtir sur la cuisinière à feu moyen. Versez un petit verre de vin ou de cidre brut et mélangez avec les sédiments de viande. Faites cuire 1 minute, puis saupoudrez avec 1 à 2 cuillerées à soupe de farine. Mélangez avec une cuillère en bois et faites chauffer pendant 1 minute.

Faites chauffer 500 ml d'eau ou de bouillon de légumes et versez sur les jus de viande, puis mélangez bien. Salez et poivrez à votre goût, puis versez dans une saucière chaude en filtrant à l'aide d'une passoire.

Tomates rôties

USTENSILE : plat à rôtir

Préchauffez le four à 100 °C (th. 3-4). Coupez 8 grosses olivettes en deux et retirez la partie qui retient la tige. Disposez-les sur un plat à rôtir avec le côté coupé en dessous et arrosez avec 4 ou 5 cuillerées à soupe d'huile d'olive. Parsemez de thym ou de romarin, salez avec du gros sel, poivrez de poivre noir fraîchement moulu, ajoutez 2 à 3 gousses d'ail coupées en tranches. Faites rôtir doucement pendant 2 heures, puis sortez du four et laissez refroidir dans le plat. Servez à température ambiante en salade ou comme garniture.

Pommes de terre rôties

USTENSILES : casserole, plat à rôtir, cuillère à long manche

Épluchez et coupez les pommes de terre en morceaux de 3 à 4 cm. Préchauffez le four à 190 °C (th. 6-7). Faites bouillir les pommes de terre dans une casserole d'eau salée pendant 5 minutes, puis égouttez-les. Faites chauffer 3 à 4 cuillerées à soupe d'huile d'olive ou de graisse d'oie dans un plat à rôtir à fond épais pendant 5 minutes. Déposez les pommes de terre et tournez-les dans la graisse ou l'huile chaude avec la cuillère en bois. Salez, poivrez, parsemez de thym ou de romarin et faites rôtir pendant 45 minutes en les retournant une ou deux fois jusqu'à ce que la surface soit dorée et croustillante. Égouttez sur de l'essuie-tout et servez sans attendre.

a

Poulet rôti

USTENSILES :
rôtissoire verticale, plat à rôtir

Enfoncez le poulet sur le trépied vertical avec les pattes tournées vers le bas. Badigeonnez-le d'huile d'olive, salez, poivrez et épicez avec du paprika ou du curry en poudre. Faites rôtir dans un four préchauffé à 190 °C (th. 6-7) en comptant 25 à 30 minutes par kilo. Les jus de viande s'écouleront dans le plat et pourront servir à faire une sauce.

b

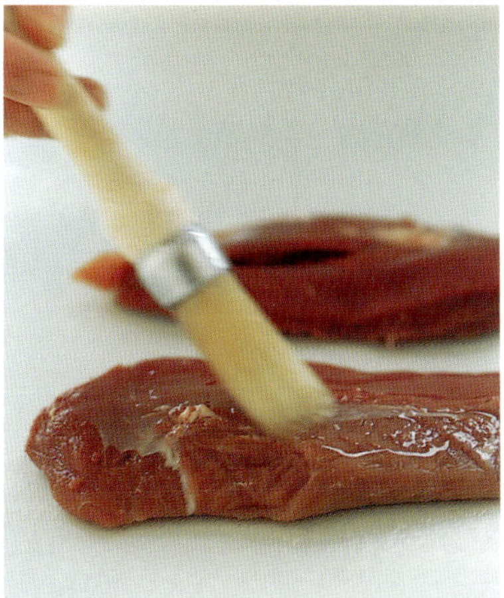
a

Filet de canard rôti

USTENSILES : poêle, pinces

Rôtir à la poêle fait intervenir deux méthodes de cuisson différentes : d'abord saisir la viande dans une poêle, puis la transférer dans un four préchauffé pour caraméliser le dessus tout en gardant une chair tendre et juteuse. Enfin, il faut laisser reposer la viande pour que les fibres se détendent. Le temps de cuisson dépend de l'épaisseur des filets.

Préchauffez le four à 200 °C (th. 6-7). Faites chauffer une poêle à fond épais équipée d'une poignée allant au four. Badigeonnez un filet d'agneau ou de canard avec de l'huile (a), salez et poivrez. Déposez dans la poêle chaude et faites dorer à feu moyen pendant 1 à 2 minutes (b), puis retournez et laissez cuire l'autre côté 1 à 2 minutes.

Enfournez et continuez la cuisson 3 à 4 minutes. Pour vérifier si la viande est suffisamment cuite, appuyez dessus avec le dos d'une fourchette (c) – si elle est ferme et rebondit, c'est qu'elle est à point. Laissez reposer 3 à 4 minutes avant de servir.

b

c

Porc grillé
JAMIE OLIVER

Jamie Oliver est l'un des chefs les plus talentueux du Royaume-Uni, et cette recette illustre parfaitement son style festif et décontracté. Le porc désossé est rôti à plat sur la grille du four, au-dessus du plat à rôtir qui collecte les jus.

Vous obtenez alors une viande succulente avec une peau dorée et croustillante à souhait, et une sauce qui vous donne envie de lécher votre assiette. Demandez à votre boucher de désosser la viande et de faire des entailles à 5 cm d'intervalle sur la chair. Demandez-lui aussi de hacher les os et de vous les donner pour faire la sauce.

POUR 8 PERSONNES

USTENSILES
- pilon et mortier
- grand plat à rôtir
- plat à rôtir de taille moyenne pour faire brunir les os
- papier d'aluminium
- grande casserole ou poêle pour faire la sauce
- cuillère en bois
- passoire

INGRÉDIENTS
- 1/2 échine de porc (3 kg avec l'os)
- gros sel de mer
- 1 cuillerée à soupe de romarin frais
- 1/2 cuillerée à café de graines de fenouil
- 5 gousses d'ail
- 8 cuillerées à soupe de vinaigre balsamique
- 4 feuilles de laurier
- 2 cuillerées à soupe d'huile d'olive
- os de porc hachés
- 5 branches de céleri hachées
- 1 grosse carotte hachée
- 1 gros oignon haché

1 Frottez la peau avec du sel et du romarin en les faisant pénétrer dans les entailles.

2 À l'aide d'un pilon et d'un mortier, écrasez les graines de fenouil, puis l'ail et le reste du romarin. Frottez la viande (mais pas la peau, car elle brûlerait) avec ce mélange. Mettez-la dans un grand plat à rôtir avec le vinaigre balsamique, les feuilles de laurier et l'huile d'olive. Laissez mariner 30 minutes.

3 Préchauffez le four à 250 °C (th. 8-9) et faites brunir les os. Frottez la peau de porc avec du sel.

4 Placez le porc sur la grille en haut du four. Mettez les os brunis et les légumes dans le plat à rôtir avec le reste de la marinade et ajoutez 600 ml d'eau. Placez le plat dans le four directement sous le porc de façon à ce que les jus de viande s'écoulent dans les légumes et forment une sauce.

5 La viande mettra 1 heure à cuire. Au bout de 20 minutes, baissez la température du four à 220 °C (th. 7-8). Dès que le porc est cuit, sortez-le du four et mettez-le sur une feuille d'aluminium pour récupérer les jus. Laissez reposer au moins 10 minutes.

6 Pour la sauce, transférez les os, les jus et les légumes dans une grande casserole ou poêle. Versez un peu d'eau dans le plat à rôtir, portez à ébullition sur une plaque de cuisson en grattant les sédiments qui se forment au fond pour les mélanger aux jus.

7 Retirez l'écume huileuse qui se forme à la surface et filtrez la sauce en jetant les légumes et les os. Faites réduire et ajustez l'assaisonnement.

Canard de Barbarie rôti avec glaçage au miel

Les canards de Barbarie sont moins gras que les canards ordinaires et ils ont plus de chair sur la poitrine. Un badigeon répété avec un glaçage à base de miel donne une peau merveilleusement croustillante. Laissez le canard sécher pendant plusieurs heures ; vous pouvez accélérer le processus à l'aide d'un sèche-cheveux. Ce plat est délicieux accompagné d'une julienne de poireaux et de pommes de terre et d'une purée de patates douces (voir p. 79).

POUR 3 OU 4 PERSONNES

USTENSILES

passoire
couteau à éplucher
pilon et mortier
râpe à gingembre
grille métallique posée sur un plat peu profond
large brosse plate
plat à rôtir de 30 x 24 cm avec grille
fourchettes à long manche
couteau à découper
ciseaux à volaille
petite casserole

INGRÉDIENTS

1 canard de Barbarie de 1,6 kg
20 à 25 fines lanières d'écorce d'orange de 1 cm de long
150 ml de miel liquide
4 cuillerées à soupe de saké ou de sherry sec
4 cuillerées à soupe de vinaigre de vin blanc
4 cuillerées à soupe de sauce soja
2 cuillerées à café d'huile de sésame
2 cuillerées à café de graines de fenouil pilées
4 cm de gingembre frais râpé
200 ml de bouillon de poulet, de préférence maison
sel de mer et poivre noir fraîchement moulu

1 Jetez les morceaux de graisse qui se trouvent à l'intérieur du canard. Mettez le canard dans une passoire et ébouillantez-le. Séchez-le avec de l'essuie-tout. Percez la chair un peu partout avec la pointe d'un couteau et insérez les lanières d'écorce d'orange dans les trous. Placez le canard sur une grille posée sur un plat.

2 Mélangez le saké ou le sherry sec avec le vinaigre, la sauce soja, l'huile de sésame, les graines de fenouil et le gingembre. Badigeonnez tout le canard avec ce mélange, sans oublier le dessous des ailes. Réservez le reste du mélange. Laissez le canard sécher à l'air libre.

3 Préchauffez le four à 220 °C (th. 7-8). Badigeonnez le canard à nouveau avec le liquide qui s'est écoulé dans le plat.

4 Enfournez le canard, toujours placé sur la grille posée sur le plat, avec la poitrine sur le dessus. Faites rôtir 10 minutes, puis retournez-le, badigeonnez à nouveau et faites rôtir encore 10 minutes.

5 Baissez le four à 190 °C (th. 6-7). Retournez le canard de façon que la poitrine se trouve au-dessus, badigeonnez et faites rôtir pendant 30 minutes. Retournez encore et faites rôtir 30 minutes en badigeonnant toutes les 10 minutes. Protégez les extrémités noircies avec du papier d'aluminium.

6 Augmentez la température à 200 °C (th. 6-7) et retournez à nouveau le canard. Badigeonnez une fois de plus et faites rôtir 10 minutes. Transférez la volaille sur un plat réchauffé et laissez reposer dans un endroit chaud pendant 10 minutes.

7 Pour découper le canard, retirez les pattes et les ailes en laissant un peu de blanc attaché à chaque aile. Découpez les blancs de la poitrine en deux longs filets, puis taillez-les en morceaux sans retirer la peau dorée. Mettez le tout dans un plat de service peu profond et gardez au chaud.

8 Versez tous les jus récupérés pendant le découpage dans une petite casserole. Ajoutez le bouillon et le reste du glaçage. Portez à ébullition et laissez réduire. Versez sur les morceaux de canard et servez.

Gigot d'agneau de printemps à l'ail et au romarin

GARLTON BLACKISTON

Garlton Blackiston a été le directeur de l'hôtel-restaurant *Morston Hall*, qui a ouvert sur la côte nord du Norfolk en 1992 et a obtenu des étoiles au Michelin. Sa philosophie consiste à n'utiliser que des ingrédients de saison frais produits localement.

POUR 6 PERSONNES

USTENSILE
plat à rôtir profond

INGRÉDIENTS
1 gigot d'agneau de 3 kg, avec la côte (demandez à votre boucher de retirer la culotte)
4 gousses d'ail
quelques brins de thym et de romarin
50 g de beurre
50 g de gelée de groseille
gros sel de mer
poivre noir moulu

1 Préchauffez le four à 200 °C (th. 6-7).

2 À l'aide d'un couteau pointu, faites des incisions de 2,5 cm de profondeur tout autour de la viande et glissez-y l'ail, le thym et le romarin. N'oubliez pas le dessous du gigot. Frottez la viande avec le beurre, salez et poivrez.

3 Placez le gigot sur un trépied posé dans un plat à rôtir. Enfournez. Au bout d'1 heure, sortez la viande du four, enduisez-la de gelée de groseille, puis remettez-la au four pendant 20 minutes.

4 Laissez reposer le gigot dans un endroit chaud pendant au moins 10 minutes avant de découper.

Ces plats sont conçus pour cuire les aliments au four ou pour faire des gratins.
Réalisés dans des matériaux de bonne qualité, comme la porcelaine ou la fonte, les plats à gratin conduisent bien la chaleur et supportent les températures élevées.
On les apporte généralement à table, car ils sont jolis.

Plats à four et à gratin

1 PLATS À GRATIN RECTANGULAIRES EN CÉRAMIQUE

Ces plats vernis sont suffisamment résistants pour passer directement du congélateur au four. Grâce à leur forme rectangulaire, ils occupent moins de place dans le four, tandis que leur profondeur et les parois légèrement évasées permettent de faire de beaux gratins. Grâce au rebord épais, on peut les soulever plus facilement.

Le grand plat à gratin est assez profond pour accueillir cinq couches de lasagnes. L'intérieur légèrement arrondi facilite le service et le nettoyage.

2 PLATS À GRATIN OVALES EN CÉRAMIQUE

Ces plats à gratin de forme classique sont suffisamment polyvalents pour faire office de plats de service ou pour cuire de petits rôtis. Ils peuvent passer directement du congélateur au four. Ils conduisent bien la chaleur et la gardent, de sorte que les aliments restent chauds à table.

3 PLATS À SOUFFLÉ EN PORCELAINE

Ces plats ronds et profonds aux parois droites exposent les soufflés aux températures maximales. Cela fait coaguler les protéines d'œuf avant que l'air incorporé pendant le battage n'ait eu le temps de s'échapper. L'intérieur en porcelaine lisse permet au mélange de monter jusqu'en haut des parois. Ces plats existent en plusieurs tailles, mais le plus utile est celui de 0,9 litre. Avec un plat plus grand, l'intérieur risque de ne pas être assez cuit.

4 PLAT À ŒUFS EN FONTE ÉMAILLÉE

Ce plat peu profond sert à cuire les œufs au four ou sur la plaque. Les parois très évasées facilitent le service et le nettoyage, et surtout, elles augmentent la surface de cuisson : les œufs cuisent de façon plus homogène.

5 PLAT À FOUR EN FONTE ÉMAILLÉE

Les parois profondes de ce plat le rendent très utile pour cuire les œufs avec une couche de légumes dessus ou dessous, ou les portions de lasagnes individuelles.

6 RAMEQUINS EN PORCELAINE

Ces ramequins aux parois droites et lisses s'utilisent pour les soufflés individuels et pour les crèmes anglaises cuites au four ou les crèmes brûlées. Les plats à base d'œufs de ce type sont cuits dans un bain-marie avec de l'eau à mi-hauteur. Ceux-ci ont une base légèrement grumeleuse qui empêche la formation d'un vide, ce qui les rendrait difficiles à sortir de l'eau.

7 PLATS À GRATIN OVALES EN PORCELAINE

Existant en plusieurs tailles, ces plats à gratin classiques ont des poignées cannelées qui se fondent aux parois et s'évasent, augmentant la surface à gratiner.

8 POTS À CHOCOLAT EN PORCELAINE

Ces pots élégants s'utilisent traditionnellement pour les desserts à base de chocolat ainsi que pour les crèmes anglaises.

9

11

12

10

9 TERRINE RECTANGULAIRE EN FONTE

Ce plat est conçu pour cuire et mouler les mélanges de légumes et de viande ou de poisson hachés qui composent les terrines. La fonte donne une cuisson lente et homogène, tandis que la forme allongée permet de couper la terrine en jolies tranches.

10 BOLS À PUDDING EN ALUMINIUM

Ces bols peuvent servir à cuire à la vapeur des puddings à l'ancienne ou faire office de moules pour les crèmes anglaises réfrigérées et les mousses. L'aluminium ne convient pas pour cuire les puddings aux fruits, à moins que le pot ne soit garni de papier sulfurisé (voir « Choix des matériaux », p. 12).

11 BOLS EN TERRE CUITE VERNIE

Ces bols sont les ustensiles de cuisson traditionnels des puddings cuits à la vapeur. On recouvre le mélange avec du papier sulfurisé plissé, maintenu en place à l'aide d'une ficelle attachée sous l'épais rebord. Ces bols sont idéaux pour les puddings d'été froids et peuvent servir de bols à mélanger.

12 PLAT À HACHIS EN ACIER ANTIADHÉSIF

Ce plat en deux parties possède une base striée et perforée destinée à drainer les liquides gras qui sont une véritable plaie quand on fait un hachis. Le plat extérieur peut faire office de plat à pain.

a

b

c

d

e

f

Soufflé aux épinards

USTENSILES :
casserole, plat à soufflé, bol, fouet

Pour quatre personnes, faites cuire 250 g d'épinards lavés, sans ajouter d'eau. Égouttez, séchez en les pressant et hachez menu. Préchauffez le four à 180 °C (th. 6). Beurrez un plat à soufflé d'1 litre et saupoudrez 2 à 3 cuillerées à soupe de chapelure sèche.

Faites revenir un petit oignon haché avec un peu d'huile dans une grande casserole antiadhésive pendant 3 minutes, puis incorporez 25 g de beurre. Laissez fondre et ajoutez 2 cuillerées à soupe de farine, 1 cuillerée à café de moutarde séchée et 1/2 cuillerée à café de curry en poudre doux. Laissez cuire 1 minute, puis versez 200 ml de lait chaud (a) en tournant jusqu'à obtention d'un mélange lisse et épais. Faites cuire 1 minute, puis enlevez la casserole du feu.

Incorporez 100 g de cheddar vieux râpé et 2 cuillerées à soupe de parmesan râpé (b), puis 4 jaunes d'œufs et les épinards. Vérifiez l'assaisonnement.

Montez en neige 5 blancs d'œufs. Ajoutez-les délicatement au mélange (c). Versez la préparation dans le plat, égalisez le dessus et parsemez 2 cuillerées à soupe de cheddar râpé (d). Faites cuire au four pendant 20 à 25 minutes jusqu'à ce que le soufflé lève et que le milieu bouge légèrement. Servez immédiatement.

a

b

Puddings au citron cuits à la vapeur

USTENSILES : bols à pudding en métal, cuiseur à vapeur, cuillère en bois, bol à mélanger

Graissez 4 bols à pudding en métal de 150 ml avec du beurre fondu. Mettez 1 cuillerée à café de miel liquide dans le fond de chaque bol. Mélangez 125 g de beurre fondu avec 125 g de sucre en poudre, 100 g de farine à gâteaux, 2 œufs bio et l'écorce râpée d'1 citron. Battez jusqu'à obtention d'un mélange léger et crémeux. Incorporez 50 g de chapelure blanche fraîche, le jus d'1 citron et un peu de lait si nécessaire. Répartissez la préparation dans les bols (b), égalisez le dessus, couvrez avec du papier sulfurisé puis enveloppez dans du papier d'aluminium en plissant le milieu pour permettre de gonfler (c).

Placez les bols dans un panier à vapeur posé sur une casserole d'eau frémissante (d). Couvrez et laissez cuire pendant 30 à 35 minutes en vérifiant le niveau de l'eau de temps en temps et en ajoutant un peu d'eau bouillante si nécessaire. Découvrez, laissez reposer 5 minutes, puis démoulez. Servez avec de la crème anglaise chaude ou de la crème fraîche.

c

d

Gratin de haricots frais

ALICE WATERS

Alice Waters est l'un des chefs préférés des Américains. Qualifiée de « poétique », « visionnaire », « passionnée », sa cuisine part du principe que pureté des saveurs et respect de l'environnement vont de pair. Ce plat consistant est typique de son style. Vous aurez besoin d'un plat à gratin de 5 cm de profondeur et de 23 cm de large. On trouve des haricots frais à la fin de l'été et au début de l'automne. Utilisez un mélange de haricots de différentes couleurs. Il vous faudra 900 g de haricots non écossés. Vous pouvez aussi préparer ce gratin avec des haricots secs (225 g) mis à tremper toute une nuit, cuits 20 minutes à l'eau bouillante et bien égouttés.

POUR 4 À 6 PERSONNES

USTENSILES

- casseroles de taille moyenne
- passoire
- cruche ou bol
- couteau de cuisine
- couteau à éplucher
- poêle de taille moyenne
- cuillère en bois
- plat à gratin de 1,5 litre

INGRÉDIENTS

- 450 à 500 g de haricots frais comme des cannellini, des flageolets ou des borlotti
- sel
- 6 cuillerées à soupe d'huile d'olive
- 1/2 oignon haché menu
- 4 gousses d'ail coupées en tranches
- 1 à 2 feuilles de sauge hachées
- 115 à 140 g de légumes verts comme des blettes, des brocolis, des fanes de navet coupées en lanières (facultatif)
- 2 tomates hachées
- 8 cuillerées à soupe de chapelure (voir ci-dessous)

1 Mettez les haricots dans des casseroles séparées en les couvrant de 2,5 cm d'eau (les haricots frais absorbent très peu d'eau). Portez à ébullition, salez et versez 2 cuillerées à soupe d'huile d'olive. Baissez le feu et laissez mijoter pendant 30 minutes. Égouttez les haricots dans une passoire posée sur un bol et gardez le liquide.

2 Préchauffez le four à 180 °C (th. 6). Pendant que les haricots cuisent, faites fondre l'oignon dans une poêle avec 2 cuillerées à soupe d'huile d'olive, l'ail, les feuilles de sauge et du sel. Vous pouvez ajouter quelques légumes verts et un peu d'eau de cuisson des haricots si vous le souhaitez.

3 Dès que les oignons sont prêts, ajoutez les tomates, augmentez le feu et continuez la cuisson 1 à 2 minutes.

4 Débarrassez les haricots dans un plat à gratin en les mélangeant avec le contenu de la poêle. Ajoutez juste assez d'eau de cuisson des haricots pour couvrir. Ajustez l'assaisonnement et versez le reste d'huile d'olive sur le gratin.

5 Saupoudrez de chapelure rôtie et cuisez au four pendant 45 minutes. Vérifiez de temps en temps la cuisson en ajoutant un peu d'eau des haricots si le gratin semble trop se dessécher.

CHAPELURE RÔTIE : préchauffez le four à 150 °C (th. 5). Retirez la croûte d'un morceau de pain au levain rassis ou autre style de pain de campagne. Coupez en petits morceaux et hachez à la main ou à l'aide d'un robot ménager. Mélangez avec un peu d'huile d'olive salée. Étalez la chapelure en fine couche sur une plaque à pâtisserie et cuisez au four jusqu'à ce qu'elle soit bien dorée en remuant toutes les 10 minutes.

Soufflé à la vanille avec sauce au chocolat

CHRIS TANNER • JAMES TANNER

Un dessert à couper le souffle dont la recette nous a été communiquée par les frères Tanner, de grands chefs du Royaume-Uni. Le secret d'un soufflé réussi réside dans un plat bien beurré et sucré. Veillez à ce que la crème pâtissière soit à température ambiante. Le bol à mélanger doit toujours être impeccable.

POUR 6 PERSONNES

USTENSILES
2 petites casseroles
4 bols à mélanger
fouet ballon
cuillère en bois
film alimentaire
6 grands ramequins
brosse à pâtisserie
grande cuillère en métal
plaque à gâteaux

INGRÉDIENTS
POUR LA CRÈME PÂTISSIÈRE
480 ml de lait
125 g de sucre en poudre extra-fin, plus un peu pour saupoudrer
1 gousse de vanille fendue en deux et débarrassée de ses graines
6 œufs bio, blanc et jaune séparés
60 g de farine ordinaire
beurre fondu pour graisser
POUR LA SAUCE AU CHOCOLAT
350 g de crème fouettée
150 g de chocolat noir
cacao en poudre

1 Mettez le lait, la moitié du sucre et la gousse de vanille avec ses graines dans une casserole ; réchauffez doucement. Hors du feu, laissez infuser 15 minutes.

2 Dans un bol à mélanger, fouettez les jaunes d'œufs avec la farine et le reste du sucre jusqu'à obtention d'une pâte lisse.

3 Versez le lait vanillé par-dessus et mélangez bien. Transférez dans une casserole propre et faites chauffer à feu doux pendant 10 à 15 minutes en remuant constamment, jusqu'à ce que le mélange commence à épaissir. Débarrassez dans un bol propre, couvrez de film alimentaire et laissez refroidir.

4 Préchauffez le four à 200 °C (th. 6-7). Badigeonnez le fond et l'intérieur de 6 grands ramequins avec du beurre fondu. Ajoutez 1 cuillerée à soupe de sucre dans chaque ramequin et faites tourner jusqu'à ce que tout l'intérieur soit revêtu de sucre. Jetez l'excédent et réfrigérez.

5 Montez les blancs d'œufs en neige. Versez la crème pâtissière dans un grand bol et fouettez bien. Ajoutez la moitié des blancs montés et fouettez jusqu'à obtention d'une pâte lisse. Incorporez le reste des blancs et mélangez avec une grande cuillère en métal.

6 Répartissez l'appareil à soufflé dans les ramequins en les remplissant à ras bord. Tapotez les ramequins pour faire sortir l'air emprisonné dedans. Disposez-les sur une plaque à gâteaux et faites cuire pendant 10 à 15 minutes sans ouvrir la porte du four.

7 Pendant ce temps, préparez la sauce au chocolat : portez doucement la crème à ébullition. Versez sur le chocolat et remuez bien. Réservez.

8 Dès que les soufflés sont prêts, sortez-les du four. Saupoudrez de cacao en poudre et servez immédiatement avec la sauce au chocolat.

Faire une pâte

La cuisson des gâteaux requiert beaucoup de précision dans les mesures, la température et la taille des moules. Des moules de la même contenance peuvent avoir des dimensions différentes – l'un peut être large et peu profond, un autre étroit et profond. Un mélange censé cuire rapidement dans un plat peu profond ne cuira pas convenablement dans un moule trop profond, et inversement. Une bonne recette doit préciser les dimensions du moule et pas seulement sa contenance.

Moules et plaques à gâteaux

Il faut idéalement avoir deux moules pour gâteaux ronds, peu profonds, de 20 cm de diamètre, un moule pour gâteaux aux fruits, profond de 23 ou 25 cm de diamètre, un moule pour roulés et un moule à parois amovibles pour démouler les desserts plus facilement. Un ou deux plats à alvéoles sont utiles pour réaliser des muffins ou des petits gâteaux individuels. Les moules antiadhésifs sont aussi précieux. Pour le choix des matériaux, reportez-vous au chapitre « Matériaux pour moules à pain », page 279.

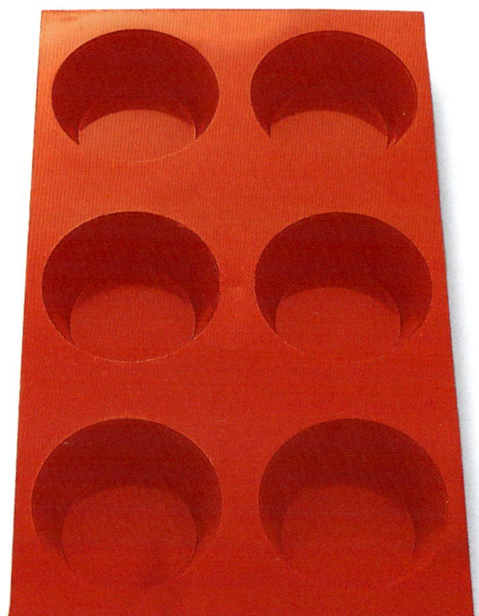

1

1 PLAT À MUFFINS EN SILICONE

Flexible et antiadhésif, le silicone a révolutionné l'industrie des ustensiles culinaires. Obtenu par fusion du silicone (qui provient du sable) et de l'oxygène, ce matériau chimiquement inerte est un miracle de modernité. Avec une étonnante résistance aux écarts de température (de - 40 à 250 °C), il permet une cuisson homogène, et sa souplesse facilite le démoulage des gâteaux. Ce moule à muffins aux parois profondes va au micro-ondes comme au lave-vaisselle. Il n'existe qu'en rouge vif.

2 PETITS MOULES ARTICULÉS

Ces moules individuels aux formes différentes sont articulés entre eux pour plus de commodité. Ils existent en forme de bateau, de rectangle, d'ovale, etc. Une fois que vous en aurez une série, vous en voudrez d'autres.

3 MOULES EN PAPIER ET EN ALUMINIUM

Pour les mélanges légers vite cuits, ces moules se placent sur une plaque à gâteaux ou dans les alvéoles d'un moule à muffins. Si vous les laissez en place jusqu'au moment de servir, ils empêchent les gâteaux de se dessécher. Les enfants adorent !

2

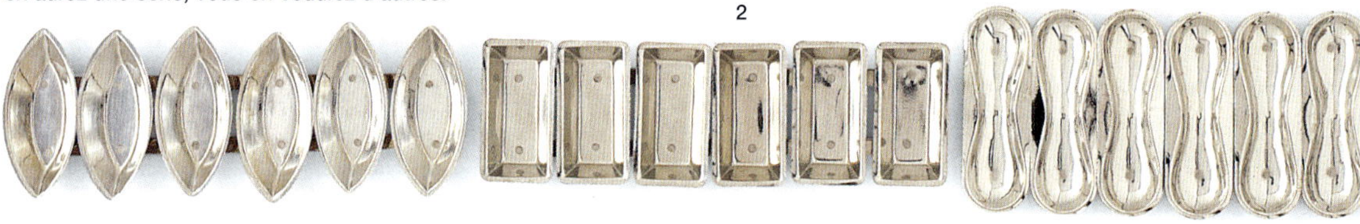

3

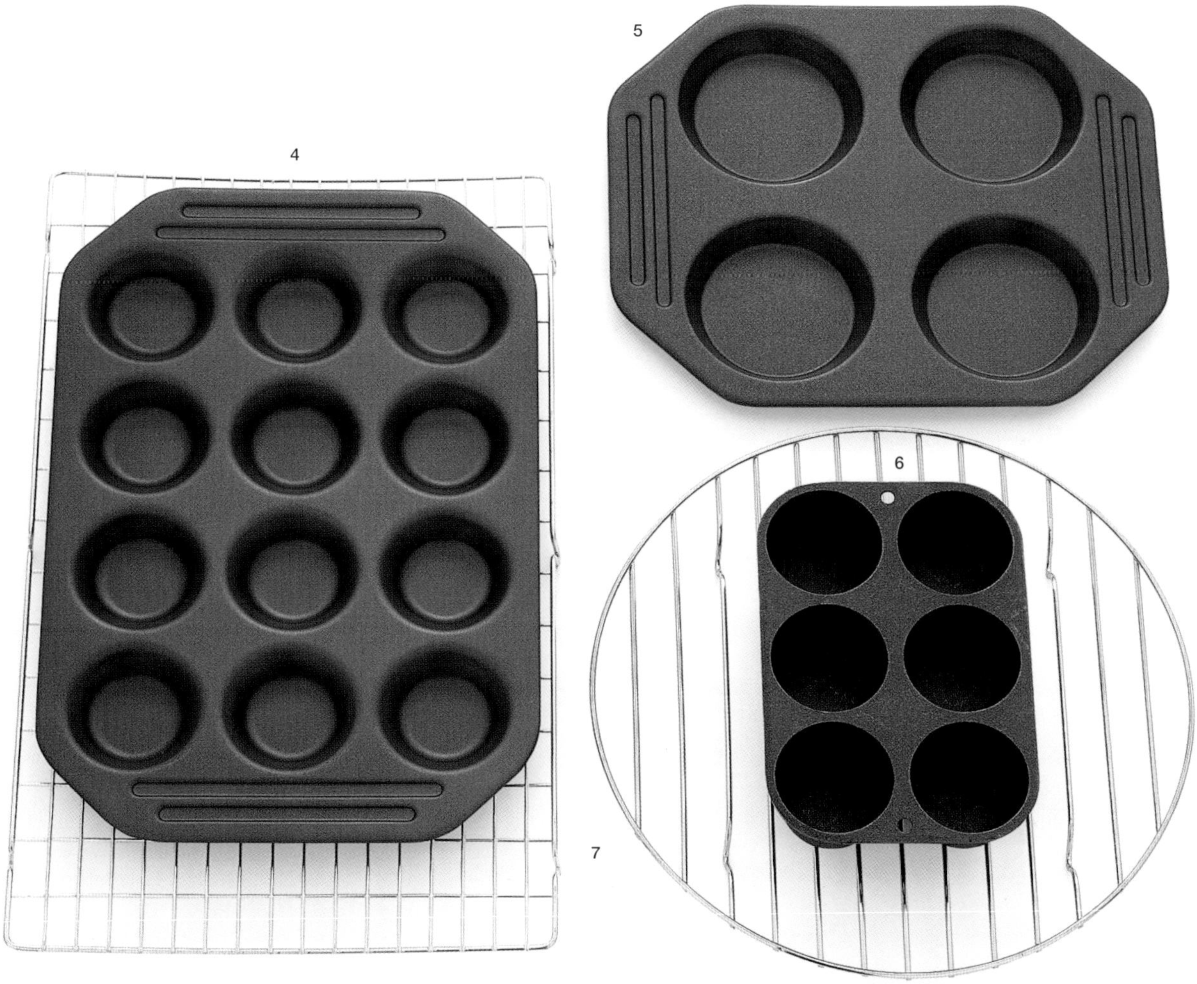

4 **PLAT À PETITS PAINS ANGLAIS**
Ce moule antiadhésif à 12 alvéoles est idéal pour les petits gâteaux, tartelettes et quiches individuelles. Les poignées striées permettent d'agripper le moule fermement quand on le sort du four.

5 **PLAT À PUDDING**
Similaire au moule à petits pains anglais, celui-ci a quatre alvéoles à fond plat peu profondes. Ce plat peut aussi servir à cuire des petits gâteaux mousseline, des tartelettes et des quiches.

7 **GRILLES DE REFROIDISSEMENT**
Une grille surélevée accélère le refroidissement des gâteaux en permettant à la vapeur de s'évaporer par toutes les surfaces. Un gâteau très fragile peut être endommagé par les fils métalliques, aussi vous faudra-t-il couvrir la grille avec une feuille de papier sulfurisé. Le papier absorbera la vapeur qui s'évapore.

6 **PLAT À MUFFINS EN FONTE**
L'air circule rapidement entre ces alvéoles individuelles moulées dans un épais plat en fonte, ce qui permet à la pâte de lever et de prendre rapidement. Les parois évasées profondes de 4 cm en augmentent la surface, ce qui aide la pâte à lever et favorise l'évaporation de l'humidité.

8

9

8 MOULE À GÂTEAU CARRÉ

Les moules carrés font une taille de plus que les moules ronds ; ainsi, un moule rond de 23 cm et un moule carré de 20 cm de la même profondeur ont la même capacité. Ce moule de 4 cm de profondeur est fait d'aluminium anodisé ultrarésistant de haute qualité. Il est idéal pour les brownies et les petits gâteaux mousseline.

9 MOULE À GÂTEAU PROFOND

Ce moule profond de 8 cm est, comme le précédent, fait d'aluminium anodisé très dur et ne se déforme pas pendant la cuisson. Il est idéal pour les gros gâteaux aux fruits, qui requièrent une longue cuisson.

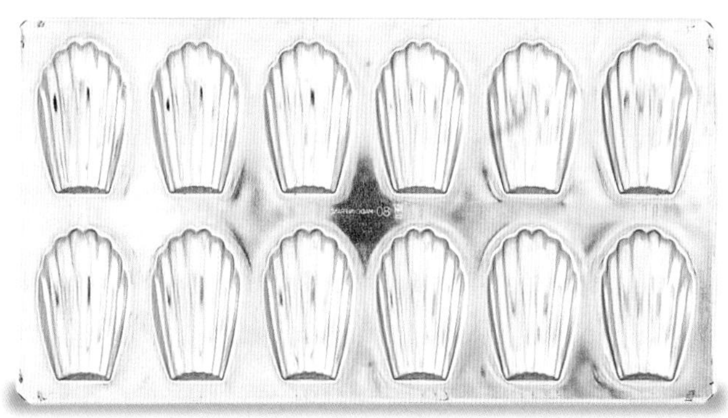

10

10 PLAT À MADELEINES

Les indentations cannelées en forme de coquilles augmentent la surface exposée à la chaleur. Cela permet à la pâte de lever rapidement au milieu et donne la forme de madeleine caractéristique.

11 MOULE À GÂTEAU DE SAVOIE

Le tube laisse pénétrer la chaleur au milieu du gâteau et augmente la surface à laquelle le gâteau peut adhérer lorsqu'il lève. Le tube est plus haut que le bord, de sorte que lorsqu'on retourne le moule, l'air peut circuler dessous. Certains moules ont des petits pieds autour du bord, ce qui permet de mieux les équilibrer quand on les retourne.

12 MOULE À PAROIS AMOVIBLES

Ce moule est très utile pour les gâteaux difficiles à démouler. Quand on ouvre la fixation, les parois du gâteau s'écartent de la base, libérant un gâteau parfaitement moulé. Fait en acier inoxydable de haute qualité avec un revêtement intérieur antiadhésif, ce moule très solide est vendu avec un fond à tube creusé de cannelures. Il est idéal pour les gâteaux au fromage et les gâteaux mousseline ou pour faire le kouglof – le gâteau prétéré de Marie-Antoinette, à qui il rappelait son Autriche natale.

13 MOULES À GÂTEAUX RONDS PROFONDS

Les mixtures denses à base de fruits requièrent une cuisson longue et doivent donc être cuits dans un moule profond et épais pour ne pas brûler. Ces moules ont un fond amovible et un bord roulé renforcé qui les empêche de se déformer.

11

12

13

14

15

14 MOULE À ROULÉ

Très peu profond, ce moule rectangulaire est conçu pour cuire la fine couche de gâteau mousseline nécessaire pour confectionner un gâteau roulé. Il est fait d'acier étamé qui conduit bien la chaleur et ne se déforme pas.

15 MOULE À GÂTEAU PEU PROFOND

Ce moule est destiné aux mélanges à cuisson rapide comme les gâteaux mousseline ou les génoises fourrées. Il est préférable d'en acheter deux. Ce moule doit être graissé malgré sa surface antiadhésive.

a

b

c

Faire une pâte à choux

USTENSILES :
plat pour pâte à choux, bol à mélanger, fouet, cruche

Pour des choux légers et bien gonflés, préparez une pâte en mélangeant dans un robot ménager (ou à la main dans un grand bol avec un gros fouet ballon) 100 g de farine ordinaire avec 1/2 cuillerée à café de sel fin, 250 ml de lait et 1 gros œuf bio. Débarrassez le mélange dans une cruche.

Préchauffez le four à 200 °C (th. 6-7). Graissez un plat à 4 alvéoles avec un peu d'huile ou du lard fondu et mettez au four pendant 3 à 5 minutes. Versez la pâte dans les alvéoles en les remplissant aux trois quarts (a et b). Faites cuire au four jusqu'à ce que les choux aient levé et soient dorés – environ 12 minutes (c). Réalisez une deuxième fournée.

Préparer un moule à génoise

USTENSILES :
moule à gâteau, papier sulfurisé

Il faut toujours préparer un moule à gâteau, quelle que soit sa taille, pour empêcher le contenu de coller au fond et aux parois et pouvoir le démouler facilement. En général, on graisse le moule avec de l'huile et on le garnit de papier sulfurisé. Les moules antiadhésifs ont juste besoin d'être légèrement badigeonnés d'huile avant la cuisson.

Pour chemiser un moule à gâteau peu profond, posez le fond du moule sur une feuille de papier sulfurisé et dessinez un trait au crayon tout autour (a). Découpez un peu en retrait du trait pour que le disque de papier ainsi obtenu rentre dans le moule. Badigeonnez l'intérieur du moule avec un peu d'huile, puis mettez le disque de papier en place. Versez la pâte (b) et enfournez. Avant de démouler, décollez les côtés avec un couteau à palette (spatule en métal) et démoulez sur une grille.

a

b

Roulé aux zestes de citrons jaunes et verts
MICH TURNER

Les roulés sont très faciles à réaliser et font beaucoup d'effet. Cette recette de Mich Turner, de la Little Venice Cake Company, à Londres, associe des zestes frits de citron vert et de citron jaune pour faire un dessert léger et rafraîchissant.

POUR 4 PERSONNES

USTENSILES
moule à gâteau mousseline
grand bol à mélanger
fouet
tamis
cuillère en métal
couteau à palette

INGRÉDIENTS
POUR LE ROULÉ
25 g (1 cuillerée à soupe) de beurre, plus un peu pour graisser
4 œufs
115 g de sucre en poudre roux extra-fin
le zeste de 2 citrons jaunes
le zeste de 2 citrons verts
115 g de farine ordinaire

POUR LA GARNITURE
200 ml de crème fouettée
le zeste d'1 citron jaune
le zeste d'1 citron vert
6 cuillerées à soupe de pâte à tartiner au citron

POUR DÉCORER
sucre glace
fleurs comestibles fraîches

1 Préchauffez le four à 180 °C (th. 6). Beurrez un moule à gâteau mousseline de 40 x 30 cm et chemisez-le de papier sulfurisé. Farinez légèrement et réfrigérez.

2 Faites fondre le beurre, puis laissez refroidir. Fouettez les œufs et le sucre dans un grand bol pendant 5 minutes, puis incorporez rapidement les zestes des citrons. Tamisez la farine au-dessus du mélange et incorporez-la doucement avec une cuillère en bois. Ajoutez le beurre fondu refroidi et mélangez bien.

3 Étalez le mélange dans le moule avec un couteau à palette de façon à obtenir une couche d'1 cm d'épaisseur. Faites cuire au four pendant 6 à 8 minutes.

4 Retournez le gâteau sur une feuille de papier sulfurisé posée sur une serviette propre et saupoudrée de sucre roux. Enroulez-le avec précaution et mettez de côté pendant que vous préparez la garniture.

5 Fouettez la crème et incorporez les zestes des citrons. Déroulez le gâteau et jetez le papier sulfurisé. Étalez la pâte à tartiner au citron puis la crème sur le roulé et enroulez à nouveau.

6 Pour servir, saupoudrez le dessus de sucre glace tamisé et décorez avec des fleurs comestibles fraîches.

NOTE : Vous pouvez garnir le roulé de baies d'été fraîches et de crème fouettée. Ce gâteau peut être préparé la veille et garni juste avant de servir.

Brownies au moka
NICOLA GRAIMES

Faits sans farine, ces brownies au chocolat et au café ont une texture moelleuse et fondante très appétissante.

POUR 12 BROWNIES

USTENSILE
moule à gâteau de 20 cm

INGRÉDIENTS
150 g de chocolat noir ordinaire cassé en morceaux
100 g de beurre
1 cuillerée à café de café instantané
1 cuillerée à café d'extrait de vanille
100 g d'amandes moulues
175 g de sucre en poudre extra-fin
4 œufs, blanc et jaune séparés

1 Préchauffez le four à 180 °C (th. 6). Graissez le moule à gâteau et chemisez-le de papier sulfurisé.

2 Faites fondre le chocolat et le beurre au bain-marie dans un bol résistant à la chaleur en remuant doucement.

3 Hors du feu, incorporez le café et l'extrait de vanille. Ajoutez les amandes et le sucre en mélangeant bien. Battez les jaunes d'œufs légèrement et mélangez-les à la préparation.

4 Montez les blancs d'œufs en neige. Incorporez-les progressivement au mélange.

5 Versez la préparation dans le moule et faites cuire au four pendant 35 à 40 minutes. Laissez refroidir dans le moule avant de démouler. Retirez le papier sulfurisé et coupez en 12 parts.

Muffins au citron
NICOLA GRAIMES

Pour réussir des muffins légers, évitez de trop remuer le mélange – peu importe s'il reste quelques grumeaux.

POUR 8 MUFFINS

USTENSILES
8 grands moules en papier
plat à muffins
bols à mélanger
fouet

INGRÉDIENTS
225 g de farine ordinaire
1 cuillerée à café de levure chimique
1 pincée de sel
150 g de sucre en poudre roux extra-fin
le zeste d'1 citron
5 cuillerées à soupe de lait
2 œufs
140 g de beurre doux fondu
2 cuillerées à soupe de jus de citron
3 cuillerées à soupe de pâte à tartiner au citron

1 Préchauffez le four à 200 °C (th. 6-7). Disposez les moules en papier dans les alvéoles d'un plat à muffins profond.

2 Tamisez la farine, la levure chimique et le sel dans un bol à mélanger. Ajoutez le sucre et le zeste de citron, mélangez.

3 Versez le lait dans un bol. Ajoutez les œufs et le beurre fondu et mélangez en fouettant. Incorporez progressivement ce mélange à la farine en remuant doucement. Ajoutez le jus de citron et mélangez doucement.

4 Déposez une bonne cuillerée à café de cette préparation dans les moules en papier. Ajoutez 1 cuillerée à café de pâte à tartiner au citron sur chaque muffin. Couvrez avec le reste de la préparation aux trois quarts pour permettre aux muffins de lever.

5 Faites cuire au four pendant 20 minutes, puis laissez refroidir sur une grille à pâtisserie.

Pour une pâte dorée et croustillante, utilisez un moule cannelé à fond amovible. Certains cuisiniers se servent d'un cercle sans fond posé directement sur une plaque à gâteaux. Bien que très jolis, les moules en porcelaine cannelée absorbent la chaleur plus lentement que le métal et ne donnent pas une pâte aussi croustillante. Les diamètres les plus utiles pour les moules à tarte sont de 23 et 25 cm. Pour recevoir beaucoup de monde à la fois, achetez un moule de 30 cm.

Moules à tarte

Un moule à tarte profond est très utile pour faire des quiches. Si vous aimez les tartes, outre des plats en métal, vous pouvez aussi acheter des plats en céramique et en silicone.

1

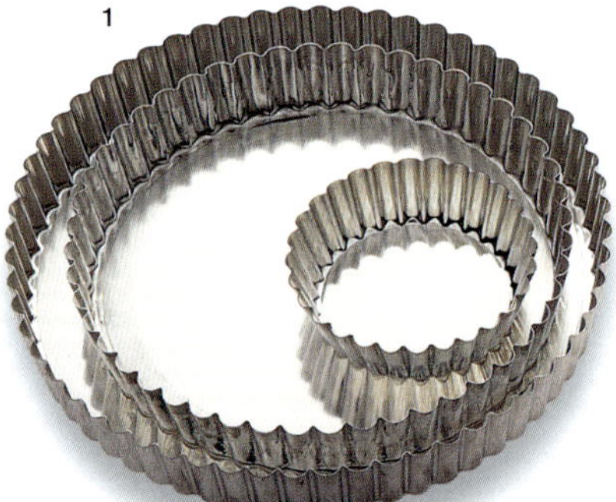

2

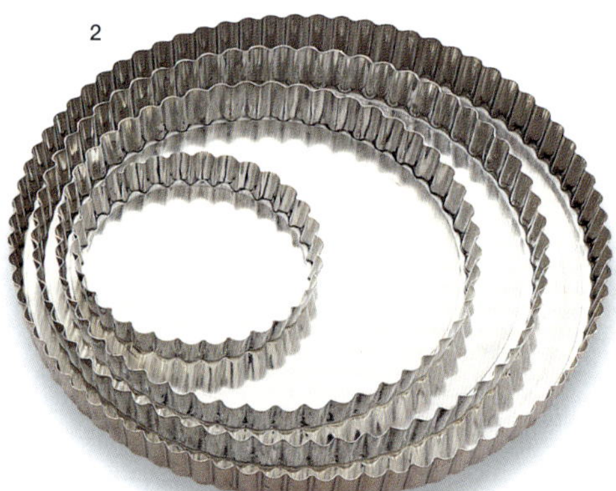

3

4

5

Les plats ou plaques à gâteaux rigides sont essentiels pour cuire les biscuits et les pains pétris à la main. Il existe aussi des plats de porcelaine conçus de façon à intensifier la chaleur par-dessous pour accélérer la cuisson du fond. Cela vaut la peine d'acheter deux plats à tarte afin de pouvoir disposer un lot de tartelettes sur l'un pendant que l'autre est au four. Ne mettez jamais les deux au four en même temps – celui de dessus empêcherait la chaleur d'atteindre celui de dessous. Achetez le plat le plus grand possible pour votre four en prévoyant 5 cm d'espace tout autour pour permettre la circulation de l'air.

1 MOULES À TARTE CANNELÉS PROFONDS

Les hautes parois cannelées de ces moules à tarte doublent presque la surface exposée à la chaleur. La croûte durcit ainsi plus vite et devient particulièrement résistante, ce qui est très intéressant pour les garnitures à base d'œufs ou de crème destinées à contenir des aliments solides. Ces moules ont un fond amovible (voir 2).

2 MOULES À TARTE CANNELÉS PEU PROFONDS

Parfaits pour les tartes aux fruits ou les tartes plates garnies de crème anglaise, ces moules existent en plusieurs dimensions allant de 11 à 31 cm. Comme pour les moules profonds, le fond est amovible. Posez le moule sur un pot à confiture et enlevez le cercle. Vous pouvez aussi laisser la tarte sur le fond lorsque vous la transférez sur un plat de service.

3 MOULE À TARTE ANTIADHÉSIF

Ce moule qui ne gondole pas est pourvu d'un fond surélevé ; il s'utilise pour les pâtes à biscuit que l'on garnit de crème fouettée et de fruits. Le fond a une surface creusée de petits renfoncements, ce qui facilite le démoulage.

4 MOULE À TARTE TATIN

Ce moule en cuivre intérieur inox est idéal pour cuire la tarte tatin, du fait que le cuivre conduit rapidement la chaleur très élevée nécessaire pour caraméliser les jus sirupeux. Le fond large et les parois peu hautes fournissent une grande surface, ce qui permet une cuisson homogène.

5 PLAT À TARTE RECTANGULAIRE

Ce long moule en aluminium anodisé de 36 x 12 cm à fond amovible permet de faire des tartes que l'on coupe en tranches ou en triangles. Il existe avec des parois droites lisses pour les tartes sucrées traditionnelles ou avec des parois cannelées pour les tartes salées.

6 PLAT EN CÉRAMIQUE POUR TARTE À CROÛTE DENTELÉE

Idéal pour les grands amateurs de tarte, ce plat en céramique de taille familiale possède un joli bord dentelé qui évite d'avoir à faire ses propres dentelures en pinçant la pâte entre les doigts. Vous pouvez l'utiliser pour faire des tartes à double croûte comme la tarte aux œufs, les tartes aux fruits ou des tourtes à la viande. Il peut aussi faire office de plat à gratin pour des pâtes à la crème ou une tourte au poisson.

7 PLAT À PIZZA EN CÉRAMIQUE

Ce plat en céramique est polyvalent. Rond et plat, mesurant entre 30 et 37 cm, allant au four, il peut faire office de plat de cuisson aussi bien que de plat de service pour les pizzas comme pour les flans aux fruits. Vous pouvez aussi le transformer en plateau à fromages.

6

7

8

8 MOULE EN SILICONE

Fait en silicone souple antiadhésif rouge (voir p. 252), ce plat assure une bonne diffusion de la chaleur, ce qui permet d'obtenir une pâte bien croustillante. Il va au congélateur et au lave-vaisselle.

9 PLAT À TARTE PROFOND

Ce plat magnifiquement conçu se transmet de génération en génération. Il est fait d'épaisse céramique vernie, ce qui laisse la chaleur pénétrer jusqu'au centre de la tarte sans brûler la croûte. Le large rebord soutient la couche de pâte de dessus, tandis que l'intérieur légèrement arrondi facilite le service et le nettoyage.

10 OISEAU À TARTE

Cet oiseau de porcelaine sert à soutenir la croûte de dessus et à évacuer la vapeur qui, autrement, la ramollirait. Le fond légèrement voûté aide la vapeur à monter vers le haut et à sortir par le bec. Assurez-vous que le bec est grand ouvert. Il existe également des entonnoirs spéciaux destinés au même usage.

11 PLAT À TARTE PEU PROFOND

Comme celui à tarte profond (9), ce plat est fait en épaisse céramique vernie avec un bord plat pour les tartes à double croûte. La forme arrondie peu profonde en fait un plat polyvalent – il peut servir de plat à gratin et est suffisamment élégant pour faire office de plat de service pour des légumes, une salade ou des fruits.

9

10

11

12 PLATS À TARTE EN ACIER ÉTAMÉ

Ces jolis plats à tarte en acier étamé servent à cuire les tartes. Ils existent en différentes dimensions, du plat individuel au plat familial de 30 cm de diamètre.

12

13 PLAT À TARTE ANTIADHÉSIF AVEC INSERT

Ce plat à tarte est fourni avec un insert perforé qui remplace les haricots (voir p. 271) quand on fait cuire une pâte à tarte non garnie.

13

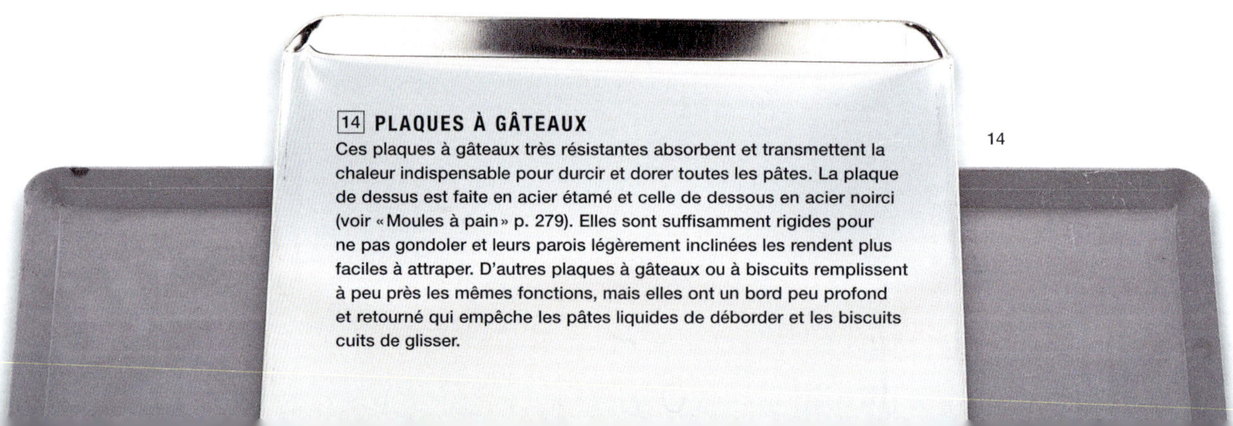

14 PLAQUES À GÂTEAUX

Ces plaques à gâteaux très résistantes absorbent et transmettent la chaleur indispensable pour durcir et dorer toutes les pâtes. La plaque de dessus est faite en acier étamé et celle de dessous en acier noirci (voir « Moules à pain » p. 279). Elles sont suffisamment rigides pour ne pas gondoler et leurs parois légèrement inclinées les rendent plus faciles à attraper. D'autres plaques à gâteaux ou à biscuits remplissent à peu près les mêmes fonctions, mais elles ont un bord peu profond et retourné qui empêche les pâtes liquides de déborder et les biscuits cuits de glisser.

14

Pâte à croûte double

USTENSILES : rouleau à pâtisserie, plat à tarte, oiseau à tarte, petit couteau pointu, brosse à pâtisserie

Une tarte à double croûte est complètement enfermée dans la pâte. Pour que la croûte de dessus soit dorée et croustillante, la garniture doit être bien arrondie sur le dessus. Sinon, vous pouvez placer un oiseau ou un entonnoir à tarte au milieu pour soutenir la croûte. Comptez environ 350 g de pâte pour un plat rond de 20 à 22 cm.

Divisez la pâte en deux tiers/un tiers. Étalez finement les deux pâtes qui devront déborder de 2 à 3 cm du plat. Placez le grand cercle dans le fond du moule, mettez un entonnoir à tarte si vous le souhaitez et garnissez de fines tranches de pommes ou autres fruits ou bien d'aliments salés (a).

Fouettez un jaune d'œuf avec 2 cuillerées à soupe d'eau froide. Badigeonnez les bords à l'aide d'une brosse à pâtisserie. Placez le petit cercle de pâte sur la tarte (b). Coupez le bord avec un petit couteau pointu (c). Pour fermer, pressez tout autour avec le dos d'une fourchette ou pincez avec les doigts (d).

Faites deux entailles en croix au milieu de la tarte, puis badigeonnez la surface avec le reste du jaune d'œuf. Placez la tarte sur une plaque à gâteaux. Enfournez et laissez cuire à 200 °C (th. 6-7) pendant 15 minutes ; baissez la température à 180 °C (th. 6) et laissez cuire 30 à 45 minutes.

a

b

c

d

a

b

c

Tarte aux poireaux et au poivre vert

Cette tarte salée qui fait venir l'eau à la bouche est faite avec une riche pâte brisée. Pour un résultat particulièrement croustillant, elle est étendue le plus finement possible et cuite directement sur une plaque à gâteaux à très haute température. Les poireaux doivent être petits et coupés en tranches fines. Ils seront tendres mais croquants. Le goût du poivre vert se marie superbement avec celui des poireaux et du fromage.

POUR 4 À 6 PERSONNES POUR UN REPAS LÉGER

USTENSILES
tamis
bol à mélanger
blender pour pâte
râpe
pilon et mortier
couteau de cuisine
saupoudroir à farine
rouleau à pâtisserie
plaque à gâteaux
petit fouet plat
brosse à pâtisserie

INGRÉDIENTS
225 g de farine ordinaire
1/4 de cuillerée à café de sel
1/4 de cuillerée à café de sucre
150 g de beurre
3 cuillerées à soupe d'eau glacée
100 g de cheddar
100 g de mozzarella
1 1/2 cuillerée à café de grains de poivre vert séchés
250 g de poireaux (3 petits)
50 g de pancetta
2 cuillerées à café de thym frais
jaune d'œuf battu, pour dorer

1 Tamisez la farine, le sel et le sucre au-dessus d'un bol. Incorporez la moitié du beurre jusqu'à ce que le mélange ressemble à de la chapelure (a), puis ajoutez le reste mais sans trop mélanger. Versez l'eau jusqu'à obtention d'une pâte lisse. Enveloppez dans du film alimentaire et réfrigérez pendant 1 heure.

2 Râpez les fromages. Écrasez les grains de poivre vert à l'aide d'un pilon et d'un mortier. Enlevez l'extrémité des poireaux et coupez-les en deux dans le sens de la longueur. Tranchez-les en segments de 2 cm. Il vous faudra 175 g de poireaux préparés. Taillez la pancetta en petits morceaux.

3 Préchauffez le four à 240 °C (th. 8). Étalez la pâte le plus finement possible sur une surface farinée de façon à obtenir un carré de 31 cm. Enroulez la pâte autour d'un rouleau à pâtisserie et déposez-la sur une plaque à gâteaux (c). Coupez proprement les bords.

4 En laissant une bordure de 1,5 cm tout autour, parsemez la pâte de fromage. Saupoudrez de grains de poivre vert, salez à votre goût, puis étalez les poireaux en une couche régulière. Ajoutez la pancetta et le thym.

5 Repliez les bords de la pâte de façon à bloquer la garniture, plissez les coins. Badigeonnez les bords avec du jaune d'œuf.

6 Faites cuire au four pendant 20 minutes jusqu'à ce que la pâte soit bien dorée et que les poireaux aient l'air légèrement brûlés. Servez bien chaud.

Tarte tatin

USTENSILES : Moule à tarte tatin, éplucheur rotatif, rouleau à pâtisserie, planche à découper, couteau

Épluchez 3 grosses pommes (cox) avec un éplucheur rotatif. Coupez-les en quatre, retirez le cœur et les pépins.

Préchauffez le four à 200 °C (th. 6-7). Étalez 300 g de pâte feuilletée prête à l'emploi et découpez un cercle de 23-24 cm de diamètre à l'aide d'une assiette ou d'un moule à gâteau en guise de gabarit. Placez le cercle de pâte sur une feuille de papier sulfurisé, piquez-le en plusieurs endroits avec une fourchette et réfrigérez pendant 1 heure.

Mettez le moule à tatin sur feu doux avec 40 g de beurre doux, 75 g de sucre extra-fin et 1/2 cuillerée à café de cannelle ou de noix de muscade moulue. Secouez de temps en temps pour mélanger le beurre et le sucre. Ajoutez les quartiers de pommes, la partie bombée contre le plat (b). Cuisez pendant 10 minutes jusqu'à ce que le mélange commence à caraméliser.

Enlevez du feu et recouvrez avec le cercle de pâte (c) en le rentrant tout autour du bord (d). Enfournez et faites cuire pendant 15 minutes, jusqu'à ce que la pâte devienne dorée et croustillante. Sortez du four, laissez refroidir 5 à 7 minutes, puis retournez sur un grand plat.

a

b

c

d

Faire de la pâtisserie exige tout un outillage. Il vous faudra des ustensiles différents pour mélanger, mixer, étendre, couper, gaufrer, badigeonner et gratter. Même si une grande partie de ces tâches peut être accomplie à la main, vous obtiendrez de meilleurs résultats si vous utilisez les ustensiles adéquats. Leur design a peu changé au fil des années, mais la technologie moderne a introduit de nouveaux matériaux qui les rendent plus résistants et plus faciles à nettoyer.

Ustensiles de pâtisserie

Le choix des ustensiles

Il est indispensable d'avoir un rouleau à pâtisserie. On peut, bien sûr, étaler la pâte avec un manche ou une bouteille de lait, mais ni l'un ni l'autre n'ont la bonne texture, la bonne longueur ou le bon diamètre. Un rouleau à pâtisserie doit être lisse au toucher et plus long que la surface couverte par la pâte une fois étalée. Les rouleaux en métal sont plus froids que ceux en bois, mais comme le bois ne conduit guère la chaleur, un rouleau en bois reste lui aussi raisonnablement froid. Le rouleau doit être assez lourd pour vous éviter de devoir appuyer fort. Les poignées peuvent faciliter le maniement, mais elles augmentent la longueur du rouleau et le rendent plus difficile à ranger.

Il est préférable d'étaler la pâte sur une surface fraîche antiadhésive comme le marbre ou le granit. Vous pouvez aussi acheter une planche à cet effet. Les planches en silicone sont faciles à nettoyer et peuvent être enroulées pour le rangement.

Il vous faudra une brosse à pâtisserie pour graisser les moules et badigeonner la pâte. Les brosses en silicone sont solides, faciles à nettoyer et résistent à la chaleur, mais les poils doivent être assez fins et serrés pour badigeonner de façon homogène. Les traditionnelles brosses en sanglier font parfaitement l'affaire, mais elles tendent parfois à perdre leurs poils.

Il vaut mieux utiliser un ustensile pour incorporer les graisses à la farine – vos mains sont chaudes. Enfin, une fois que vous avez étalé la pâte, vous aurez besoin de divers ustensiles pour la découper, depuis les emporte-pièces de différentes formes aux roulettes à pâtisserie qui permettent de faire des bords dentelés. Même si l'on peut se servir d'une soucoupe ou d'un verre retourné pour découper la pâte, des découpoirs en métal donneront des contours plus nets ; ceux en plastique donnent des bords plus épais. Pour soulever les formes de pâte découpées sans les étirer, utilisez une raclette. Bien choisis, tous ces ustensiles peuvent vous durer toute la vie.

1 RACLETTE À PÂTISSERIE
Utilisé à l'origine pour diviser la pâte en morceaux de taille égale, cet ustensile traditionnel sert aussi souvent de racloir.

2 ROULETTE À PÂTISSERIE
La roulette cannelée permet de donner des bords dentelés aux différentes formes de pâte que l'on découpe, qu'il s'agisse de rubans ou de carrés pour raviolis. Le cran de sûreté vous évite de vous couper les doigts.

3 ROULEAU À LOSANGES
Cet ustensile ingénieux permet d'obtenir une série de lignes brisées quand on le passe sur la pâte. Après le passage du rouleau, il suffit d'étirer la pâte pour obtenir des losanges de la largeur désirée.

4 COUTEAU À PALETTE FLEXIBLE
Utilisez cet ustensile, également appelé spatule en métal, pour étaler et lisser la surface des mélanges mous et des garnitures. Humectez la lame pour l'empêcher de coller.

5 **MÉLANGEUR À PÂTE**
Cet ustensile permet d'incorporer les graisses à la farine.

6 **PINCEAUX ET BROSSES À PÂTISSERIE EN POILS NATURELS**
Les poils pénètrent dans les fissures et revêtent les surfaces de façon régulière. Ces pinceaux et brosses sont indispensables pour badigeonner la pâte ou pour fariner et graisser les moules. Lavez-les et séchez-les soigneusement après usage.

7 **PLANCHE EN MARBRE**
Le marbre froid et lisse est idéal pour étaler la pâte. Il n'est pas nécessaire de le fariner beaucoup pour empêcher la pâte de coller.

DÉCOUPOIRS

8 Cet ensemble de découpoirs dentelés a beaucoup de succès dans les cuisines. Lavez-les et séchez-les soigneusement après usage pour les empêcher de rouiller.

9 Cet ensemble professionnel comprend des découpoirs de toutes les tailles possibles. Utilisez-les pour découper des ronds non seulement dans la pâte, mais aussi dans les légumes, les ananas, les gelées et les œufs durs.

10 Ce découpoir à beignets double permet de mieux centrer les trous que si l'on utilise deux découpoirs de tailles différentes.

11 **HARICOTS À PÂTISSERIE**
On fait généralement cuire le fond de tarte avec des haricots (voir page 273) en céramique ou en aluminium qui conduisent très bien la chaleur. Ces haricots peuvent durer plusieurs dizaines d'années.

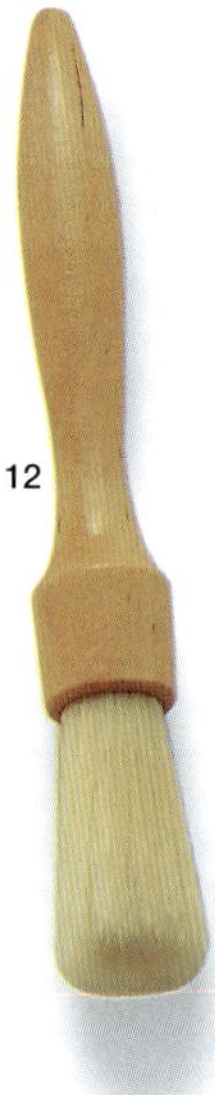

12

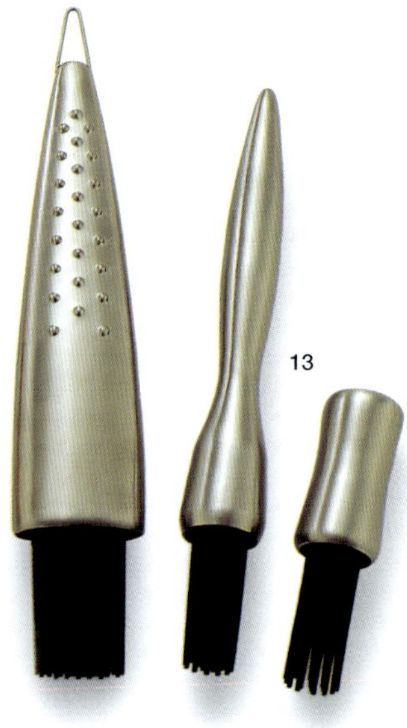

13

14 EMPORTE-PIÈCES

Ces emporte-pièces en forme de cœur et d'étoile permettent de faire des biscuits qui amuseront les enfants et les inciteront à vous donner un coup de main à la cuisine.

14

12 BROSSE À PÂTISSERIE EN BOIS

Les soies naturelles sont préférables pour réaliser un glaçage homogène sur la pâte ou sur les garnitures de fruits. Cette brosse classique à manche verni est idéale pour étaler de l'œuf sur les tartes, de la confiture sur les flans aux fruits ou de l'huile sur les gâteaux. Ne l'utilisez pas sur une crêpière chaude, car les soies se recroquevilleraient.

13 BROSSES EN SILICONE

Ces poils en silicone permettent d'ôter l'excédent de farine ou de badigeonner la pâte avant de cuire au four. Ils sont fixés sur des manches en aluminium de différentes tailles. Résistantes à la chaleur, ces brosses peuvent servir à badigeonner des sirops brûlants ou des marinades pour barbecue. Elles vont au lave-vaisselle, ne s'usent pas et ne retiennent pas les graisses.

15 ROULEAUX À PÂTISSERIE

Les meilleurs rouleaux ont une surface lisse résistante aux égratignures. Ils existent comme rouleaux simples ou équipés d'une poignée de chaque côté. Les rouleaux en acier inoxydable restent froids et peuvent être réfrigérés à l'avance pour garder la pâte à une température égale. Les rouleaux en silicone sont antiadhésifs, de sorte qu'il n'est pas nécessaire de fariner la pâte avant de l'étendre au risque de la durcir ou de l'alourdir. Les minirouleaux s'utilisent pour faire des petits ronds de pâte.

15

Cuire un fond de tarte

a

b

c

d

USTENSILES : rouleau à pâtisserie, moule à tarte, papier sulfurisé, haricots à pâtisserie, petit couteau pointu
On tapisse souvent le fond de tarte avec des haricots à pâtisserie pour qu'il soit bien croustillant.

Étalez la pâte sur une surface légèrement farinée au diamètre souhaité pour garnir le fond et les parois de votre moule en comptant 2 cm de plus – par exemple, un moule de 20 cm de diamètre aux parois de 1,5 cm exigera un cercle de pâte d'environ 25 cm de diamètre (a).

Si le moule n'est pas antiadhésif, graissez-le avec du beurre fondu ou chemisez-le de papier sulfurisé. Soulevez la pâte avec le rouleau à pâtisserie et étalez-la dans le moule en laissant dépasser 1 ou 2 cm. Pressez bien la pâte contre les parois (b) et piquez le fond avec une fourchette. Ne coupez pas, mais gardez une petite boule de pâte crue pour faire des raccords si nécessaire.

Découpez un grand morceau de papier sulfurisé et posez-le sur le fond de tarte. Garnissez de haricots à pâtisserie (c) ou de riz cru. Réfrigérez pendant que vous préchauffez le four à 200 °C (th. 6-7).

Dès que le four est assez chaud, placez la tarte (avec les haricots) sur une plaque à gâteaux et faites cuire 15 minutes. Retirez les haricots et le papier, et remettez au four pendant 5 minutes jusqu'à ce que la pâte soit bien dorée.

Maintenant, vous pouvez couper les bords avec un couteau pointu (d). S'il y a des trous ou des fissures, bouchez-les avec la pâte crue réservée à cet effet en humectant légèrement.

a

b

Tarte à double croûte en losanges

Garnissez un plat à tarte en vous reportant aux indications de la page 265 (a). Sur une surface légèrement farinée, étalez un cercle de pâte pour la croûte de dessus – il doit mesurer 2 cm de plus que le plat. Passez un découpoir à losanges sur le cercle (b), puis soulevez-le sur un rouleau à pâtisserie en l'étirant légèrement et laissez-le retomber sur la tarte garnie (c). Il s'ouvrira en tombant, créant un joli effet de losanges. Fermez tout autour, coupez ce qui dépasse (d) et dorez à l'œuf conformément aux instructions de la page 265.

c

d

Fond de tarte fourré au biscuit de Savoie, à la confiture et à la pâte d'amandes

ROGER PIZEY

La recette de ce grand classique anglais nous a été donnée par Roger Pizey, chef pâtissier qui a été formé chez Albert Roux avant de travailler pour Marco Pierre White. Roger Pizey officie maintenant pour Peyton & Byrne et approvisionne le *Heals Building* et le *National Dining Room and Café*, à Londres.

POUR 4 PERSONNES

USTENSILES
bols à mélanger
raclette coupe-pâte
rouleau à pâtisserie
mixeur plongeant
tamis
poche à douille

INGRÉDIENTS
Pour la pâte
125 g de beurre fondu
50 g de sucre glace
2 jaunes d'œufs
1 cuillerée à soupe d'eau
170 g de farine ordinaire

POUR LA GARNITURE
145 g de beurre
145 g de sucre en poudre extra-fin
40 g de farine à gâteaux
40 g de semoule
75 g d'amandes moulues
2 œufs bio
450 g de confiture de framboises sans pépins
200 g d'amandes émondées

1 Commencez par préparer la pâte. Dans un bol, mélangez le beurre fondu avec le sucre glace. Ajoutez l'un après l'autre les jaunes d'œufs et la moitié de l'eau. Incorporez lentement la farine et le reste de l'eau. Mélangez bien, enlevez la pâte du bol et pétrissez sur une surface fraîche légèrement farinée. Laissez reposer toute une nuit.

2 Graissez un cercle à tarte de 26 cm. Farinez la pâte et étalez-la à raison de 3 à 4 mm d'épaisseur. Garnissez le cercle en enfonçant bien la pâte jusqu'en bas, puis réfrigérez pendant 3 heures.

3 Pendant ce temps, préparez la garniture. Battez le beurre et le sucre en crème, en récupérant régulièrement la pâte avec la raclette. Tamisez la farine en même temps que la semoule et les amandes moulues. Ajoutez-les au beurre et au sucre et mélangez bien. Incorporez les œufs en battant bien pour obtenir un mélange léger. Laissez reposer.

4 Préchauffez le four à 180 °C (th. 6). Faites cuire à blanc le fond de tarte (voir page 273) avec des haricots à pâtisserie ou des lentilles pendant 20 minutes. Laissez refroidir.

5 Faites chauffer la confiture de framboises et laissez-la réduire. Étalez-la sur le fond de tarte. À l'aide d'une poche à douille, remplissez le cercle à tarte de garniture jusqu'à ras bord. Faites cuire au four à 160 °C (th. 5-6) pendant 20 minutes. Sortez la tarte du four et parsemez-la d'amandes effilées. Enfournez à nouveau et continuez la cuisson pendant 20 minutes. Les amandes devront être dorées (au-delà, elles brûlent). Servez chaud avec une crème anglaise vanillée.

Même si la pâte à pain est assez dense pour garder sa forme lorsqu'on la fait cuire sur une plaque, on contrôle mieux sa forme et la densité de sa croûte en utilisant un moule à pain. Un moule rectangulaire en tôle enferme le fond et les côtés de la miche, tout en laissant le dessus gonfler et former une croûte. Un moule fermé empêche le pain de trop gonfler et donne une miche à la croûte plus dense.

Moules à pain

Si vous êtes débutant, commencez par deux ou trois moules rectangulaires de taille moyenne. En progressant, vous voudrez peut-être acheter un moule plus grand, voire des moules à brioche.

Les moules rectangulaires doivent avoir des coins bien soudés et un bord roulé renforcé. Une surface creusée de petites dépressions empêche la pâte de coller, de même qu'un revêtement antiadhésif. Cependant, celui-ci n'est pas à l'abri des accidents et finira par s'user. Il vaut mieux huiler les moules à revêtement antiadhésif.

Si vous faites souvent du pain, achetez des moules à pain professionnels. Ils ne se déforment pas et finiront par se patiner, de sorte que vous n'aurez plus besoin de les graisser.

Les moules à pain existent dans toutes les tailles. Choisissez la taille qui convient au type de pain que vous voulez cuire. Ne remplissez le moule de pâte crue qu'à moitié.

MATÉRIAUX

Les moules en tôle bleuie ou noircie ont été chauffés à très haute température, ce qui donne une surface oxydée ultralisse qui résiste dans une certaine mesure à la rouille. Ce matériau conduit très bien la chaleur. Les moules en acier étamé sont doublés d'un revêtement d'étain, comme leur nom l'indique. Ils doivent être lavés et séchés avec soin avant utilisation. L'aluminium est léger et conduit bien la chaleur, mais il n'est pas très résistant. Pour compenser, les fabricants l'utilisent parfois pour doubler les moules à pain faits en plaque d'acier.

2

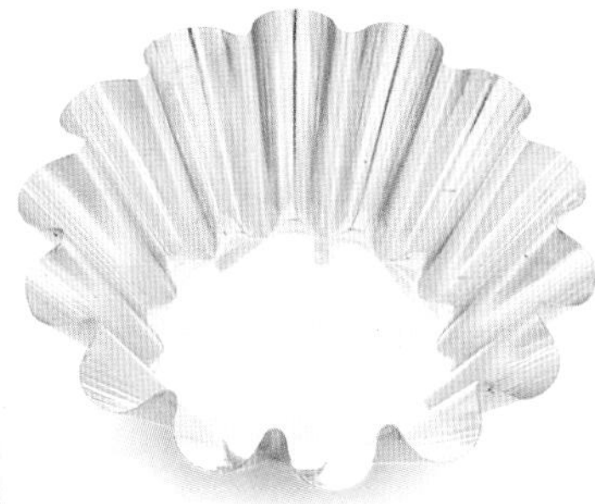

3

3 MOULE À BRIOCHE

Ce moule aux parois cannelées évasées sert à faire des brioches. La hauteur des parois est plus importante que la largeur du fond, ce qui permet à la pâte de bien gonfler. Comme une large surface est exposée à la chaleur, les bords durcissent rapidement. Ces moules existent en plusieurs tailles, de 7,5 à 20 cm.

1

4 MOULE À PAIN EN SILICONE

En raison de la flexibilité de ce matériau, les moules faits en silicone peuvent être difficiles à manipuler quand ils sont remplis de pâte crue. Pour résoudre ce problème, certains fabricants insèrent un bord métallique intégré allant au micro-ondes, qui permet de soulever le moule plus facilement sans compromettre le démoulage. Ces moules sont faciles à ranger, car il suffit de les aplatir dans un tiroir.

4

1 MOULES À PAIN ANTIADHÉSIFS

Solidement faits, ces moules rectangulaires ont des coins renforcés, un bord roulé résistant et deux couches de revêtement antiadhésif. Ils existent en plusieurs tailles et sont très utiles pour les débutants.

2 MOULE À BAGUETTES ANTIADHÉSIF

Ce moule de 40 cm finement perforé est conçu pour cuire deux baguettes à la fois. Avant d'acheter un moule plus long, vérifiez la taille de votre four.

5

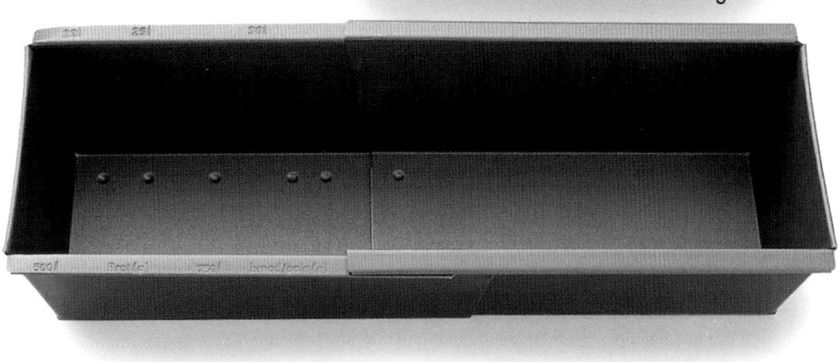

5 MOULE À CAKE EXTENSIBLE

Un moule extensible comme ce modèle en métal anodisé antiadhésif, qui peut aller de 20 à 35 cm, est idéal pour faire des cakes faciles à couper en tranches pour toute la famille.

Pain suédois à l'aneth

ERIC TREUILLE • URSULA FERRIGNO

Auteurs de livres de cuisine, Eric Treuille et Ursula Ferrigno ont collaboré à la rédaction d'un livre de recettes de pains, qui a connu un grand succès. Tous deux ont enseigné la pâtisserie – Ursula dans son Italie natale et Eric à la Books for Cooks Cookery School de Londres. Leur recette de pain suédois à l'aneth est tout simplement superbe. Enrichi de fromage mou, de beurre et d'œufs et délicatement parfumé à l'aneth, ce pain a une mie tendre, une texture légère et une croûte dorée. Il accompagne à merveille le saumon fumé. Utilisez un moule antiadhésif légèrement graissé pour un démoulage facile.

POUR 1 MICHE

USTENSILES
- petit et grand bols
- tamis
- cuillère en bois
- saupoudroir de farine
- brosse pour badigeonner
- moule à pain (19 x 12 x 9 cm)
- grille à pâtisserie

INGRÉDIENTS
- 2 cuillerées à café de levure
- 100 ml d'eau tiède
- 500 g de farine blanche
- 1 cuillerée à café de sel
- 2 cuillerées à soupe d'aneth frais haché
- 1 œuf battu
- 150 g de fromage mou à température ambiante
- 2 oignons hachés
- 25 g de beurre doux à température ambiante, plus un peu pour graisser le moule

1 Versez la levure en pluie dans un petit bol d'eau. Laissez 5 minutes, puis délayez en remuant. Tamisez la farine et le sel ensemble sur un grand bol à mélanger. Faites un puits au milieu et ajoutez l'aneth, le fromage mou, les oignons, le beurre, l'œuf et la levure délayée. À l'aide d'une cuillère en bois, mélangez jusqu'à obtention d'une pâte épaisse et collante.

2 Déposez la pâte sur une surface légèrement farinée. Formez une boule puis aplatissez-la, repliez une moitié sur l'autre en amenant le haut vers vous.

3 Avec le talon de la main, poussez la pâte vers l'extérieur (a). En même temps, faites-la tourner vers vous en lui faisant décrire un cercle. Continuez de replier, de pousser et de faire tourner pendant au moins 10 minutes jusqu'à obtention d'une consistance parfaitement lisse. Mettez la pâte dans un récipient propre et couvrez avec un linge. Laissez gonfler jusqu'à ce que le volume ait doublé – environ 1 heure et demie.

4 Graissez un moule avec du beurre. Pressez la pâte et laissez reposer pendant 10 minutes.

5 Farinez la paume de votre main et aplatissez la pâte pour faire sortir les bulles de gaz (b). Exercez une pression égale pour lui garder une forme bien ronde. Repliez l'un des bords de la pâte vers le milieu. Pressez doucement pour fermer.

6 Repliez l'autre moitié de la pâte vers le milieu de façon que les deux plis se chevauchent au milieu de la miche (c). Pressez pour coller les deux bords.

7 Placez la pâte sur votre surface de travail avec le pli sur le dessous. Pressez pour donner une épaisseur égale. Soulevez la pâte, repliez les bords sur le dessous et mettez-la dans le moule avec le pli sur le dessous (d). Couvrez avec un linge propre. Laissez lever jusqu'à ce que la pâte dépasse le haut du moule à raison de 1 cm – environ 1 heure et demie.

8 Préchauffez le four à 180 °C (th. 6). Enfournez et laissez cuire le pain pendant 45 minutes à 1 heure jusqu'à ce qu'il soit bien doré et sonne creux quand on tapote le moule par-dessous. Démoulez sur une grille.

a

b

c

d

Brioche

STEPHEN JACKSON

Cette recette de Stephen Jackson, patron du restaurant *Weaver's Shed*, dans le Yorkshire, est une adaptation de celle qui lui a été enseignée à la School of Food & Wine de Leith. « Cette recette est rapide, dit-il, et pas du tout classique, mais elle marche ! »

POUR 2 PETITES BRIOCHES

USTENSILES
bols à mélanger
mixeur
moule à brioche

INGRÉDIENTS
20 g de levure fraîche
60 g de sucre en poudre roux non raffiné
150 ml de lait entier légèrement tiédi
1 kg de farine ordinaire tamisée
2 cuillerées à café de gros sel
12 œufs moyens
les graines d'1 gousse de vanille
500 g de beurre à température ambiante coupé en dés
un peu de peau de lait pour badigeonner

1 Préchauffez le four à 190 °C (th. 6-7).

2 Mélangez la levure avec le sucre dans un bol. Ajoutez un peu de lait tiède jusqu'à obtention d'un mélange lisse, puis versez progressivement le reste de lait. Versez la farine et le sel dans le bol du mixeur et mixez doucement. Ajoutez le mélange à base de lait et mixez jusqu'à obtention d'une consistance homogène.

3 Incorporez les œufs séparément en veillant à ce que chaque œuf soit bien mélangé avant de passer au suivant. Versez les graines de vanille. Ajoutez un peu de farine si le mélange est trop collant.

4 Transférez la pâte dans un bol chaud légèrement fariné, couvrez avec du film alimentaire et laissez gonfler pendant environ 1 heure. Répartissez la pâte dans 4 moules farinés et laissez à nouveau gonfler 30 à 40 minutes.

5 Badigeonnez légèrement avec le lait entier, puis faites cuire au four 35 à 45 minutes jusqu'à ce que les brioches soient bien dorées. Le moule doit sonner creux quand on tapote le dessous. Au besoin, retournez les brioches et faites-les cuire à l'envers pendant quelques minutes de plus. Débarrassez-les sur une grille à pâtisserie. Attendez qu'elles refroidissent avant de vous jeter dessus !

Faire soi-même de la pâte à pizza ou des pâtes fraîches n'est pas sorcier. Il suffit de procéder patiemment et méthodiquement, puis de laisser faire la chimie. Votre principal ustensile, ce sont vos mains qui pétriront la pâte jusqu'à ce qu'elle puisse être étalée en couche aussi mince que possible. Les autres ustensiles sont là pour vous aider, sans plus.

Ustensiles pour pâte à pizza et pâtes fraîches

Pour réussir votre pâte à pizza, faites-la cuire sur une pierre à pizza préchauffée dans un four réglé sur la plus haute température. Avec un peu de chance, le résultat pourra être comparable à celui que l'on obtient avec un four à brique fonctionnant au bois.

Faire des pâtes fraîches prend du temps, mais c'est une expérience particulièrement relaxante et satisfaisante. Et les pâtes maison n'ont rien à voir avec les pâtes prétendument fraîches vendues dans les supermarchés.

1 PLAQUE À PIZZA PERFORÉE
Les trous laissent passer l'air jusqu'au centre de la pâte, ce qui donne un résultat plus croustillant. Cette plaque est conseillée pour les grandes pizzas.

2 PIERRE À PIZZA
Préchauffée dans un four très chaud, cette épaisse plaque de céramique non vernie absorbe l'humidité de la pâte, donnant un résultat croustillant à souhait. Elle existe en 30 et 40 cm de diamètre.

3 PELLE À PIZZA
Cet ustensile plat a un bord biseauté qui glisse facilement sous la pizza pour la soulever de la pierre. Il existe également des pelles en bois, qui ne conduisent pas la chaleur.

4

4 ROULEAUX EN BOIS

Ces jolis rouleaux servent à couper la pâte en minces rubans de différentes largeurs. Les bords coupants sont très fragiles et peuvent s'ébrécher si vous manipulez l'ustensile sans précaution.

6 MACHINE À PÂTES

Cette machine actionnée à la main permet d'étendre et de couper la pâte plus rapidement. La machine possède des ouvertures graduées qui permettent de donner l'épaisseur souhaitée à la pâte. Des coupoirs amovibles permettent de la couper en rubans de différentes largeurs.

6

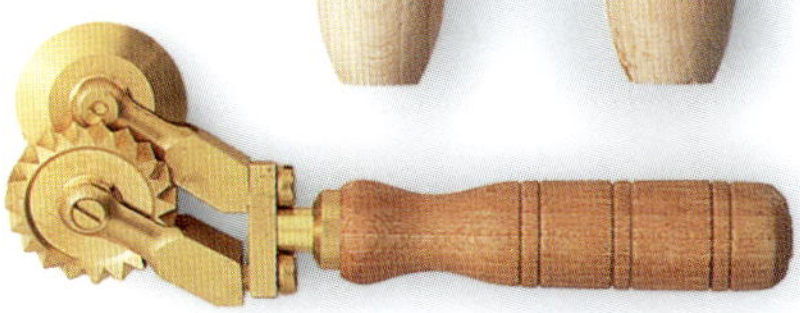

5

5 ROULETTES À PÂTES

Ce bel ustensile fabriqué à la main a deux roulettes amovibles en laiton – l'une droite, l'autre en zigzags pour couper des rubans dentelés ou des raviolis. À la différence des roulettes industrielles, celle-ci a un bord tranchant qui donne des résultats bien nets. Lourd et épais, le laiton reste plus froid pendant l'utilisation que les métaux légers.

7

7 PLAT À RAVIOLIS

Ce plat en fonte d'aluminium, comptant 36 cases, permet de faire des raviolis de taille et de forme égales.
Les larges bords plats entre les indentations augmentent la surface de contact entre les couches de pâte et limitent les risques de fuites.

8

8 DÉCOUPOIR À RAVIOLIS

Si vous aimez les gros raviolis, ce coupoir carré de 6,5 cm en fonte d'aluminium est l'ustensile qu'il vous faut.

Pâtes fraîches

Faire des pâtes fraîches n'est pas difficile, surtout si vous avez une machine à pâtes pour vous aider à réaliser une pâte fine et à la couper. Le secret réside dans le pétrissage. Il faut amincir la pâte progressivement en fermant les rouleaux cran après cran. N'essayez pas de brûler les étapes !

Les pâtes aiment la chaleur : ne travaillez pas sur une surface en marbre ou en métal. Utilisez une grande planche à découper en bois ou un autre matériau relativement chaud. Il vous faudra beaucoup de place pour étaler les rubans de pâte et un certain nombre de linges propres pour les poser dessus. Utilisez de préférence une farine italienne « 00 » en comptant 100 g de farine pour un gros œuf. Cela dit, on ne peut jamais prévoir exactement la quantité de farine nécessaire. Commencez par peu de farine, il sera toujours temps d'en ajouter. Si vous en mettez trop à la fois et que la pâte est trop épaisse, vous devrez tout recommencer à zéro.

POUR 4 À 6 PERSONNES

USTENSILES
grande planche à découper
racloir à pâte
machine à pâtes manuelle

INGRÉDIENTS
300 g de farine italienne « 00 »
3 gros œufs à température ambiante

1 Versez la farine sur une surface en bois. Formez un monticule et creusez un puits au milieu. Cassez les œufs dans le puits et battez légèrement avec une fourchette. Incorporez la farine progressivement (a) jusqu'à ce que les œufs soient bien absorbés.

2 Rabattez les côtés du puits sur les œufs en laissant un peu de farine autour pour l'intégrer à la pâte si elle devient trop épaisse. Mélangez les œufs et la farine jusqu'à obtention d'une pâte lisse en ajoutant la farine réservée si nécessaire (b).

3 Pétrissez la pâte en la poussant avec le talon de votre main, puis en la pliant en deux ; tournez-la un peu et poussez-la vers l'avant à nouveau (c). Répétez l'opération en tournant dans la même direction pendant 15 minutes afin que la pâte soit souple et élastique.

4 Coupez la pâte en au moins 6 morceaux. Aplatissez un morceau et enveloppez les autres dans du film alimentaire. Pliez le morceau en trois (d) et passez-le dans le sens de la longueur dans la machine à pâtes réglée sur l'ouverture la plus large (e). Répétez 3 ou 4 fois en repliant la pâte en trois à chaque fois. Disposez les bandes sur un linge propre et répétez l'opération avec le reste des morceaux de pâte.

5 Fermez les rouleaux cran par cran et repassez toutes les bandes dans la machine, cette fois sans les plier. Répétez l'opération en fermant un cran à chaque fois jusqu'à ce que les rouleaux soient réglés sur l'ouverture la plus étroite.

6 Pour faire des rubans, coupez la pâte en bandes de 30 cm et passez-les dans la machine sur l'ouverture de votre choix (f). Séparez-les à mesure qu'ils sortent de la machine et étalez-les sur un linge propre.

7 Pour sécher les pâtes, enroulez plusieurs rubans en forme de nid et laissez ainsi pendant 24 heures en espaçant bien les nids. Conservez dans un récipient hermétique.

d

e

f

a
b
c
d

Tortelloni à la ricotta et à la menthe

MARCELLA HAZAN

Marcella Hazan est la doyenne de la gastronomie italienne et l'un des auteurs de livres de cuisine les plus respectés au monde. Dans cette recette, la pâte aux œufs, dorée et soyeuse, est farcie avec un mélange de fromage, de menthe, d'oignons et d'ail. Une sauce tomate parfumée au laurier fera un accompagnement idéal.

POUR ENVIRON 36 TORTELLONI, EN HORS-D'ŒUVRE OU POUR UN REPAS LÉGER

USTENSILES

mousseline à fromage
cuillère en bois
cruche ou bol
bol à mélanger
râpe à noix de muscade
petite poêle
plusieurs linges propres
machine à pâtes manuelle
roulette à pâte cannelée
couteau
poêle de taille moyenne
pot à pâte
cuillère perforée ou écumoire en fil de fer
passoire
râpe à fromage

NOTE : Les pâtes destinées à être farcies doivent être molles et collantes. Il faut donc adapter la façon de procéder de la page 286 comme suit : prenez un seul morceau de pâte à la fois pendant tout le processus d'affinement de la pâte, puis coupez-le et farcissez-le comme indiqué ci-dessous avant de passer au morceau suivant.

INGRÉDIENTS

POUR LA GARNITURE

225 g de ricotta au lait entier
1/8e de cuillerée à café de noix de muscade râpée
4 cuillerées à café de menthe fraîche hachée
1 jaune d'œuf
sel et poivre noir moulu
15 g de beurre
2 cuillerées à soupe d'oignon haché
1/2 cuillerée à café d'ail haché

POUR LES ENVELOPPES

150 à 200 g de farine italienne « 00 »
2 gros œufs à température ambiante
1 cuillerée à soupe de lait

POUR LA CUISSON DES PÂTES ET LA SAUCE

25 g de beurre pour la sauce, 15 g pour mélanger
1 1/2 cuillerée à soupe d'huile d'olive extra-vierge pour la sauce, 1 cuillerée à soupe pour les pâtes
1/2 petit oignon haché menu
4 feuilles de laurier
340 g de grosses tomates fermes bien mûres, pelées, épépinées et hachées
sel et poivre noir fraîchement moulu
50 g de parmesan râpé

1 Enveloppez la ricotta dans une mousseline à fromage et laissez égoutter pendant 30 minutes (comme dans la recette de la page 131). Mettez la ricotta dans un bol, ajoutez la noix de muscade, la menthe, le jaune d'œuf, le sel et le poivre, et mélangez bien.

2 Mettez le beurre et l'oignon dans une petite poêle et faites fondre sur feu moyen. Ajoutez l'ail et laissez cuire en remuant souvent jusqu'à ce qu'il dore légèrement. Versez le contenu de la poêle dans le mélange à base de ricotta en remuant à l'aide d'une cuillère en bois.

3 Préparez la pâte en vous reportant aux instructions de la page 286. Coupez-la en quatre morceaux. Amincissez l'un des morceaux et effectuez toutes les étapes nécessaires. Laissez les autres morceaux de pâte enveloppés dans le film alimentaire.

4 Déposez des cuillerées de garniture de la taille d'une cerise en les espaçant de 6 cm et en les plaçant à 3 cm du bord long du rectangle (a) de pâte.

5 Répartissez ainsi les noix de garniture tout au long de la bande, puis ramenez le bord le plus éloigné par-dessus et repliez-le sur l'autre bord (b). Chassez l'air en appuyant dessus avec la paume de la main et scellez les bords en utilisant le bout de vos doigts. Passez une roulette entre les bords pour couper, puis repassez transversalement (c). Pressez les bords avec vos doigts, puis étalez sur un linge propre en espaçant bien les raviolis. Répétez l'opération avec le reste de la pâte. Les tortelloni peuvent être cuits immédiatement ou après plusieurs heures. Si vous voulez les faire cuire plus tard, retournez-les toutes les 15 minutes.

6 Pour la sauce, faites fondre l'oignon dans une poêle avec 25 g de beurre et 1 cuillerée et demie à soupe d'huile. Ajoutez les feuilles de laurier et remuez pendant quelques secondes. Incorporez les tomates, salez et poivrez. Laissez cuire à feu doux en remuant de temps en temps pendant 15 à 20 minutes.

7 Faites cuire les tortelloni dans une grande casserole d'eau bouillante salée en ajoutant 1 cuillerée à soupe d'huile d'olive si vous les cuisez plusieurs heures après les avoir préparés (ils mettront un peu plus longtemps à cuire que s'ils étaient frais). Goûtez-les au bout de 3 minutes et, si nécessaire, poursuivez la cuisson jusqu'à ce qu'ils soient tendres, mais al dente. Sortez-les de la casserole avec une cuillère à trous ou une écumoire en fil de fer, et égouttez-les dans une passoire (d). Mettez les tortelloni dans un plat de service réchauffé et mélangez avec 15 g de beurre, la sauce tomate et le parmesan râpé. Servez sans attendre.

Pizza aux champignons sauvages et à la fontina

PAUL GAYLER

Cette galette de pommes de terre dont la recette nous a été donnée par Paul Gayler est en fait une sorte de pâte à pizza réalisée avec de la purée de pommes de terre et du beurre. Le résultat est une pâte légère qui fait un fond de tarte idéal pour différentes garnitures. Ici, la garniture est composée de champignons sauvages sautés avec de la fontina.

POUR UNE PIZZA DE 2 X 25 CM

USTENSILES

tamis
2 grands bols à mélanger
grande cuillère en métal
rouleau à pâtisserie
film alimentaire
plat à pizza ou plaque à gâteaux de 25 cm
couteau de cuisine
poêle
éplucheur à légumes

INGRÉDIENTS

POUR LA PIZZA

2 pommes de terre pour cuisson au four
25 g de beurre fondu
225 g de farine ordinaire
7 g de levure
1 cuillerée à café de sucre
150 ml de lait chaud

POUR LA GARNITURE

50 g de beurre doux
1 échalote hachée menu
1 gousse d'ail écrasée
350 g de champignons sauvages mélangés
sel et poivre noir fraîchement moulu
400 g de pommes de terre nouvelles (de préférence une variété violette) cuites, épluchées et coupées en tranches fines
100 g de fontina
2 cuillerées à soupe d'huile d'olive

1 Préchauffez le four à 200 °C (th. 6-7). Enveloppez les pommes de terre dans du papier d'aluminium et faites-les cuire au four pendant 1 heure. Sortez-les de l'aluminium, laissez refroidir, puis épluchez. Écrasez-les dans une passoire, puis pesez – il vous en faut 200 g.

2 Mettez les pommes de terre écrasées dans un grand bol. Ajoutez le beurre fondu, la farine, la levure et le sucre, et mélangez bien. Versez le lait chaud et mélangez pour former une pâte. Déposez la pâte sur une surface de travail légèrement farinée et pétrissez pendant 5 à 8 minutes jusqu'à obtention d'une consistance lisse et élastique.

3 Placez la pâte dans un bol légèrement huilé, couvrez de film alimentaire et laissez reposer 1 heure dans un endroit chaud jusqu'à ce que la pâte ait doublé de volume.

4 Sortez la pâte du bol et pétrissez pour chasser l'air. Étalez-la de façon à obtenir un cercle de 25 cm.

5 Pour la garniture, faites chauffer le beurre dans une poêle. Ajoutez l'échalote et l'ail et laissez revenir pendant 2 minutes. Incorporez les champignons et faites sauter pendant 2 à 3 minutes. Salez et poivrez à votre goût. Réchauffez le four à 200 °C.

6 À l'aide d'un couteau éplucheur, détaillez la fontina en copeaux. Étalez les champignons et les tranches de pommes de terre sur le fond de pizza et parsemez de copeaux de fontina. Enfournez et laissez cuire 20 à 25 minutes. Arrosez d'huile d'olive et servez la pizza directement sur le plat de cuisson.

AUTRES IDÉES DE GARNITURE

tomates aux épices avec oignon et roquette
légumes grillés avec mozzarella râpée
artichauts en conserve avec champignons et fromage de chèvre émietté

Mouler et façonner

Les aliments moulés comme les mousses, les crèmes anglaises et les gelées évoquent l'époque où l'on avait le temps de laisser prendre les aliments et de les réfrigérer. Sucrés ou salés, ces aliments sont, par nature, mous et délicats. Ils ont parfois été exclus de la cuisine moderne du fait que leur préparation prend du temps et peut-être aussi que leur saveur sait se faire discrète.

Moules

Malgré les changements de modes, les moules ont leur place dans les cuisines d'aujourd'hui, ne serait-ce que pour confectionner une charlotte pour un goûter d'anniversaire. Et n'oublions pas le moule le plus élémentaire des temps modernes : le plateau à cubes de glace. Les moules peuvent être utilitaires ou décoratifs, profonds ou non, à parois droites ou ornées de motifs. Ils sont souvent faits dans des matériaux tels que l'aluminium ou le cuivre qui réagissent vite à la chaleur ou au froid ; le verre ou la porcelaine sont utilisés quand il faut réduire le froid ou la chaleur. Les moules à confiseries sont faits en acier étamé, en plastique ou en

1

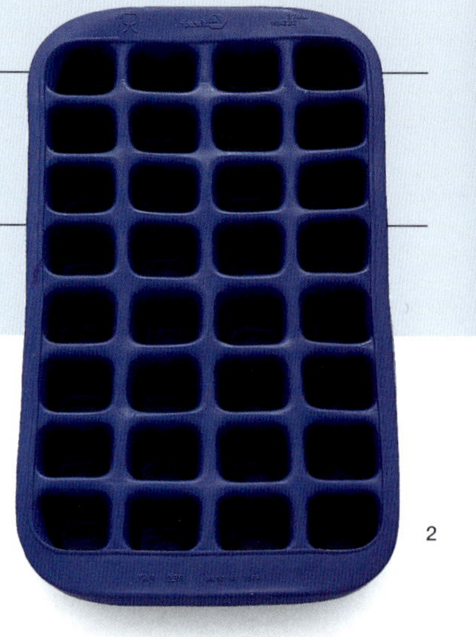

2

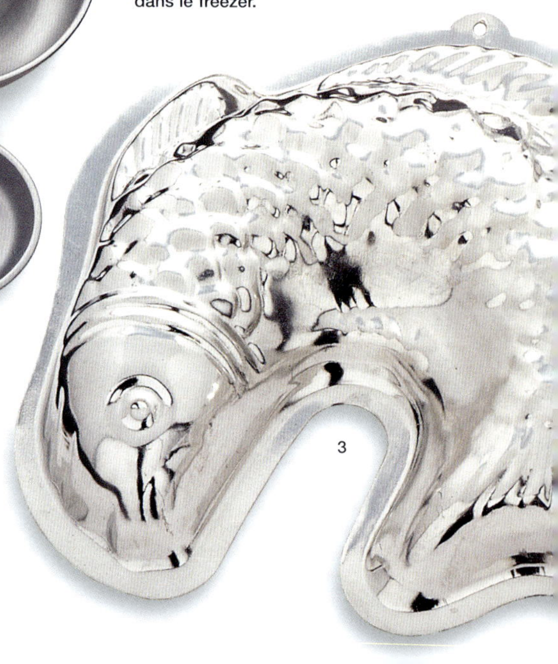

3

1 MOULES EN ANNEAU
Ces moules en aluminium faits d'une seule coulée de métal sont conçus pour cuire les babas au rhum et les savarins – ces délicieux et riches gâteaux imbibés de sirop ou de rhum après cuisson. Le gâteau reste à l'envers une fois démoulé et la partie creuse du milieu est remplie de crème fouettée ou de fruits. La forme du moule permet une exposition maximale à la chaleur, de sorte que le mélange cuit rapidement en gonflant. Les moules en anneau peuvent aussi servir à préparer des mousses, des crèmes anglaises ou du gâteau de riz.

2 PLATEAU À CUBES DE GLACE GÉANT
Ce plateau est flexible, ce qui facilite le démoulage des cubes individuellement. Il est vendu avec un plateau de métal, de sorte qu'il repose bien à plat dans le freezer.

3 MOULE À POISSON
Ce joli moule en métal gaufré peut servir à préparer une terrine de poisson aussi bien qu'un flan à l'orange pour les enfants.

caoutchouc. Les moules ont parfois la forme des aliments qu'ils sont destinés à contenir – par exemple, un poisson ou des fruits.

Les mélanges destinés à des moules aux parois hautes ou ornementées doivent être plus fermes que les autres, du fait qu'ils risquent plus de s'effondrer ou de s'incruster dans les dépressions du moule. Plus le moule est lisse et peu profond, plus son contenu est facile à démouler.

4

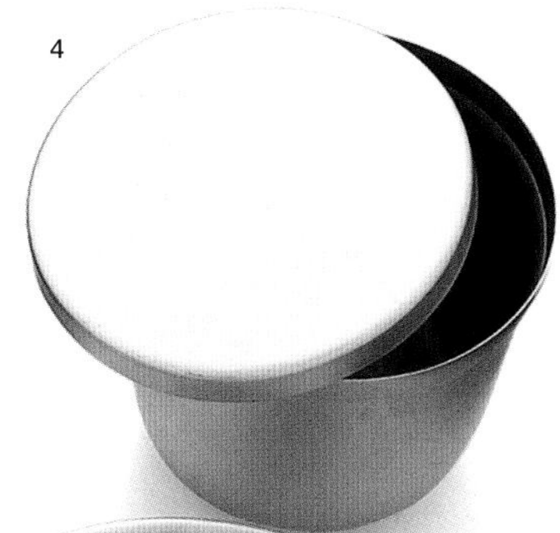

4 MOULE À BOMBE GLACÉE

Ce moule sphérique et lisse est équipé d'un couvercle hermétique qui empêche la formation de cristaux de glace dans le réfrigérateur.

5 MOULES À DARIOLE

Ces petits moules en aluminium conduisent bien la chaleur ou le froid. Vous les utiliserez pour faire des petits babas au rhum (ne les remplissez qu'à moitié, car ils vont gonfler pendant la cuisson), des puddings, timbales, flans ou crèmes caramel.

6 MOULE À CHARLOTTE

On tapisse ce moule en forme de seau, fait en aluminium, avec du pain beurré ou un gâteau mousseline avant de le garnir de compote de fruits ou de mousse. Les parois évasées facilitent le travail de garnissage et permettent de retourner le moule et de le soulever pour démouler le contenu. Les charlottes peuvent être servies crues, réfrigérées ou cuites au four – d'où les deux poignées en forme de cœur. L'aluminium est un bon conducteur de chaleur ou de froid.

7 MOULE EN CŒUR

Ce moule est idéal pour les préparations sucrées ou salées que l'on déguste le jour de la Saint-Valentin ou à l'occasion d'un anniversaire.

5 6 7 8

8 MOULES À GELÉE OU À BLANC-MANGER

Ces moules en aluminium gaufré sont parfaits pour les gelées ou les blancs-mangers. Assurez-vous que le haut du moule est bien droit afin qu'il repose bien à plat quand vous le retournez pour le démoulage.

Gelée

Les gelées doivent leur consistance instable aux agents gélatineux à base de collagène. Vendue en poudre ou sous forme de feuilles, la gélatine doit être mise à tremper dans un liquide froid avant d'être dissoute dans un liquide chaud.

Pour réussir vos gelées, vous devez utiliser la bonne quantité de gélatine. Cette quantité varie suivant les marques, aussi devrez-vous suivre les instructions le plus fidèlement possible.

Si vous préparez une gelée par une chaude journée, réfrigérez le moule ou les coupes de service avant de les remplir. Vous pouvez également garnir un grand plat à rôtir profond avec des glaçons et poser les moules dedans. Cette méthode est particulièrement utile quand vous préparez des gelées en couches qui doivent prendre par étapes.

Les ananas, papayes, kiwis et figues contiennent des enzymes qui empêchent la gélatine de prendre convenablement. Si vous voulez utiliser ces fruits pour parfumer vos gelées, vous devrez d'abord les faire cuire un peu afin de neutraliser les enzymes.

Mouler une gelée

USTENSILES : moule à gelée, brosse à pâtisserie, plat

Avant de garnir un moule avec une gelée à base d'eau et de fruits (sans ajout de lait ou de crème), rincez-le à l'eau froide. Versez le mélange préparé dedans (a) et réfrigérez sur une assiette afin qu'il repose bien à plat. Laissez prendre au moins toute une nuit.

Pour faire prendre un blanc-manger crémeux ou laiteux, badigeonnez légèrement le moule avec un peu d'huile de tournesol à l'aide d'une brosse à pâtisserie et ajoutez le mélange préparé. Réfrigérez toute une nuit sur un plat.

Pour démouler une gelée, ayez un bol d'eau chaude à portée de main. Mouillez un plat avec de l'eau froide. Avec les doigts, tirez sur le bord de la gelée pour la décoller du moule (b), puis plongez le moule dans l'eau chaude en comptant jusqu'à trois. Soulevez, posez le plat par-dessus, renversez et secouez fermement deux ou trois fois. Soulevez le moule (c) en le secouant légèrement ; vous sentirez la gelée se décoller des parois et se déposer sur le plat.

a

b

c

Crème aux fruits de la passion
CHRISTINE MANFIELD

Christine Manfield est l'un des chefs les plus réputés d'Australie, une perfectionniste inspirée par les saveurs complexes, auteur de plusieurs livres de recettes – *Paramount Cooking*, *Christine Manfield Desserts*, *Christine Manfield Originals*, *Spice and Stir* – qui ont mis un peu de piment dans la vie de nombreux cordons-bleus de Melbourne à Manchester en passant par Manhattan.

POUR 6 PERSONNES

USTENSILES
moules de 200 ml
ou moules à dariole
casserole
passoire fine

INGRÉDIENTS
450 ml de crème liquide
180 g de sucre en poudre
extra-fin
60 ml de jus de fruit de la
passion
2 cuillerées à café de liqueur
de Mandarine® Napoléon
5 g de feuilles de gélatine
350 ml de yoghourt nature
épais
pulpe de 4 fruits de la passion
pour servir

1 Faites ramollir les feuilles de gélatine dans une tasse d'eau froide. Portez la crème et le sucre au point d'ébullition dans une casserole. Retirez du feu et incorporez le jus de fruits de la passion et la liqueur.

2 Ajoutez la gélatine essorée et laissez-la se dissoudre en remuant pendant 2 minutes environ.

3 Incorporez le yoghourt. Versez le mélange dans une passoire fine, puis répartissez dans les moules.

4 Réfrigérez pendant 5 heures.

5 Plongez les moules dans l'eau très chaude pendant 20 secondes pour décoller le contenu des parois, puis démoulez sur un plat ou dans des assiettes individuelles. Versez la pulpe de fruits de la passion par-dessus. Servez avec un fruit tropical comme de la mangue, de la papaye, de l'ananas ou des litchis.

Ces ustensiles compriment les mixtures de façon à les aplatir ou à les gaufrer. Ou bien ils poussent le mélange à travers une douille ou dans un découpoir d'une forme particulière. Aucun de ces ustensiles n'est indispensable, mais ils sont amusants à utiliser et ne coûtent pas une fortune.

Presses

1

2

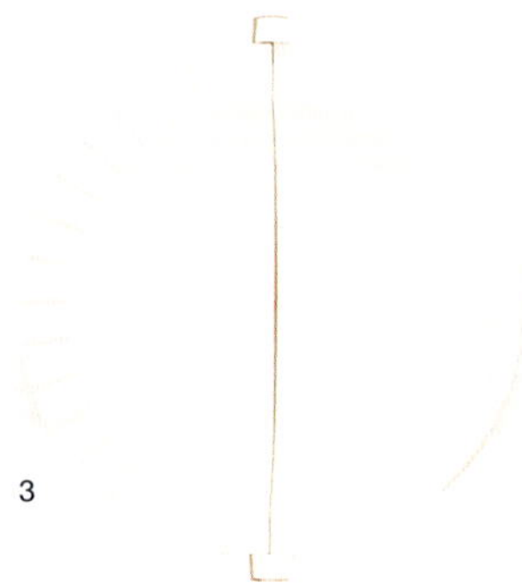

3

4

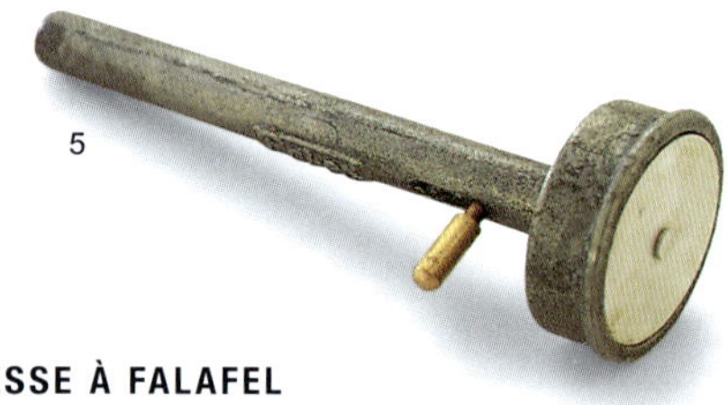

5

6

1 PRESSE À HAMBURGER EN MÉTAL
Cette presse en fonte d'aluminium montée sur charnière produit un hamburger compact et parfaitement rond. Elle élimine les poches d'air qui font se briser les hamburgers quand on les retourne.

2 PRESSE À TORTILLA
Quand vous abaissez la poignée de cette presse, les deux disques en fonte d'aluminium montés sur charnière compriment une petite boule de pâte masa harina (pâte fraîche à base de maïs) de façon à former une tortilla aussi fine que du papier.

3 PRESSE À CHAUSSONS
Il devient très facile de réaliser des chaussons aux fruits ou aux légumes avec cette presse en plastique semi-circulaire qui moule, façonne et ferme la pâte.

4 MOULE À SABLÉS
Superbement gravé, ce moule en sycomore fait à la main permet d'imprimer un motif traditionnel de chardon sur le sablé. Le sycomore est un bois dense qui se prête particulièrement bien à la gravure de dessins compliqués et donne une impression très nette.

5 PRESSE À FALAFEL
Les falafels maison faits avec des pois chiches frais écrasés, du tahini, de l'ail, des herbes et des épices sont exquis et d'une simplicité enfantine. C'est le genre d'ustensile que l'on rapporte de ses vacances au Moyen-Orient. Déposez des cuillerées de mélange pour falafel dans le bol du moule, égalisez avec le dos d'un couteau et pressez pour démouler directement dans une poêle huilée.

6 PRESSE À HAMBURGER
Rien de plus facile que de faire de beaux hamburgers bien ronds ! Mettez la viande dans le moule et comprimez-la. Démoulez et empilez les steaks en les intercalant avec du papier sulfurisé. La viande fraîchement hachée fait d'excellents hamburgers, mais vous pouvez aussi utiliser du poisson haché parfumé à l'ail, à l'oignon râpé, aux herbes, aux épices et, pourquoi pas, à la sauce Worcestershire.

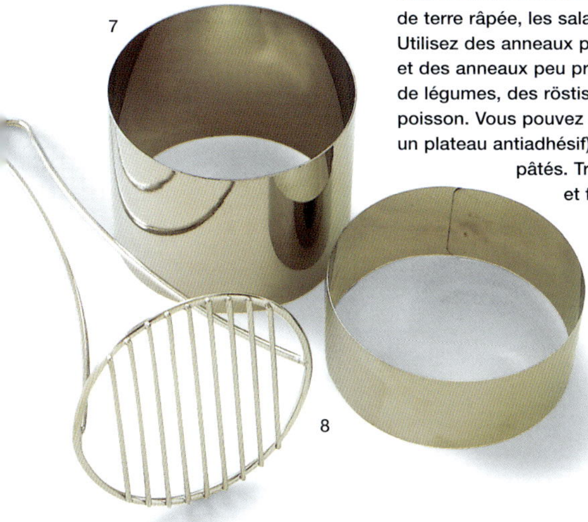

7 CERCLES DE PRÉSENTATION/À RÖSTIS

Pour un résultat professionnel, ces cercles de métal vous aideront à former les galettes de pommes de terre râpée, les salades, les risottos ou autres. Utilisez des anneaux profonds pour les salades, et des anneaux peu profonds pour des purées de légumes, des röstis, des miettes de crabe ou de poisson. Vous pouvez aussi les utiliser (placés sur un plateau antiadhésif) pour les mousses et les pâtés. Très polyvalents et fort utiles pour soigner la présentation des plats.

9 POCHES À PÂTISSERIE

Ces poches s'utilisent avec des douilles pour les aliments qui gardent leur forme. Elles sont souples et réagissent à la moindre pression, aussi faut-il faire preuve de patience au début. Ces poches de qualité professionnelle sont faites de Nylon imperméable et équipées d'un crochet qui permet de les suspendre pour le séchage. Elles existent en différentes tailles et sont faciles à nettoyer.

8 PRESSE POUR CERCLE

Si vous utilisez des anneaux métalliques, vous aurez besoin d'une presse en fils d'acier pour comprimer les aliments à l'intérieur des cercles et obtenir un fini bien net. Idéal pour les traiteurs amateurs aussi bien que professionnels.

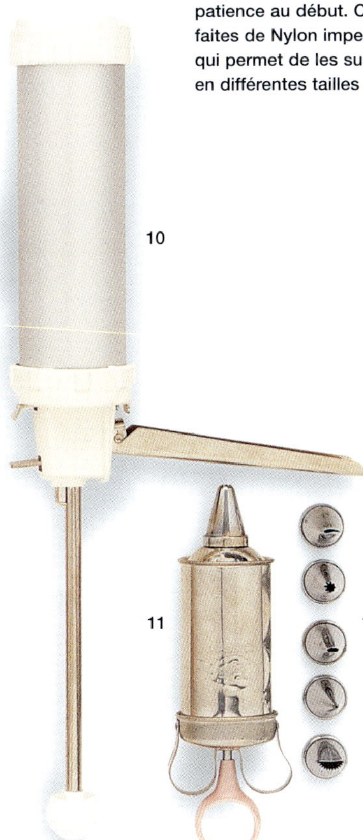

10 PRESSE À BISCUITS

Il n'y a rien de plus facile que de faire des biscuits avec cette presse en aluminium. Un plongeur pousse la pâte à travers un coupoir décoratif, donnant des biscuits de différentes formes. Le pistolet est vendu avec des douilles pour les garnitures et les décorations.

11 SERINGUE À GLACER

Le glaçage est poussé dans le cylindre et à travers la douille par un plongeur fixé sur un axe central qui traverse le couvercle. Pour actionner le plongeur, passez le pouce dans la boucle du milieu, mettez votre index et votre médium dans les deux autres boucles du couvercle et pressez.

FABRIQUER UNE POCHE À DOUILLE EN PAPIER

Vous pouvez improviser des poches à douille en papier pour faire de petites décorations ou écrire « Joyeux anniversaire » sur un gâteau.

1. Pliez un carré de papier sulfurisé de 25 ou 30 cm en deux diagonalement de façon à obtenir un triangle.
2. En plaçant le bord long face à vous, pliez la pointe de droite en la faisant coïncider avec la pointe du haut. Tenez les deux pointes entre le pouce et l'index.
3. Repliez la pointe de gauche sur la partie de droite en la faisant tourner pour qu'elle se place derrière les pointes de droite et du haut.
4. En tenant les trois pointes entre le pouce et l'index, ouvrez de façon à obtenir un cône.
5. Repliez les pointes afin de fixer le cône ou utilisez du ruban adhésif.
6. Coupez l'extrémité du cône pour laisser passer les mélanges.

12 DOUILLES À GLACER

Ces douilles coniques donnent une forme aux mélanges. Faites en métal, en Nylon ou en plastique, elles existent en diverses tailles et formes. Les douilles à bord tranchant donnent les formes les plus nettes. Utilisez-les pour écrire ou pour dessiner des formes décoratives comme des étoiles, des rosettes, des rubans ou des coquillages.

Falafel

SAM CLARK • SAM CLARK

D'origine égyptienne, le falafel est très apprécié dans tout le Moyen-Orient. Dans cette recette du duo mari et femme (Samuel et Samantha Clark) du *Moro*, à Londres, les pois chiches sont remplacés par des fèves, qui ont un goût de noisette plus prononcé.

POUR 4 PERSONNES

USTENSILES

- presse à falafel
- robot ménager
- bol à mélanger

INGRÉDIENTS

- 250 g de fèves séchées, mises à tremper toute une nuit
- 3 gousses d'ail écrasées en pâte avec du sel
- 1 gros bouquet de coriandre fraîche hachée
- 1 bouquet moyen de persil plat haché
- 1 1/2 cuillerée à café de graines de cumin moulues
- 1 cuillerée à café de graines de coriandre moulues
- 1/2 oignon râpé
- 50 g de farine de pois chiches ou ordinaire
- 1 œuf
- 1/2 cuillerée à café de bicarbonate de soude
- sel de mer et poivre noir fraîchement moulu
- 4 cuillerées à soupe de graines de sésame (facultatif)
- 750 ml d'huile de tournesol pour friture

1 Égouttez les fèves et mettez-en la moitié dans une grande casserole. Remplissez d'eau fraîche et portez à ébullition. Baissez le feu et laissez mijoter doucement pendant 5 à 10 minutes en retirant l'écume au fur et à mesure.

2 Mettez les fèves crues dans le bol d'un robot ménager et mixez jusqu'à obtention d'une pâte. Débarrassez dans un bol. Mixez ensuite les fèves cuites égouttées et mélangez-les à la pâte dans le bol. Ajoutez l'ail, la coriandre fraîche, le persil, les graines de cumin et de coriandre, l'oignon, la farine, l'œuf et le bicarbonate de soude. Mélangez bien, salez et poivrez à votre goût.

3 Formez des boules de la taille d'une noix, puis aplatissez chaque boule en un disque de 2 cm de diamètre et en comprimant bien. Roulez les falafels dans les graines de sésame sur une assiette de façon à les enrober complètement.

4 Faites chauffer l'huile dans une grande casserole. Plongez les falafels dedans par lots successifs pour les faire dorer des deux côtés. Égouttez-les sur de l'essuie-tout. Servez avec du pain plat, de la sauce tahini, une tranche de citron et quelques piments en saumure.

Mesurer et peser

Ce n'est que récemment que l'on s'est mis à indiquer les quantités exactes des ingrédients dans les recettes. Dans le passé, on mettait une poignée de ceci, une pincée de cela, et on recommandait de cuire jusqu'à ce que les aliments soient tendres... Aujourd'hui, on bascule dans l'autre extrême en indiquant les quantités et les durées de façon presque trop précise, ne laissant plus guère de place à l'inspiration personnelle du cuisinier.

Poids et mesures

Les ustensiles de mesure ne coûtent pas cher et sont très utiles. N'hésitez donc pas à investir dans une balance et des mesures graduées indiquant à la fois les mesures métriques et les mesures impériales traditionnelles anglo-saxonnes, surtout si vous utilisez des recettes de différents pays.

Quand vous achèterez une balance, vous aurez le choix entre une balance à plateaux, une balance à ressort et une balance électronique – chacune a ses avantages et ses inconvénients. Les balances à plateaux sont superbes, mais elles sont parfois d'une utilisation délicate. Les poids sont vendus séparément, et vous devrez en acheter deux séries si vous utilisez les deux systèmes de mesure. Les balances électroniques sont plus précises, mais il faut souvent changer les piles. Les balances à ressort sont faciles à utiliser, mais elles doivent être bien construites – une fois le ressort cassé, elles sont inutilisables.

1 BALANCE À PLATEAUX

Les balances à plateaux traditionnelles sont basées sur les lois de la gravité : quand les ingrédients contenus dans le plateau pèsent autant que les poids en métal posés sur la plate-forme, la barre est horizontale. Les balances à plateaux sont précises et résistantes, mais elles sont un peu moins faciles à utiliser que les balances à ressort ou électroniques. Elles sont également difficiles à manier, aussi vaut-il mieux les laisser en permanence sur la surface de travail, ce qui prend de la place.

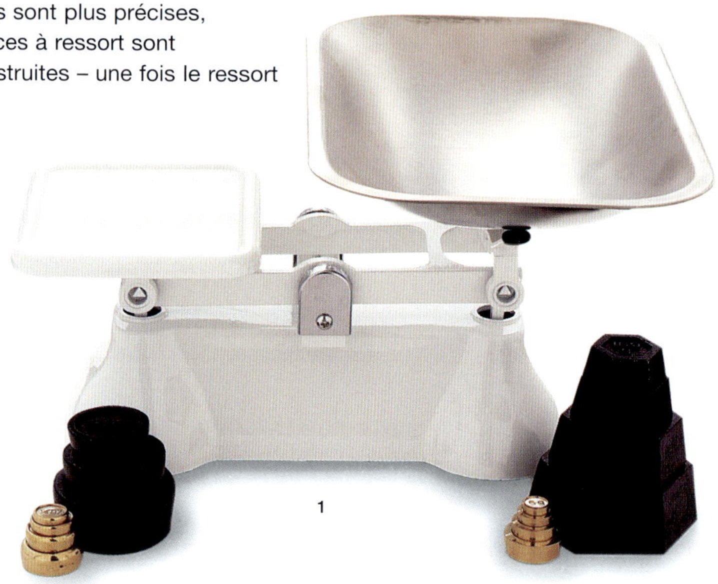

1

Quand vous choisissez des mesures graduées, rappelez-vous qu'une mesure étroite et haute est plus précise qu'une mesure large du fait que les mesures indiquées sur les parois sont plus écartées les unes des autres. Les mesures transparentes sont plus utiles que les mesures opaques, car elles vous laissent voir le contenu à la hauteur des yeux.

2 BALANCE À RESSORT

Superbe et pratique, cette balance à ressort en acier inoxydable permet de peser jusqu'à 4 kg d'ingrédients – soit 500 g de plus que la plupart des autres types de balances de cuisine. Le cadran indiquant les mesures dans les systèmes métrique et impérial est facile à lire.

3 BALANCE À BOL

Cette balance est actionnée manuellement. Posez le bol sur la base, puis faites tourner celle-ci. Versez les ingrédients dans le pot, et la mesure s'inscrit sur l'écran. Replacez la base sur zéro avant de mesurer l'ingrédient suivant. Le bol a une capacité d'1 litre. Cette balance permet aussi de peser les liquides, comme les chefs aiment le faire. Renversez le pot sur la base pour ranger.

2

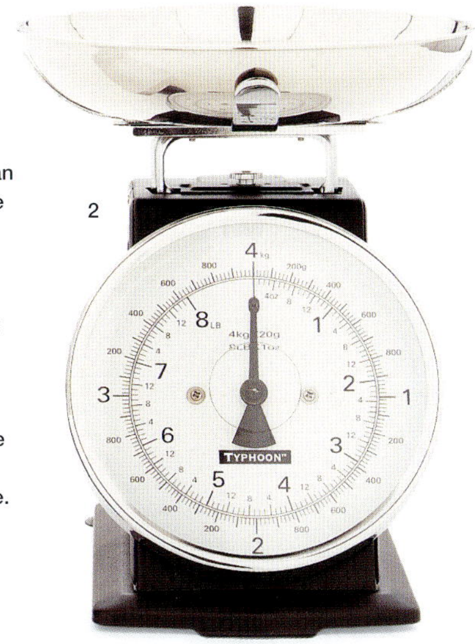

3

4 BALANCE ÉLECTRONIQUE INDIQUANT LA VALEUR NUTRITIONNELLE DES ALIMENTS

Cette balance possède une base de données de la valeur de plus de 1 400 aliments et peut évaluer et enregistrer votre consommation quotidienne sur une période allant jusqu'à une semaine. Posez une portion d'aliment sur la balance, appuyez sur le bouton correspondant, et l'appareil vous indique aussitôt le nombre de calories, de protéines, glucides, graisses, fibres et la valeur en cholestérol.

4

5

5 BALANCE ÉLECTRONIQUE

Les balances électroniques fonctionnant avec des piles sont sans doute les plus précises. Vous pouvez peser de 1 g à 5 kg d'ingrédients. Placez un bol sur la balance, remettez-la à zéro, puis ajoutez les ingrédients à peser. Vous pouvez peser tous les ingrédients dans le même bol. Si vous voulez peser un autre ingrédient par-dessus, remettez la balance à zéro et ajoutez l'ingrédient suivant. Cette balance peut être rangée dans un tiroir.

6

6 BALANCE À INFRAROUGES

Cette balance de haute technologie qui utilise des rayons à infrarouges a remporté plusieurs prix. Elle est faite de deux disques. Le disque interne contient des marques numériques avec un bouton qui permet de la remettre à zéro. Le bord externe est une base amovible que l'on peut placer jusqu'à 1,25 m de distance de l'appareil. Placez un bol sur une surface de travail plate, appuyez sur le bouton zéro et pesez.

10 VASE GRADUÉ POUR INGRÉDIENTS SECS

L'intérieur de ce vase en aluminium classique porte différentes graduations permettant de voir le volume équivalant à un poids donné pour différents ingrédients secs. Il indique aussi les tasses et les pintes américaines, les tasses et les pintes anglaises ainsi que les millilitres. L'extérieur du vase indique les conversions système métrique/impérial. Bon marché, joli et extrêmement utile.

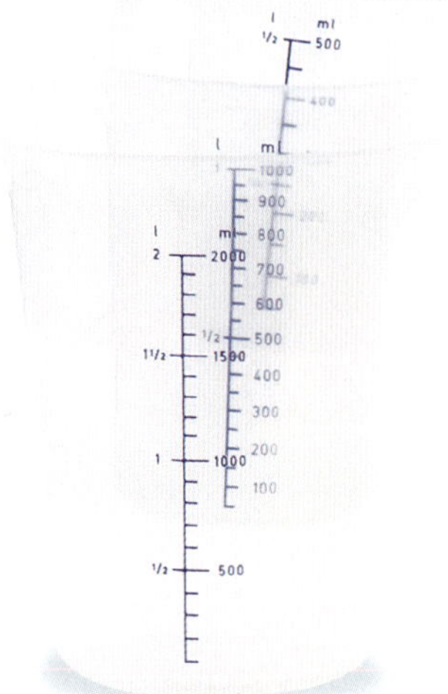
7

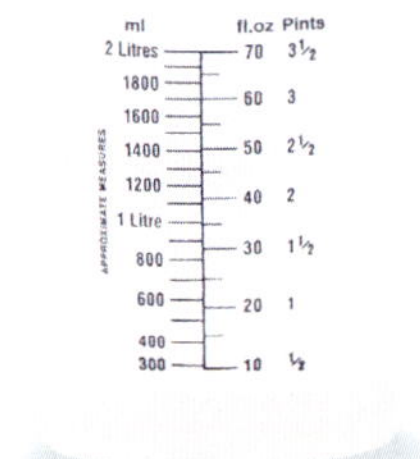
8

9

10

7 MESURES GRADUÉES EN POLYPROPYLÈNE

Indispensables, ces mesures en polypropylène peuvent servir à mesurer et à verser n'importe quel aliment depuis un œuf battu jusqu'à un grand volume de bouillon. Très résistantes, elles peuvent contenir des liquides bouillants et ne se brisent pas si on les laisse tomber. Elles existent en 500 ml, 1 litre et 2,2 litres.

8 MESURE GRADUÉE EN POLYPROPYLÈNE LARGE

Cette large mesure en polypropylène peut servir de bol à mélanger. Elle est très utile pour les ingrédients qui doivent être fouettés puis versés en quantités mesurées comme la pâte à crêpes.

9 MESURE GRADUÉE EN PYREX®

Une petite mesure en Pyrex® est utile pour transférer une soupe ou un bouillon chaud d'un récipient à un autre. Cette mesure résiste à la chaleur, elle est facile à nettoyer et ne retient ni les odeurs ni les graisses.

11

11 SHAKER À COCKTAILS

L'art de préparer les cocktails redevient à la mode, surtout chez ceux qui souhaitent concocter leurs propres mixtures. Après avoir mesuré les alcools, les jus et autres liquides dans le récipient en verre, vous versez le tout dans le vase en acier inoxydable, ajoutez des glaçons, bloquez les deux ensemble de façon à fermer hermétiquement et secouez.

12

12 MESURE GRADUÉE INCLINÉE

Il est parfois difficile d'évaluer le niveau d'un liquide dans une mesure graduée, surtout pour les petites quantités. Cette mesure inclinée en fait monter le niveau, ce qui la rend plus facile à lire. Résistante à la chaleur, elle existe en deux tailles : 500 ml et une taille plus petite avec des graduations de 5 ml.

13 **TASSES À MESURER EUROPÉENNES**
Ces jolies tasses à mesurer sont faites en aluminium. Pourvues d'une poignée très pratique, elles ont une capacité de 50, 100 et 250 ml.

13

14

14 **CUILLÈRES À MESURER ANGLAISES**
Avec un design très pratique, ces cuillères en plastique sont assez étroites pour entrer dans les pots à épices. Cette série complète inclut toutes les tailles, de 1/8 de cuillerée à café à 1 1/2 cuillerée à soupe.

15

16

15 **TASSES À MESURER AMÉRICAINES**
Ces élégantes tasses à mesurer en acier inoxydable servent à mesurer les liquides. La mesure la plus élevée arrive juste au-dessous du bord pour éviter que les liquides ne débordent. Elles ont une capacité respective de 1/4, 1/3, 1/2 et 1 tasse.

16 **CUILLÈRES À MESURER À FOND PLAT**
Le fond plat permet de poser les cuillères à plat pour les remplir d'ingrédients tels que farine, sucre ou épices et d'égaliser le niveau. Cette série comprend 5 cuillères de tailles différentes.

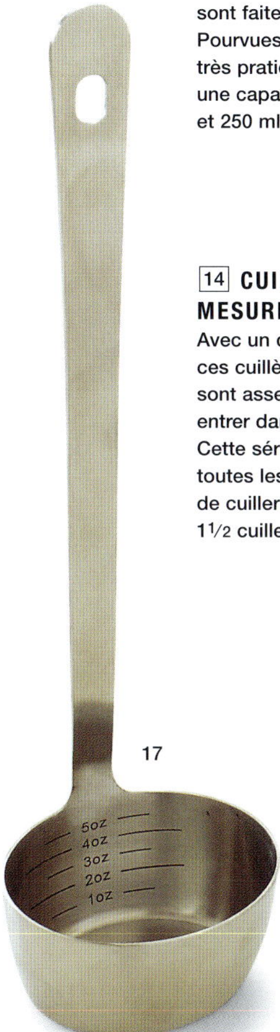

17

17 **LOUCHE À MESURER**
Il est parfois difficile de mesurer de petites quantités de liquide avec un grand bol gradué. Cette louche à fond plat facilite les choses, mais elle n'existe qu'en mesures américaines.

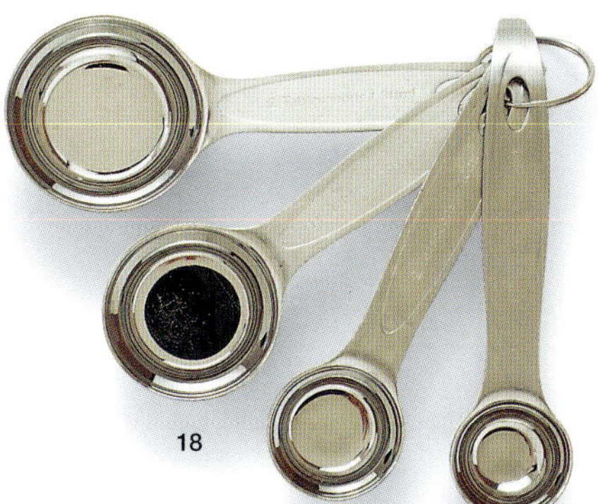
18

18 **CUILLÈRES À MESURER DE TAILLE INHABITUELLE**
Comme leur nom l'indique, ces cuillères ont des tailles inhabituelles : 1 1/2 cuillerée à café, 2 cuillerées à café, 1 1/2 cuillerée à soupe, 2 cuillerées à soupe.

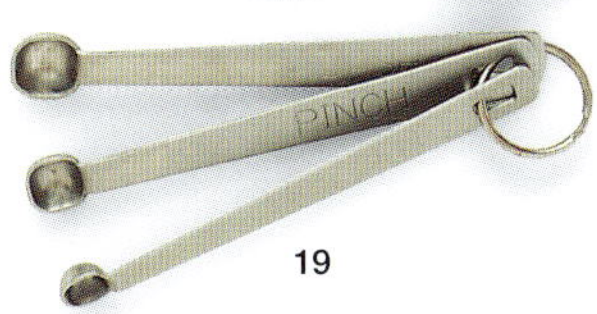

19

19 **CUILLÈRES À MESURER LES TRÈS PETITES QUANTITÉS**
Vous serez plus sûr de vous en utilisant ces cuillères pour mesurer les quantités minuscules – une pincée de ceci, un soupçon de cela…

Saibhaji, légumes à l'aneth

MONISHA BHARADWAJ

Selon Monisha Bharadwaj, le succès de la cuisine indienne dépend de l'habileté du cuisinier à mêler les saveurs. Dans ce plat au goût subtil, il est essentiel de mesurer les épices avec précision – trop d'épices tueront le goût des principaux ingrédients, l'inverse donnerait un plat fade et insipide.

POUR 4 PERSONNES

USTENSILES

poêle
cuillères à mesurer
fouet

INGRÉDIENTS

- 2 cuillerées à soupe d'huile de tournesol
- 1/2 cuillerée à café de graines de cumin
- 2 cuillerées à café de pâte de gingembre et d'ail (voir ci-dessous)
- 4 cuillerées à café de lentilles (channa dal) lavées et égouttées
- 600 g d'épinards lavés et hachés
- 1 poignée de feuilles d'aneth hachées
- 2 tomates hachées
- 1 petite pomme de terre épluchée et hachée
- 2 petites aubergines hachées
- 2 carottes épluchées et hachées
- 1/2 cuillerée à café de poudre de piment
- 1/2 cuillerée à café de curcuma en poudre
- sel

1 Faites revenir les graines de cumin dans l'huile chaude pendant 1 minute. Ajoutez la pâte à base d'ail et de gingembre.

2 Incorporez les lentilles, les épinards, l'aneth et les légumes puis les poudres de piment et de curcuma ; salez. Versez 150 ml d'eau et faites cuire 35 minutes environ, jusqu'à ce que les lentilles soient tendres.

3 Retirez du feu et fouettez jusqu'à obtention d'une consistance crémeuse mais épaisse. Servez très chaud.

PÂTE À BASE D'AIL ET DE GINGEMBRE

Épluchez 1 cm de racine de gingembre fraîche et 4 gousses d'ail. Râpez-les finement et mélangez. La pâte doit avoir un arôme équilibré où ne domine ni l'ail ni le gingembre.

En cuisine, les degrés et les minutes comptent. Quelques secondes de plus suffisent pour carboniser un toast, quelques degrés plus élevés pour dessécher un aliment.
Quel que soit le plat, vérifiez la température du four avec un thermomètre avant de l'enfourner. Les thermostats sont souvent inexacts. Les thermomètres à tube de verre sont plus précis que ceux dotés d'une aiguille.

Température et temps de cuisson

Les thermomètres sont également essentiels pour la sécurité alimentaire. Certains aliments comme le porc, le poulet et les plats à réchauffer doivent atteindre une certaine température interne pour que les bactéries dangereuses qu'ils contiennent soient détruites. Les réfrigérateurs et les congélateurs doivent rester au-dessous d'une certaine température pour freiner le développement des organismes nocifs. Un thermomètre pour réfrigérateur/congélateur est donc indispensable.

Un minuteur vous rappellera qu'il est temps de retourner un rôti ou de le sortir du four. Il vous sera également utile si vous faites cuire plusieurs plats en même temps.

1 THERMOMÈTRE À ALCOOL
C'est le plus fiable des thermomètres à four. Outre la température, il indique les zones de chauffage. Il possède un tube à alcool transparent et peut être accroché ou posé à plat.

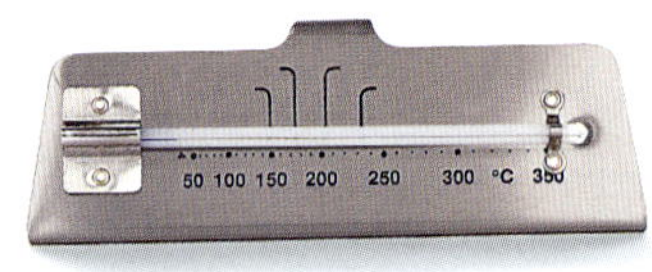

1

2 THERMOMÈTRE DE CONFISEUR
Ce thermomètre est conçu pour faire de la confiserie et pour les cuissons dans la friture. La sonde est immergée dans le liquide bouillant et maintenue en place par un clip à ressort fixé aux parois de la casserole. Le thermomètre possède un clip rouge amovible qui permet de voir si l'aiguille a atteint la bonne position.

3 THERMOMÈTRE À VIANDE
Même si vos sens suffisent en général pour savoir si une viande est correctement cuite, un thermomètre peut vous aider dans les moments d'hésitation. Insérez la sonde de façon que la pointe se rapproche du milieu de la viande. Celle-ci est cuite lorsque l'aiguille se rapproche des indications appropriées.
Ce thermomètre possède aussi un clip amovible rouge.

4 THERMOMÈTRE À FOUR À RESSORT
À mesure que le four chauffe, le ressort métallique se dilate et fait bouger l'aiguille. Ce thermomètre est très résistant ; il peut être accroché ou posé dans le four. Sa base l'empêche de glisser à travers la grille.

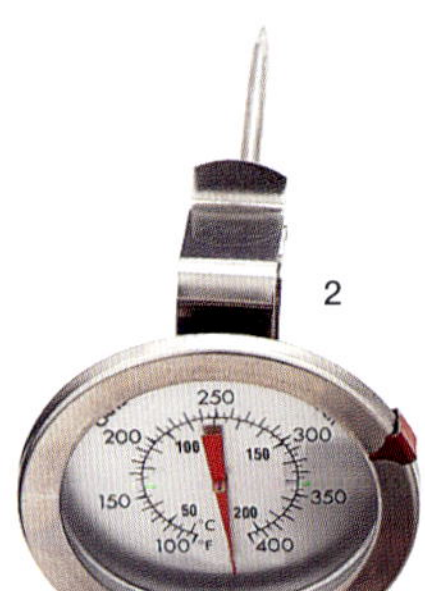

2

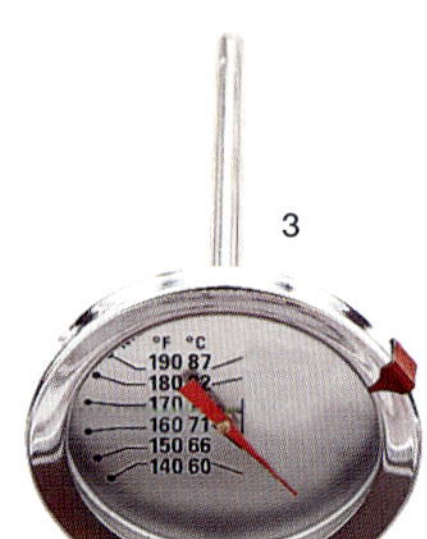

3

4

5

5 THERMOMÈTRE À RÉFRIGÉRATEUR/CONGÉLATEUR
Ce thermomètre bien conçu indique la fourchette de températures pour la sécurité alimentaire de votre réfrigérateur/congélateur.

6 THERMOMÈTRE À SONDE NUMÉRIQUE

L'écran numérique et la sonde repliable sont très utiles. Ce thermomètre fonctionne de - 49,9 à 199,9 °C.

7 THERMOMÈTRE À EAU/CHOCOLAT

Les graduations de ce thermomètre montent jusqu'à 60 °C, ce qui est la meilleure température pour « tempérer » le chocolat – le processus de chauffage et de refroidissement qui permet de stabiliser les graisses émulsifiées. Ce thermomètre permet aussi de vérifier la température de l'eau qui doit frémir sans bouillir, par exemple pour un bain-marie. Il est protégé par une cage de Nylon amovible.

8 THERMOMÈTRE À SUCRE/CONFITURE

Ce thermomètre au design traditionnel est indispensable pour faire des confitures et de la confiserie. Il indique le point de stérilisation et les étapes quand on fait bouillir de la confiture ou du sirop.

9 THERMOMÈTRE À MICRO-ONDES

Quand vous décongelez des aliments au micro-ondes, il est essentiel de s'assurer qu'ils atteignent une température sûre jusqu'au milieu. Ce thermomètre en plastique est conçu pour pouvoir être enfoncé dans les aliments. L'épingle de métal pénètre les aliments congelés avant que le thermomètre ne soit inséré.

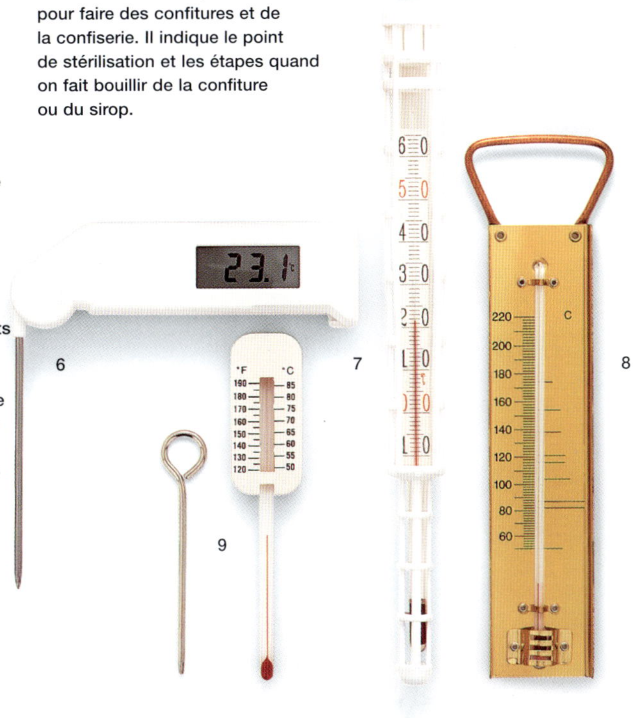

6 7 8 9

10 MINUTEUR À CADRAN

Avec sa sonnerie stridente, ce minuteur compact ne se laisse pas oublier. Il est pourvu d'un aimant qui lui permet d'adhérer à une surface métallique, ainsi que d'un crochet pour l'accrocher autour du cou si vous devez sortir de la cuisine.

11 SABLIER

Conçu par Robert Welch, ce minuteur classique basé sur les lois de la gravité est idéal pour les inconditionnels des œufs à la coque cuits 3 minutes, pas davantage. Il est protégé par une structure en fonte émaillée.

10

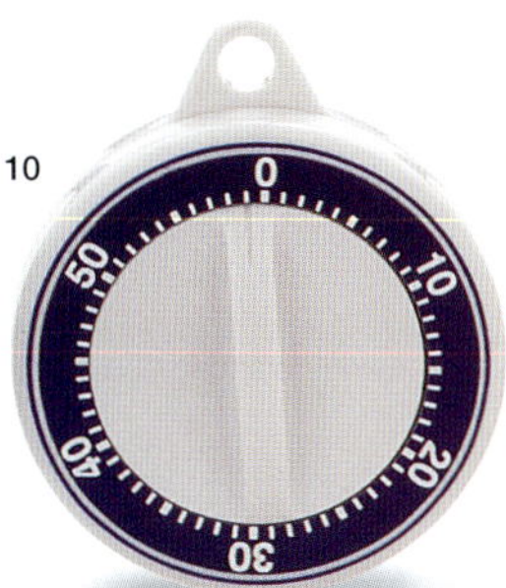

11

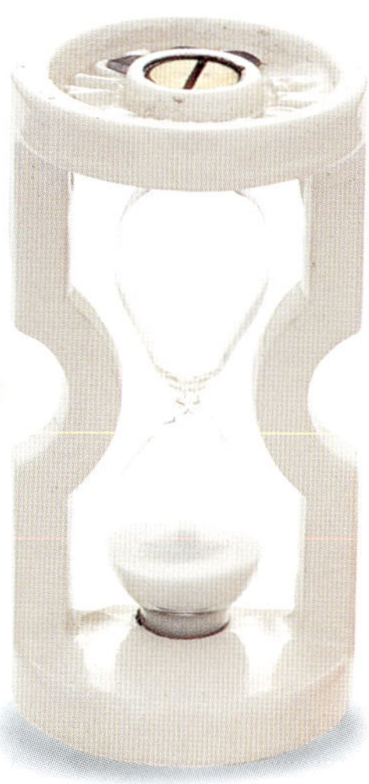

12 MINUTEUR ÉLECTRONIQUE

Ce minuteur « à œufs » qui fonctionne avec des piles s'adresse plus particulièrement aux amateurs de gadgets culinaires. Un peu compliqué à utiliser par rapport au traditionnel sablier, mais il est d'un joli vert vif.

12

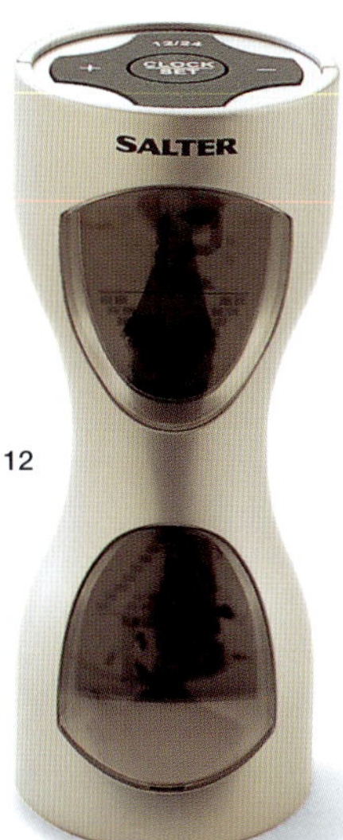

13 MINUTEUR EN ACIER INOXYDABLE

Ce minuteur mécanique de 60 minutes fait très joli dans une cuisine moderne. Une sonnerie vous rappellera à vos obligations si vous vous éloignez trop longtemps de la cuisine. Le bouton de caoutchouc noir est facile à tourner même avec des mains grasses.

13

Faire des confitures

Pour réussir des confitures, il faut mesurer les poids, les volumes et la température avec précision.

- Les fruits un peu moins mûrs ont plus de pectine, ce qui est préférable.
- Les confitures faites avec des fruits cueillis humides risquent plus de moisir.
- Réalisez de petites quantités à la fois – pas plus de 1,3 kg de confiture de framboises ou 1,8 kg de confiture de fraises. Les petites quantités bouillent en quelques minutes, ce qui permet d'obtenir une belle couleur.
- Idéalement, utilisez une casserole à confitures ou une marmite en cuivre : le temps de cuisson dépend de la profondeur du contenu et de la vitesse à laquelle il bout. Les parois du contenant doivent faire au moins 23 cm de haut.
- Utilisez la juste proportion de sucre – trop peu, et la confiture risque de fermenter, trop la fera cristalliser.
- Les fruits doivent mijoter jusqu'à ce que le sucre ait été ajouté, puis bouillir jusqu'à ce que la confiture prenne.
- Les écorces d'agrumes, le cassis et les groseilles à maquereau doivent être ramollis avant d'ajouter le sucre, sinon ils risquent de durcir quelle que soit la quantité d'eau bouillante utilisée.
- Le sucre doit être complètement dissous avant que la confiture ne commence à bouillir, sinon le dessus se mettra à cristalliser. C'est pourquoi il est préférable d'ajouter du sucre préalablement réchauffé, qui fond plus rapidement, et de remuer avec une cuillère en bois jusqu'à ce qu'il ait fondu.
- Si nécessaire, écumez vers la fin de la cuisson ou faites fondre l'écume en incorporant un morceau de beurre dès que la confiture a pris.
- Ne laissez pas la confiture cuire trop longtemps (voir page 316).
- Assurez-vous que vos bocaux à confitures sont parfaitement propres à l'extérieur comme à l'intérieur. Stérilisez-les au four avant de les remplir.
- Remplissez les bocaux jusqu'en haut, car, en prenant, la confiture s'affaissera (utilisez un entonnoir à confitures pour éviter les coulures).
- Placez un cercle de papier paraffiné sur la confiture dès que le bocal est plein en posant le côté paraffiné du côté de la confiture.
- Mouillez un côté de la Cellophane puis tendez-la sur le pot et fixez à l'aide d'un élastique. Étiquetez et rangez dans un placard sec et bien aéré.

1 BOCAUX À CONFITURES
Les bocaux à confitures en verre résistent à la chaleur, mais il vaut mieux tout de même les réchauffer au four (et les stériliser) avant de les remplir. Les couvercles à pas de vis doivent être fermés pendant que la confiture est encore très chaude pour être bien hermétiques.

2 ENTONNOIR LARGE
Il est plus sûr d'utiliser un entonnoir en métal pour transférer la confiture bouillante de la casserole aux bocaux à l'aide d'une louche. N'utilisez surtout pas un entonnoir en plastique : il fondrait !

3 PASSOIRE
Pour faire des gelées, il faut passer la pulpe des fruits. Ce tissu fixé sur un cercle équipé de solides attaches peut être suspendu sur un bol résistant à la chaleur pour filtrer la gelée goutte à goutte. Ne soyez pas tenté d'accélérer le processus en appuyant sur la pulpe des fruits, vous obtiendriez une gelée opaque. Vous pouvez laisser filtrer toute une nuit.

4 DISQUES POUR COUVRIR
Traditionnellement, on ferme les bocaux de confitures avec une rondelle de Cellophane fixée à l'aide d'un élastique, puis on met un joli tissu par-dessus que l'on attache avec une ficelle. Il existe aussi des disques de papier paraffiné que l'on place sur la confiture chaude avec le côté paraffiné sur le dessous. Si vous utilisez des couvercles à pas de vis, vous n'aurez pas besoin de papier paraffiné.

NOTE À PROPOS DE LA PECTINE

La pectine est la substance qui permet à la confiture de prendre. Elle est contenue dans la paroi des cellules des fruits à des degrés variables. Le contenu en pectine est plus élevé quand le fruit n'est pas trop mûr. L'acide, souvent sous forme de jus de citron, aide à extraire la pectine. Certains fruits sont plus riches en pectine que d'autres, comme les prunes, les groseilles à maquereau, le cassis et les pommes, tandis que d'autres en contiennent peu ou pas du tout, auquel cas il faut ajouter de l'acide sous forme de jus de citron ou de la pectine fabriquée industriellement.

« La confiture de framboises est la plus facile à faire et c'est aussi l'une des plus délicieuses. »

DARINA ALLEN

a

b

c

Confiture de framboises et de cassis

DARINA ALLEN

Cette recette de Darina Allen, le chef le plus renommé d'Irlande et fondatrice de la Ballymaloe Cookery School de Shanagarry, dans le comté de Cork, est facile et rapide. On peut aussi utiliser des ronces-framboises ou des boysenberries (variété de mûre) à la place des fruits indiqués.

POUR 1,3 KG

USTENSILES
bocaux à confitures
casserole large en acier inoxydable ou marmite à confitures en cuivre
thermomètre à confitures
entonnoir en métal large
longue cuillère en bois
louche
disques de papier paraffiné

INGRÉDIENTS
900 g de sucre
900 g de framboises fraîches
4 cuillerées à soupe de cassis

1 Lavez, séchez et stérilisez les bocaux dans un four préchauffé à 180 °C (th. 6) pendant 15 minutes. Faites chauffer le sucre sur une plaque à gâteaux pendant 5 à 10 minutes.

2 Mettez les framboises dans la casserole ou la marmite et faites cuire pendant 3 à 4 minutes, puis ajoutez le sucre chaud et faites fondre en remuant. Augmentez le feu et faites bouillir pendant 5 minutes en remuant souvent. Si vous utilisez un thermomètre à confitures, il doit indiquer 105 °C environ.

3 Vérifiez si la confiture a pris en versant une cuillerée sur une assiette froide et en la laissant dans un endroit frais quelques minutes. Si elle se ride quand vous posez le doigt dessus, elle est prête.

4 Lorsque la confiture est cuite, enlevez la casserole du feu. Écumez, puis incorporez le cassis. Versez la confiture chaude dans des bocaux propres et chauds à l'aide d'une louche et d'un entonnoir en métal large, puis fermez hermétiquement. Laissez refroidir. Rangez les pots dans un endroit frais.

Sirops de sucre et caramel

USTENSILES : casserole à fond épais, thermomètre à sucre, grand bol résistant à la chaleur

Les sirops sont du sucre mis à fondre dans l'eau que l'on peut parfumer avec des épices, de l'écorce de citron, etc. On les utilise beaucoup pour les desserts, que ce soit pour les sorbets ou les salades de fruits. Leur épaisseur dépend de la proportion de sucre et d'eau. Un sirop épais consiste en parts égales d'eau et de sucre ; pour un sirop moyennement épais, comptez deux parts d'eau pour une part de sucre ; pour un sirop léger, comptez trois parts d'eau pour une part de sucre.

Pour réaliser un sirop, faites chauffer l'eau et le sucre doucement en remuant de temps en temps (a) jusqu'à ce que le sucre ait fondu, puis augmentez le feu et laissez bouillir quelques minutes pour faire réduire.

On obtient du caramel en faisant fondre du sucre dans une casserole à fond épais et en le laissant bouillir jusqu'à ce qu'il caramélise. Il est essentiel de laisser les cristaux de sucre fondre avant de monter la température pour le porter à ébullition, faute de quoi le sirop cristalliserait.

Faites chauffer une casserole peu profonde et saupoudrez-la de sucre semoule extra-fin en la secouant pour bien recouvrir le fond (b). Le sucre commencera à fondre sur les bords (c). Faites tourner la casserole doucement mais sans remuer. Baissez le feu si les côtés commencent à brunir. Les débutants trouveront sans doute utile d'ajouter 2 à 3 cuillerées à soupe d'eau chaude au sucre avant qu'il ne fonde, mais il faut éviter de remuer, sans quoi il cristallisera.

Dès que le sucre a fondu, vous pouvez le chauffer à différentes températures suivant ce que vous préparez : 118 °C pour du caramel mou (quand une cuillerée de sirop brûlant forme un grumeau mou en tombant dans l'eau glacée) ; 121 °C pour du caramel moyennement mou et 175 °C pour du caramel dur.

Ayez à portée de main un grand bol d'eau glacée pour y tremper le fond de la casserole dès que le caramel a atteint la consistance souhaitée. Cela stoppe immédiatement la cuisson. Soyez toujours prudent lorsque vous manipulez du sucre bouillant.

a

b

c

Ranger et conserver les aliments

Tous les aliments doivent rester couverts, où que vous les rangiez. Laisser des aliments à l'air libre permet aux moisissures et aux bactéries de se développer (même au réfrigérateur). De plus, l'air, la chaleur et la lumière détruisent de précieux nutriments. N'hésitez donc pas à investir dans des récipients hermétiques et prenez l'habitude de les utiliser.

Rangements et protections

Il est essentiel d'avoir des récipients hermétiques en polypropylène. Achetez-en de tailles et de formes variées, en vous rappelant que les boîtes carrées et rectangulaires font moins perdre de place que les boîtes rondes. Le film alimentaire et le papier d'aluminium sont également très utiles pour couvrir les bols, de même que les sacs en polypropylène. Les bocaux de verre sont jolis, mais ils ne sont pas hermétiques et ne protègent pas leur contenu de la lumière. Ils ne conviennent que pour les denrées non périssables comme les pâtes sèches et les légumes secs.

1 PAPIER D'ALUMINIUM

Le papier d'aluminium est non seulement utile lors de la cuisson des aliments, mais aussi pour les protéger de l'air quand on les range. Très souple, il s'adapte à des aliments de toutes les formes. Il permet aussi de conserver leur fraîcheur aux sandwiches et empêche leur garniture de s'échapper. À la différence du film alimentaire, il ne fait pas transpirer le fromage. Achetez de préférence un aluminium épais ; même s'il coûte moins cher, le papier d'aluminium fin se déchire facilement, de sorte que l'on en gâche plus.

2 FILM ALIMENTAIRE

Utilisez du film alimentaire pour envelopper les aliments ou couvrir des récipients. Le film alimentaire ordinaire ne doit jamais entrer directement en contact avec les aliments gras comme le beurre, les fromages gras ou les aliments qui trempent dans l'huile, car les substances nocives qu'il contient peuvent passer dans les aliments. Si vous couvrez un récipient avant de le mettre au micro-ondes, utilisez du film alimentaire portant la mention « Va au micro-ondes » sur le paquet.

3 BARQUETTES EN PAPIER D'ALUMINIUM

Faites en aluminium épais, ces barquettes sont polyvalentes et permettent de congeler, de transporter ou de réchauffer les aliments. Le bord souple peut se replier sur le couvercle en carton. Même si ces récipients sont réutilisables, les couvercles périssables limitent leur durée de vie.

4 SAC EN ALUMINIUM

À la fois souple et résistant, ce sac en aluminium doublé de polythène est idéal pour congeler les aliments liquides comme la soupe.

5

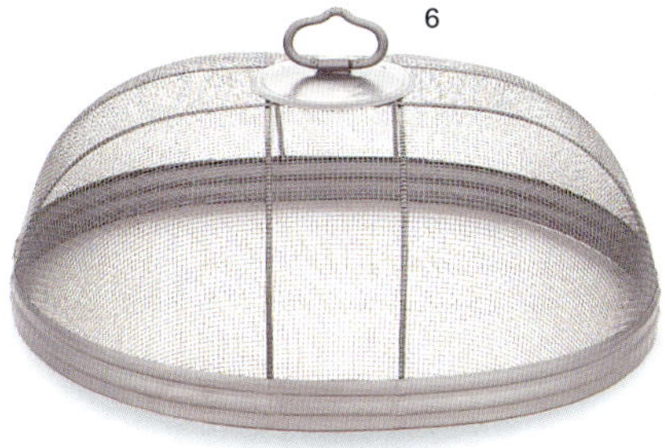

6

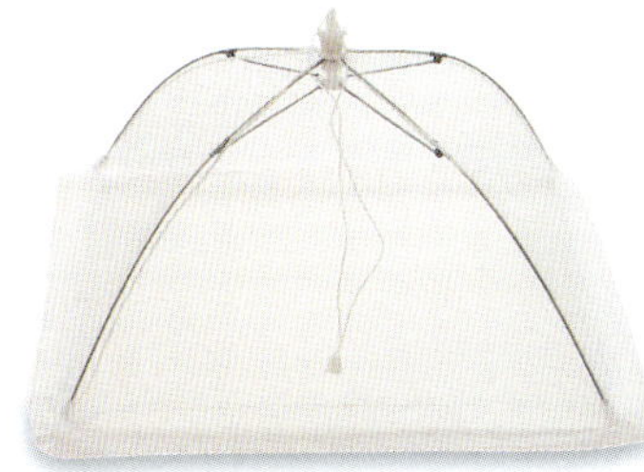

7

5 CLOCHE À FROMAGE

Le fromage a besoin d'être conservé au froid dans un récipient qui laisse circuler l'air. Cette jolie cloche garde le fromage frais et humide lorsqu'on le sort du réfrigérateur. Le plateau en bois est entouré d'un sillon creux qui permet de maintenir la cloche en place.

6 CLOCHE EN GRILLAGE

Avant l'époque des réfrigérateurs, on utilisait une cloche en grillage très fin pour protéger la viande de la poussière et des mouches. Ce système laissait l'air circuler tout en gardant la viande plus fraîche qu'une enveloppe serrée. Utilisez cette cloche pour une viande que vous voulez laisser à température ambiante avant de la cuire.

7 CLOCHE EN NYLON

Cette cloche en Nylon peut servir à protéger n'importe quel aliment à titre temporaire. Vous pouvez la replier quand vous n'en avez plus besoin.

8

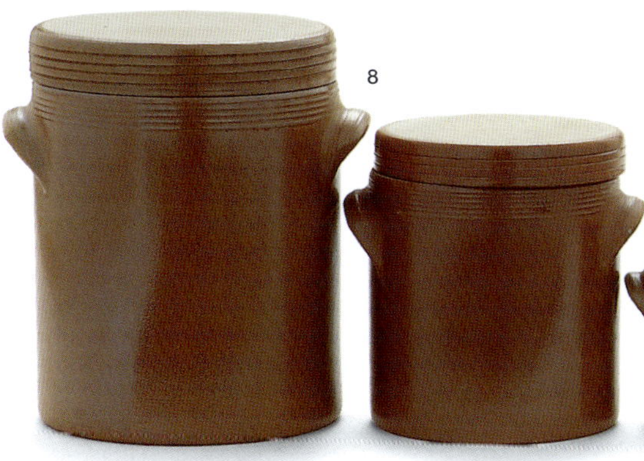

9 POT À AIL

Les têtes d'ail ont besoin d'air pour ne pas moisir, mais elles ont aussi besoin d'être protégées de la lumière pour ne pas germer. Ce pot est la solution.

11 BEURRIER

Un récipient profond est utile pour protéger le beurre quand on le sort du réfrigérateur. Ce beurrier en porcelaine est suffisamment joli pour être apporté à table.

9

10

11

8 POTS À CONDIMENTS

Ces jolis pots de grès vernis s'utilisent traditionnellement pour les terrines d'oie et de porc. Bien qu'ils ne soient pas hermétiques, ils protègent les aliments de la lumière. Ils sont très utiles pour conserver les aliments dans un liquide protecteur – comme les olives à l'huile ou les aliments en saumure – ou dans la graisse. Les parois droites, l'ouverture large et le couvercle qui se retire entièrement les rendent faciles à remplir.

12

10 BOCAL HERMÉTIQUE

Certains aliments peuvent se conserver pendant plusieurs mois dans un bocal stérilisé hermétique s'ils sont immergés dans une substance susceptible de stopper le développement des bactéries comme l'acide, la saumure ou l'huile. Ce bocal en verre classique convient tout à fait pour cet usage. Il peut être stérilisé au four, et le joint en caoutchouc ainsi que le clip métallique rendent le couvercle parfaitement hermétique. Grâce à son ouverture large, il est facile à remplir.

12 RÉCIPIENT EN ACIER INOXYDABLE

Ce récipient au couvercle hermétique peut servir à garder des gâteaux, des biscuits ou du muesli fait maison. Joli, il peut rester en permanence sur votre surface de travail.

13

13 BOCAUX DE RANGEMENT

Un ensemble de bocaux de rangement assortis, qu'ils soient en acrylique, en acier inoxydable brossé, en verre ou en faïence, est toujours très agréable. Les bocaux en verre et en acrylique permettent d'identifier le contenu instantanément – légumes secs, sucre, farine –, mais la lumière peut affecter la qualité de ces ingrédients secs. Les bocaux en acier inoxydable avec un couvercle hermétique valent mieux pour le thé et le café.

14 BOCAUX À HERBES

Vous adorez les herbes fraîches, mais détestez quand elles fanent ou deviennent gluantes ? Ces flacons en acrylique munis d'un couvercle à pas de vis les garderont fraîches et parfumées. Vous pouvez les conserver jusqu'à trois semaines au réfrigérateur. Hauts de 25 cm, ils trouveront leur place dans les étagères de la porte.

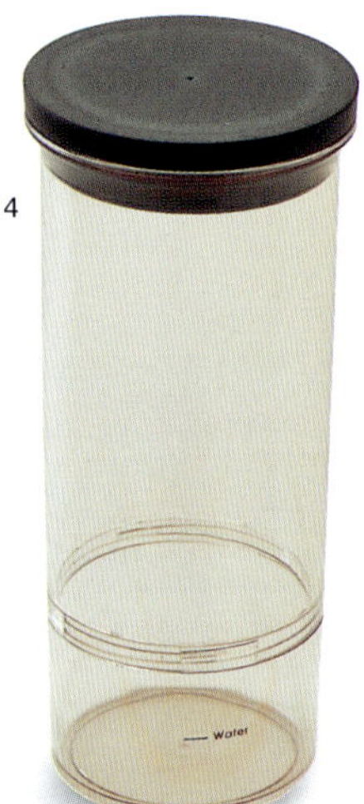

14

15

15 BOUTEILLES À HUILE ET À VINAIGRE

Il est parfois difficile de contrôler le flux d'huile et de vinaigre quand on verse, sauf si l'on est un chef expérimenté. Ces bouteilles colorées équipées d'un bouchon en biseau vous éviteront de noyer vos plats.

16 SACS ANYLOCK®

Si vous trouvez que les sacs en polythène ordinaire sont trop difficiles à fermer avec un fil de fer ou un clip en plastique, ce système de fermeture à glissière vous séduira peut-être. Repliez le haut d'un sac plein puis faites glisser la tige en plastique pour fermer. Les sacs sont suffisamment résistants pour aller au lave-vaisselle et être réutilisés. Ils vont aussi au micro-ondes à condition d'ôter la tige en plastique avant.

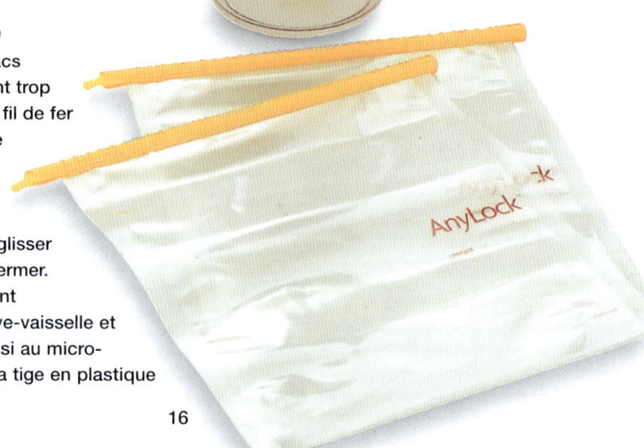

16

17

17 BOÎTES EN PLASTIQUE

Ces boîtes en plastique aux couvercles de couleurs différentes permettent de conserver les bouillons, les soupes et les ragoûts. Grâce à leur forme carrée, ils peuvent s'empiler sans perdre de place. Ils ont une capacité importante qui surprendra compte tenu de leur taille. Les couvercles de couleurs différentes permettent d'identifier les contenus.

18 POT À SEL

Avec son ouverture ovale, ce pot à sel en céramique est bien pratique si vous le gardez à proximité de la cuisinière : il suffit de plonger la main dedans.

18

19

20

19 POT À MIEL

Répandre du miel liquide sur un plat n'est pas toujours évident. Une cuillère à miel en bois équipée d'anneaux concentriques permet de récupérer le miel et de le verser en un flux régulier sur les toasts ou autres aliments. Le pot en céramique en forme de ruche peut être apporté sur la table du petit-déjeuner.

20 POT À FICELLE

Voici un petit ustensile de cuisine très astucieux : ce pot en bois d'aulne en forme de gland contient une bobine de ficelle dont on peut attraper le bout sans avoir à fouiller dans un tiroir parmi des écheveaux tout emmêlés. Très utile dans une cuisine, il peut également séduire les jardiniers ou trouver sa place dans un bureau.

21

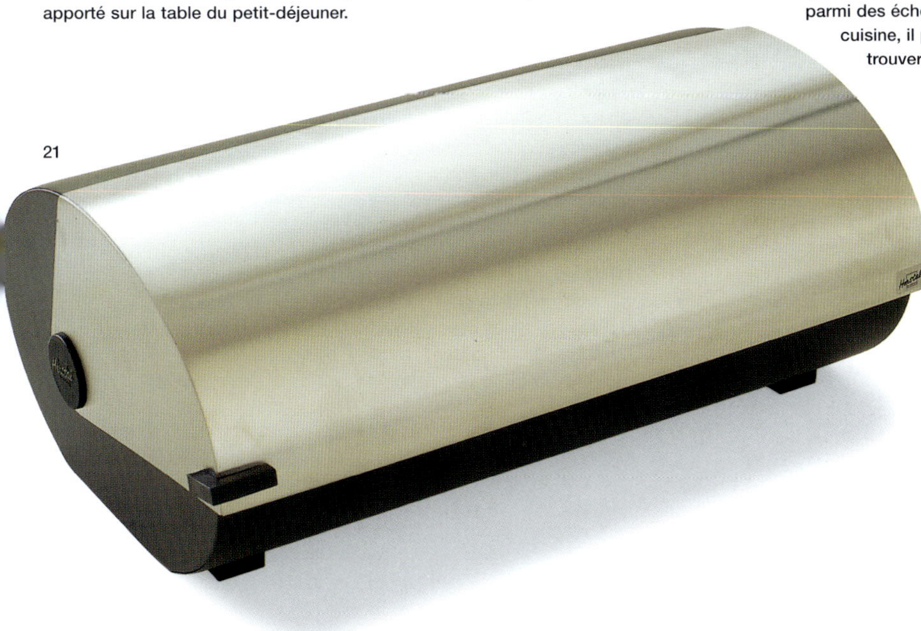

21 BOÎTE À PAIN

Cette longue boîte à pain élégante permet de conserver le pain à température ambiante sans le laisser se dessécher. Elle peut aussi servir à garder intacts des muffins ou du pain coupé en tranches pendant deux ou trois jours.

sources

La liste suivante vous aidera à trouver les articles présentés dans cet ouvrage. Nous nous sommes efforcés, dans la mesure du possible, de donner les noms des fabricants ; en les contactant vous saurez s'il existe dans votre région un détaillant revendeur de ces articles (voir « Fabricants et distributeurs » page 330). Sinon, consultez la liste des détaillants, page 331.

Page

16-17 : 1 couteau à pain ; 2 couteau de cuisine ; 3 couteau utilitaire ; 4 couteau à tomates / sandwich ; 5 couteau à éplucher ; 6 couteau à légumes de Zwilling J.A. Henckels.

18-19 : 1 couteau à jambon / saumon fumé de Sabatier ; 2 couteau à congélateur de Gustav Emil Em, 3 couteau à filets et 4 couteau à désosser de Zwilling J.A. Henckels ; 5 couteau à fromage « universel » et 6 couteau à parmesan de David Mellor ; 7 couteau à pamplemousse de Rösle ; 8 couteau à huîtres de Wüsthof Trident ; 9 couteau et fourchette à découper de Le Creuset.

20-21 : 1-7 couteaux japonais de Japanese Knife Co. ; 8 couperet de Global ; 9 et 10 couteaux japonais de Yoshikin.

22-23 : 1 casier en tissu de Divertimenti ; 2 bloc de couteaux magnétique de Richardson Steel ; 3 bloc de couteaux de Victorinox ; 4 bloc de couteaux magnétique de Richardson Steel.

24-25 : 1 aiguisoir en V de Taylor's Eye Witness ; 2 pierre à aiguiser Mino de David Mellor ; 3 tige à aiguiser de Global ; 4 aiguisoir à roues de Global ; 5 aiguisoir Duo de Zwilling J.A. Henckels (Dexam International).

26-27 : 1 planche à découper en bois de David Mellor ; planche à découper en polyéthylène de Divertimenti ; 2 planche en bambou de David Mellor ; 3 planches souples de Steamer Trading ; 4 planche à découper double de Joseph Joseph.

36-37 : 1 mezzaluna et 3 hachoir de David Mellor ; 2 mandoline noire de Matfer ; 4 éplucheur rotatif et 5 éplucheur Lancashire de David Mellor ; 6 éplucheur en Y de Good Grips ; 7 éplucheur à pommes de terre avec gouge et 8 éplucheur double de Rösle ; éplucheur céramique Kyocera de Japanese Knife ; 10 éplucheur à fruits mous de Zyliss ; 11 trancheuse à mangue de Good Grips.

38-39 : 1 couteau cannelle de Rösle ; 2 couteau à agrumes de David Mellor ; 3 trancheuse à haricots en métal de Porkert ; 4 trancheuse à haricots en plastique de Krisk ; 5 roulette à pizza de Rösle ; 6 trancheuse à fromage de Wüsthof Trident ; 7 pinces à poisson de Divertimenti ; 8 écailleur à poisson de Dexam International ; 9 trancheuse à œuf dur de Kitchens ; 10 trancheuse de frites de Cook's Online ; 11 trancheuse à viande de Professionnal Cookware.

48-49 : 1 cisailles de cuisine de Pages ; 2 ciseaux de cuisine de David Mellor ; 3 ciseaux à volaille de Kitchens ; 4 vide-pomme et 5 vide-courgette de Pedrini ; 6 couteau à melon de Fenwicks ; 7 vide-ananas de Vacu Products ; 8 dénoyauteur de cerises de Lakeland.

50-51 : 1 brochettes en bambou de Fenwicks ; 2 brochettes à chiche-kebab ; 3 pic à pomme de terre et 4 petites brochettes rondes de Dexam International ; 5 ouvre-boîte bleu de Lakeland ; 6 ouvre-boîte chromé de Pedrini ; 7 ouvre-boîte « universel » de Lakeland ; 8 ouvre-bouteille de David Mellor ; 9 Waiter's Friend® de Laguiole ; 10 tire-bouchon à ailes de Pedrini ; 11 tire-bouchon à vis et 12 tire-bouchon à levier de Screwpull® Le Creuset.

56-57 1 râpe à agrumes de Sveico ; 2 râpe en porcelaine de Divertimenti ; 3 carte à râper de Steamer Trading ; 4 râpe boîtier de Sveico ; 5 râpe à noix de muscade de Pages ; 6 râpe rotative de Lakeland ; 7 râpes Microplane® de Gill Wing et Lakeland.

64-65 : 1 moulins à sel et à poivre en métal de Divertimenti ; 2 moulins à sel et à poivre en bois de William Bounds ; 3 moulin à noix de muscade de William Bounds ; 4 moulin à épices Crushgrind® de T&G Woodware ; 5 moulins à sel et à poivre électriques de Peugeot ; 6 moulin à épices de T&G Woodware.

66-67 : 1 hachoir à viande de Porkert ; 2 hachoir électrique de Cuisinart ; 3 Wondermincer de Divertimenti.

68-69 : 1 moulin à café manuel perspex de Habitat ; 2 moulin à café électrique de Krups ; 3 Burr Grinder de Cuisinart.

70-71 : 1 pilon et mortier en métal et 2 pilon et mortier en céramique de Kitchens ; 3 pilon et mortier japonais de la collection de l'auteur ; 4 pilon et mortier en marbre de Divertimenti ; 5 pilon et mortier en bois d'olivier de Steamer Trading ; 6 pilon et mortier en granit de David Mellor.

74-75 : 1 presse-tomates de Habitat ; 2 moulinette et écrase-pommes de terre de Divertimenti ; 3 presse-ail de Bodum ; 4 attendrisseur de viande et 7 presse-purée de Good Grips ; 5 attendrisseur de Dexam International ; 6 écrase-légumes de la collection de l'auteur.

80-81 : 1 casse-noisettes à charnière de Divertimenti et David

Mellor ; 2 casse-noisettes à rochet de Kitchens ; 3 brise-pinces de David Mellor ; 4 fourchette à écrevisse de Divertimenti.

82-83 : 1 presse-citron en bois de David Mellor ; 2 presse-citron de Divertimenti ; 3 presse-citron en verre de David Mellor ; 4 presse-agrumes chromé de Divertimenti.

86-87 : 1 bol en verre de Bodum ; 2 ensemble 9 pièces Duralex de Lakeland ; 3 bols en acier inoxydable de Rösle ; 4 bol en cuivre de David Mellor ; 5 bol en céramique de Mason Cash ; 6 bols en mélamine de Rosti ; 7 bol à pâte de Cuisipro.

88-89 : 1 cuillère à bord droit ; 2 cuillère en bois de hêtre et 3 cuillère en buis de David Mellor ; 4 cuillère à long manche de Pages ; 5 cuillère en plastique noir de David Mellor ; 6 cuillère à racler en silicone de Gill Wing ; 7 portionneuse à glace de Zyliss ; 8 portionneuse de David Mellor ; 9 cuillère à mélanger en métal de David Mellor ; 10 cuillère à mélanger en fil de fer de Rösle.

92-93 : 1 louche à assaisonnement et 2 louche à portions de Rösle ; 3 louche à soupe de David Mellor ; 4 louche à wok de Typhoon ; 5 spatule en caoutchouc et 6 spatule en plastique de Divertimenti ; 7 spatule en bois de David Mellor ; 8 spatule en plastique de couleur de Le Creuset ; 9 spatule en silicone de Gill Wing.

96-97 : 1 fouet ballon, 2 fouet à ?ufs, 3 fouet tourbillon, 4 fouet à spirale, 5 fouet à cruche, 6 fouet plat et 7 fouet à casserole de Rösle ; 8 fouet à boule et 9 fouet rotatif de David Mellor ; 10 fouet à lait de Divertimenti.

108-109 : 1 mixeur sur pied de Kitchen-Ald ; 2 robot ménager de Magimix ; 3 mixeur plongeant de Bamix.

110-111 : 4 centrifugeuse Duo de Magimix ; 5 blender de Waring ; 6 robot multifonction de Bosch ; 7 sorbetière de Magimix ; 8 mixeur de Dualit ; 9 machine à pain de Panasonic.

120-121 : 1 et 2 tamis bol de Rösle ; 3 tamis chinois et pilon de Pages ; 4 tamis en nylon de Fenwicks ; 5 tamis double maille de Lakeland.

122-123 : 7 saupoudroirs à farine et à sucre de George East ; 6 tamis tambour de T&G Woodware ; 8 tamis à farine de Ekco.

124-125 : 1 mousseline à fromage de Lakeland ; 2 passoire pliable de Normann Copenhagen ; 3 passoire en acier inoxyd-able de Rösle ; 4 passoire à long manche de David Mellor ; 5 passoire émaillée de Dexam International ; 6 passoire à évier de Good Grips.

126-127 : 1 écumoire en croissant de Divertimenti ; 2 cuillère à trous de Divertimenti ; 3 écumoire en fil de fer ; 4 passoire à thé et 5 passoire conique de Rösle ; 6 écumoire à légumes de Mermaid ; 7 écumoire perforée de David Mellor ; 8 écumoire en fil de fer de Pages ; 9 écumoire à nouilles de Divertimenti ; 10 panier à salade en fil de fer de Sefama ; 11 panier à salade tournant de Guzzini.

140-141 : 1-4 casseroles de All-Clad.

142-143 : 1 casserole en acier inoxydable de Cuisinox ; 2 casserole en aluminium antiadhésif de Berndes ; 3 casserole trois couches de Le Creuset ; 4 casserole à lait en aluminium anodisé de Meyer ; 5 casserole en titane à manche amovible de SKK ; 6 casserole en aluminium anodisé de Calphalon ; 7 trépied à casserole et 8 diffuseur de chaleur de David Mellor.

144-145 : 1 marmite avec panier à pâtes de Pentole ; 2 autocuiseur de Kuhn Rikon ; 3 casserole double de Pentole ; 4 casserole en cuivre de Divertimenti ; 5 casserole à confitures de Divertimenti ; 6 casserole évasée en aluminium de Mermaid ; 7 bain-marie de Lakeland ; 8 casserole évasée en aluminium anodisé de Calphalon ; 9 casserole à beurre de Rösle.

148-149 : 1 casserole à polenta de Sur La Table ; 2 casserole à sabayon et 3 casserole à sirop de Mauviel ; 4 poêlon à fondue au fromage d'Émile Henry ; 5 poêlon à fondue de David Mellor ; 6 cataplana de Divertimenti ; 7 casserole à sauce de All-Clad ; 8 casserole pour fondue au chocolat de Russell Hobbs.

154-155 : 1 cuiseur à vapeur 3 pièces de Cuisinox ; 2 cuiseurs à vapeur bambou de Typhoon ; 3 couscoussier de Divertimenti ; 4 insert cuiseur à vapeur « universel » de Cuisinox ; 5 cuiseur à vapeur électrique de Tefal ; 6 cuiseur à vapeur pour riz de Debenhams ; 7 trépied de Lakeland ; 8 cuiseur pour pudding de Noël et 9 marguerite de Lakeland.

156-157 : 10 cuiseur à vapeur pour asperges et 11 poissonnière de David Mellor ; 12 cuiseur à œufs de Lakeland.

164-165 : 1 cafetière à filtre de Krups ; 2 machine à cappuccino de Divertimenti ; 3 cafetière à expresso traditionnelle de Pezzetti ; 4 cafetière à piston de Steamer Trading ; 5 machine à café Baby de Gaggia ; 6 machine Nespresso de Magimix ; 7 cafetière robot de Jura.

166-167 : 1 bouilloire sifflante de Alessi ; 2 bouilloire traditionnelle de Le Creuset ; 3 théière en porcelaine de Lakeland ; 4 théière en verre de Bodum ; 5 bouilloire électrique sans fil de Dualit ; 6 théière japonaise et 7 boule à thé de David Mellor.

170-171 : 1 cocotte à rôtir en métal et 2 casserole à braiser de All-Clad ; 3 et 4 cocotte bretonne et cocotte émaillée de Le Creuset ; 5 cocotte en fonte et 6 cocotte en acier inoxydable brossé de Hackman ; 7 cocotte antiadhésive de SKK ; 8 cocotte en fonte émaillée de Lafont.

172-173 : 9 cocotte en acier inoxydable trois couches et 10 Doufeu de Le Creuset ; 11 Baby Remoska de Lakeland ; 12 marmite à moules de David Mellor.

178-179 : 1 faitout d'Émile Henry ; 2 marmite et 4 pot en terre cuite de Grès et Poteries de Digoin ; 3 terrine ovale d'Émile Henry ; 5 cocotte à ragoût d'Émile Henry ; 6 diable de Grès et Poteries de Digoin ; 7 Tierra Negra de Scot Columbus ; 8 cocotte Tontopf de Lakeland.

180-181 : 9 tagine de Le Creuset ; 10 puchero de Saborear ; 11 cazuela de Sayell Foods.

190-191 : 1 poêle carrée / gril de David Mellor ; 2 wok de Typhoon ; 3 poêle à sauter en acier inoxydable de Pentole ; 4 poêle ronde de David Mellor ; 5 poêle à sauter profonde de Cristel ; 6 poêle à omelette en acier de Rösle ; 7 poêle du chef en aluminium anodisé de Meyer ; 8 poêle de Swiss Diamond ; 9 poêle de All-Clad ; 10 écran anti-éclaboussures de Ekco ; 11 poêle en aluminium anodisé dur de Meyer.

194-195 : 1 crêpière et 2 poêle ovale de Matfer ; 3 poêle à fajita de Calphalon ; 4 petite poêle à blinis de Matfer ; 5 poêle à œufs / blinis de David Mellor ; 6 karhai (wok indien) de William Levene ; 7 poêle à paella de Meyer ; 8 poêle à marrons de Divertimenti ; 9 poêle à chaussons de Lodge.

202-203 : 1 friteuse de Divertimenti ; 2 poêle à tempura de Habitat ; 3 nids à pommes de terre de Wirax ; 4 friteuse électrique de Magimix.

208-209 : 1 chalumeau de Kitchen Craft ; 2 toaster de Rowlett ; 3 salamandre de David Mellor.

210-211 : 1 gril réversible de Lodge ; 2 gril de cuisinière de David Mellor ; 3 gaufrier de Sefama ; 4 gril de cuisinière plat de Typhoon ; 5 grille plate de David Mellor ; 6 grille en fil de fer circulaire de Sur La Table ; 7 gaufrier électrique de Cuisinart.

218-219 : 1 barbecue jetable de Woolworths ; 2 barbecue colonne de Saey ; 3 barbecue hibachi de John Lewis ; 4 barbecue portatif ovale de Lodge ; 5 barbecue bouilloire de Weber-Stephen Products ; 6 fourchette à long manche, ustensile à retourner et pinces de Good Grips, brosse à badigeonner de Divertimenti ; 7 pinces en fil de fer de Dexam International.

224-225 : 1 spatule à poisson de Divertimenti ; 2 pelle à wok de Meyer ; 3 spatule à poisson de Rösle ; 4 pinces à ressort de Lakeland ; 5 pinces / ciseaux de Divertimenti ; 6 spatule en biais de Rösle ; 7 spatule antiadhésive de David Mellor ; 8 pelle à riz et fourchette en bambou de Typhoon ; 9 fourchette à retourner de Rösle ; 10 spatule à retourner flexible et spatule simple de David Mellor ; 11 écumoire à paella de Saborear.

228-229 : 1 plat à rôtir émaillé ; 3 plat à rôtir en aluminium anodisé, 4 plaque à rôtir en aluminium anodisé et 10 manique de Lakeland ; 2 fourchettes à manche long de George East ; 5 mini-plat à rôtir en acier inoxydable de Lakeland ; 6 arroseur à bulbe de Ekco ; 7 plat à four de Cookrite ; 8 plat à rôtir de qualité professionnelle de Divertimenti ; 9 grille à rôtir en V de David Mellor ; 11 gant à four en silicone de Lakeland.

230-231 : 12 aiguille à ficeler de Pages ; 13 pique à rôtir verticale et 15 séparateur de graisses de David Mellor ; 14 séparateur de jus de Good Grips.

242-243 : 1 plats à gratin rectangulaires en céramique et 2 plats à gratin ovales en céramique d'Émile Henry ; 3 plats à soufflé en porcelaine de Apilco ; 4 plat à ?uf en fonte émaillée et 5 plat à four en fonte émaillée de Le Creuset ; 6 ramequins en porcelaine ; 7 plats à gratin ovales en porcelaine et 8 pots à chocolat en porcelaine d'Apilco ; 9 terrine rectangulaire en fonte de Le Creuset ; 10 bols à pudding en aluminium de Pages ; 11 bols en terre cuite vernie de Mason Cash ; 12 plat à hachis Parmentier en acier antiadhésif de Sur La Table.

252-253 : 1 moule à gâteaux en silicone de De Buyer ; 2 petits moules de Pages ; 3 moules en papier et en aluminium de Divertimenti ; 4 plat à petits pains anglais et 5 plat à puddings de Kaiser ; 6 plat à beignets / muffins de Sur La Table ; 7 grille à pâtisserie de Steamer Trading.

254-255 : 8 moule à gâteau carré de Lakeland ; 9 moule à gâteau carré profond de Mermaid ; 10 moules à madeleines de Pages ; 11 moule à gâteau de Savoie de la collection de l'auteur ; 12 moule à parois amovibles de Kaiser ; 13 moules à gâteaux ronds profonds de Tathams Tinware ; 14 moule à gâteau roulé de Le Creuset ; 15 moule à gâteau peu profond de Kaiser.

262-263 : 1 moules à tarte cannelés profonds et 2 moules à tarte cannelés peu profonds de Le Creuset ; 3 moule à gâteau mousseline antiadhésif de Kaiser ; 4 moule à tarte Tatin de Mauviel ; 5 moule à tranches rectangulaire de David Mellor ; 6 plat à tarte en céramique de David Mellor ; 7 plat à pizza / tarte en céramique de Divertimenti ; 8 plat à tarte en silicone de De Buyer.

264-265 : 9 plat à tarte profond de Mason Cash ; 10 oiseau pour tarte à double croûte de ICTC ; 11 plat à tarte peu profond de Lakeland ; 12 plats à tarte de Sur La Table ; 13 plat à tarte antiadhésif avec insert de Lakeland ; 14 plaque à gâteaux en aluminium de David Mellor et plaque à gâteaux en acier noirci de Bourgeat.

270-271 : 1 racloir à pâte et 11 haricots pour fond de tarte de Lakeland ; 2 roulette à pâtisserie ; 3 coupoir à losanges et 4 couteau à palette souple de Pages ; 5 mélangeur à pâte de Lakeland ; 6 pinceaux à pâtisserie en soies naturelles de Kaiser ; 7 plaque à pâtisserie en marbre ; 8 coupoirs à pâte cannelés et 10 coupoir à beignets à deux anneaux de David Mellor ; 9 coupoirs à pâte à bord roulé de Pages.

272-273 : 12 brosses à pâtisserie en bois et 14 coupoirs à pâte de David Mellor ; 13 brosses à pâtisserie en silicone de Absolute Form ; 15 mini-rouleau à pâtisserie de David Mellor, rouleau à pâtisserie en acier inoxydable de Divertimenti et rouleau à pâtisserie revêtu de silicone de Steamer Trading.

278-279 : 1 moules à pain antiadhésifs de Lakeland ; 2 moule à baguette antiadhésif de Dexam International ; 3 moule à brioche de Matfer ; 4 moule à pain en silicone de Lakeland ; 5 moule à pain extensible de David Mellor.

284-285 : 1 plat à pizza perforé de George East ; 2 pierre à pizza de Lakeland ; 3 pelle à pizza de Dexam International ; 4 roulettes en bois, 5 roulettes à pâte et 8 coupoir à raviolis de la collection de l'auteur ; 6 machine à pâtes et 7 plat à raviolis d'Imperia.

294-295 : 1 moules en anneau de Bradford Metal Spinning Co ; 2 plat à glaçons géant de Lékué Articulos Menaje ; 3 moules à poisson de David Mellor ; 4 moules à bombe glacée de David Mellor ; 5 moules à darioles de la collection de l'auteur ; 6 moules à charlotte de Le Creuset ; 7 moule en c?ur de David Mellor ; 8 grand et petit moules à blanc-manger / gelée de Pages.

300-301 : 1 presse à hamburger, 2 presse à tortilla et 5 presse à falafel de la collection de l'auteur ; 3 presse à chausson et 6 presse à hamburger de Lakeland ; 4 moule à pâte sablée de David Mellor ; 7 anneaux de présentation de David Mellor ; 8 presse alimentaire en anneau de Mermaid ; 9 poches à douille de Staines Catering Equipment ; 10 presse à biscuits de Lakeland ; 11 seringue à glacer et 12 douilles de George East.

306-307 : 1 balance à plateaux de Divertimenti ; 2 balance à ressort de Typhoon ; 3 balance à pots ; 4 balance électronique à valeur nutritionnelle ; 5 balance électronique et 6 balance à infrarouges de Salter ; 7 et 8 pots à mesurer en plastique de Stewart ; 9 mesure graduée en Pyrex de Ekco ; 10 mesure pour ingrédients secs de Geroge East ; 11 shaker à cocktails de Rösle ; 12 mesure graduée en diagonale de Good Grips ; 13 tasses à mesurer européennes de la collection de l'auteur ; 14 cuillères à mesurer anglaises de Lakeland ; 15 tasses à mesurer américaines de Sur La Table ; 16 cuillères à mesurer à fond plat ; 17 louche à mesurer ; 18 cuillères à mesurer de tailles intermédiaires et 19 cuillères à mesurer les petites quantités de la collection personnelle de l'auteur.

312-313 : 1 thermomètre à four à alcool de Brannan ; 2 thermomètre à confiserie / graisse et 3 thermomètre à viande de Lakeland ; 4 thermomètre à four à ressort de Kuhn Rikon ; 5 thermomètre à réfrigérateur / congélateur et 6 thermomètre à sonde numérique de Pages ; 7 thermomètre à eau / chocolat de Matfer ; 8 thermomètre à sucre / confiture et 10 minuteur mécanique de Lakeland ; 9 thermomètre à micro-ondes de Geroge East ; 12 minuteur électronique et 13 minuteur mécanique de Salter.

314-315 : 1 bocaux à confiture et 4 disques de Lakeland ; 2 entonnoir large et 3 filtre de John Lewis.

323-324 : 1 papier d'aluminium ; 2 film alimentaire ; 3 plats en aluminium et 4 sac en aluminium de Lakeland ; 5 cloche à fromages de Divertimenti ; 6 cloche en grillage de Wirax ; 7 cloche en nylon de Lakeland ; 8 bocaux à condiments et 9 pot à ail de Renault ; 10 bocal à conserves de Lakeland ; 11 beurrier de ICTC ; 12 récipient en acier inoxydable de Rösle.

324-325 : 13 boîtes de rangement en plastique de Habitat et bocaux en acier inoxydable de Conran Shopfood ; 14 bocal à herbes de Lakeland ; 15 flacons à huile et à vinaigre de Habitat ; 16 sacs Anylock ; 17 boîtes de rangement et 18 pot à sel de Lakeland ; 19 pot à miel et 20 pot à ficelle culinaire de David Mellor ; 21 boîte à pain de Herstal.

Fabricants et distributeurs

Le lecteur trouvera ci-dessous une liste de sites Internet des fabricants et distributeurs des articles présentés dans cet ouvrage et détaillés dans les pages précédentes. Il lui suffira de prendre contact avec le fabricant ou distributeur pour obtenir les coordonnées du dépositaire le plus proche. La plupart de ces sites existent exclusivement en langue anglaise.

Absolut Form
www.absolutform.co.uk

Aerolatte
www.aerolatte.biz

Alessi S.p.A
www.alessi.com

All-Clad Metalcrafters Inc
www.all-clad.com

Apilco
www.apilco.fr

Bamix
www.bamix.com/fr

Berndes
www.berndes.com

Bodum
www.bodum.com

Bosch
www.bosch-electromenager.com

Bourgeat
www.bourgeat.fr

Braun
www.braun.com/fr.html

Calphalon Corporation
www.calphalon.com

Cookrite
www.cookrite.com

Cristel
www.cristel.com

Cuisinart
www.cuisinart.com

Cuisinox
www.cuisinox.com

Cuisipro
www.cuisipro.com

Dexam International
www.dexam.co.uk

Diethelm Keller Brands (DKB)
www.dkbhh.com

Dualit Ltd
www.dualit.com

De Buyer
www.debuyer.com

Émile Henry
www.emilehenry.com

Eva Solo
www.evasolo.dk

Gaggia
www.gaggia.uk.com

George East (Housewares) Plc
www.george-east.com

Gilberts Food Equipment
www.gilberts-foodequipment.co.uk

Global
www.globalknives.uk.com

Grès et Poteries de Digoin
www.poterie-digoin-gres.com

Gustav Emil Ern
www.gilberts-foodequipment.co.uk

Guzzini
www.guzzini.fr

Hackman
www.hackman.fi

Henckels
(Voir Zwilling J.A. Henckels)

Herstal
www.herstal.dk

Imperia Trading
www.imperia.com

ICTC
www.ictc.co.uk

Japanese Knife Company
www.japaneseknifecompany.com

Joseph Joseph
www.josephjoseph.com

Jura
www.jura.com

W.F. Kaiser & Co. GmbH
www.ictc.co.uk

Kenwood
www.kenwoodworld.com

KitchenAid
www.kitchenaid.com

Kitchen Craft
www.kitchencraft.co.uk

Krups
www.krups.fr

Kuhn Rikon
www.kuhnrikon.ch

Lékué
www.lekue.es

Laguiole
www.laguiolefrance.com

Le Creuset
www.lecreuset.fr

Lodge Manufacturing Company
www.lodgemfg.com

Lafont
www.jwpltd.co.uk

Magimix
www.magimix.fr

Matfer
www.matfer.com

Mauviel
www.mauviel.com

Mermaid
www.mermaidcookware.com

Meyer
www.meyergroup.co.uk

Microplane
www.microplane.com

Moulinex
www.moulinex.fr

Normann Copenhagen
www.normann-copenhagen.com

Oxo Good Grips
www.oxo.com

Panasonic
www.panasonic.fr

Pedrini
www.pedrini.com

Pentole
pentoleagnelli. com

Peugeot
www.peugeot-moulins.com

Porkert
www.kitchencraft.co.uk

Renault
www.ictc.co.uk

Russell Hobbs
www.russellhobbs.com

Rösle
www.rosle.com
roslefrance. free. fr

Rowlett
www.rowlettrutland.co.uk

Sabatier
www.sabatier.com

Saborear
www.saborear.co.uk

SAEY
www.saey.com

Salter
www.salterhousewares.com

Scot Columbus
www.scotcolumbus.co.uk

Sefama
www.vega-sefama.com

SKK
www.chomette.co.uk

Soehnle Waagen AG
www.soehnle.com

The Stewart Company
www.stewart-solutions.co.uk

Sveico
www.sveico.se

Swiss Diamond
www.swissdiamond.com

T & G Woodware
www.tg-woodware.com

Tathams Tinware
www.tathams.co.uk

Taylor's EyeWitness
taylors-eye-witness. co. uk

Tefal
www.tefal.fr

Typhoon Products
www.typhooneurope.com

Vacu
www.toutvacuvin.com

Victorinox
www.toutvictorinox.com

Waring
www.waringproducts.com

Weber-Stephen Products
www.weber.com/bbq

William Bounds
www.wmboundsltd.com
williamboundsfrance. free. fr

William Levene (voir Diethelm Keller Brands (DKB)

Wirax
www.wirax.co.za

Wüsthof Trident
www.wusthof.com

Yoshikin
www.yoshikin.co.jp

Zwilling J.A. Henckels
www.zwilling.com/fr

Zyliss
www.zyliss.com

Détaillants

Voici une liste de points de vente sélectionnés dans diverses régions françaises. La plupart possèdent un site Internet et offrent un service de vente par correspondance. Cette liste n'est pas exclusive des marques mentionnées et décrites dans cet ouvrage. La France étant le royaume de la gastronomie, il n'est pas étonnant qu'on y trouve une pléthore de créateurs et de vendeurs d'ustensiles de cuisine ou de produits labellisés « Arts de la table ».

Île-de-France

Alessi France
31, rue Boissy-d'Anglas
75008 Paris
01 42 66 31 00
www.alessi.com
Représentant en France de la marque.

Batt Francis (SA)
180, avenue Victor-Hugo
75116 Paris
01 47 27 13 28
www.francisbatt.com
Depuis plus de trente ans, Francis Batt et son équipe testent et sélectionnent un maximum de produits pour proposer, en permanence, une large gamme d'ustensiles de cuisine de qualité et faciliter la vie au quotidien.

Bodum
101, rue Rambuteau
75001 Paris
01 42 33 01 68
Représentant en France de la marque.
La Carpe
14, rue Tronchet
75008 Paris
01 47 42 73 25
et
13, rue Vignon
75008 Paris
01 47 42 43 06
www.la-carpe.com
Depuis 1921, grande variété d'articles de table et de cuisine, électroménager, listes de mariage. Catalogue disponible gratuitement sur simple demande ou sur le site Internet.

Le Fiacre
24, boulevard des Filles-du-Calvaire
75011 Paris
01 43 57 15 50
www.lefiacreanglais.com
Spécialiste de la vaisselle anglaise, porcelaines et faïences, depuis 1986, et dépositaire de grandes marques (Wedgwood, Royal Albert, Johnson Brothers) en open stock.

Mora
13, rue Montmartre
75001 Paris
01 45 08 19 24
www.mora.fr
Maison fondée en 1814, qui a pris rapidement une ampleur internationale et dont la direction demeure entre les mains de la même famille, assurant stabilité et expérience. À la pointe du progrès des « métiers de bouche ».

Société Dehillerin
18, rue Coquillière
75001 Paris
01 42 36 53 13
www.e-dehillerin.fr
Cette entreprise familiale bientôt bicentenaire, de notoriété internationale, offre une grande variété de matériel de cuisine destiné aux restaurants, hôtels, pâtisseries. Pour la cuisson, très importante gamme de cuivre étamé et de cuivre inox, d'acier inox ou de tôle noire, fonte émaillée, aluminium et antiadhésif. Vaste choix de coutellerie, de boîtes de stockage, d'ustensiles de pâtisserie.

Société Simon A.
48, rue Montmartre
75002 Paris
01 42 33 71 65
www.simon-a.com
Fournisseur depuis 1884 des restaurants et des hôtels en France et à l'étranger, A. Simon propose une large gamme de produits de qualité destinés à un usage professionnel dans le domaine des arts de la table, du petit matériel de cuisine et de pâtisserie. Ouvert à la fois sur la tradition et sur l'innovation culinaire.

The Conran Shop
117, rue du Bac
75007 Paris
01 42 84 10 01
www.conranshop.fr
Seul représentant en France de cette prestigieuse enseigne britannique. Spécialiste design en meubles, décoration, luminaires, arts de la table (Starck, Kartell, Knoll, Artemide, Flos, Alessi).

Zwilling Ja Henckels France
12, boulevard de la Madeleine
75009 Paris
01 42 68 88 00
Représentant en France de la marque.

Cuisine et Tradition
36, rue de France
77300 Fontainebleau
01 64 22 25 34
La boutique des professionnels depuis 1904. Spécialiste des produits et ustensiles de cuisine et de pâtisserie : Cristel, Mauviel, Rösle, Peugeot

Centre commercial Usines Center
ZA Villacoublay
Route André Citroën, Lot 33 bis
78140 Vélizy
01 34 65 33 68
www.cuisinstore.com
Le plus vaste choix d'ustensiles de cuisine de l'Ouest parisien répartis en différents espaces.

Nord – Pas-de-Calais

Bodum – Ellen Desforges Distributeur
28, rue de la Monnaie
59800 Lille
03 20 55 92 82
Art de la cuisine, cafetières, théières, 70 sortes de thés, fleurs en tissu, senteurs, bougies, et accessoires Bodum.

À l'Homme de Fer
93, rue Bellain
59500 Douai
03 27 88 97 88
Spécialiste réputé en articles de ménage, de cuisson, de pâtisserie. Choix large et inédit pour cuisine moderne ou de tradition.

Normandie

Cuisine & Cook
29, rue Neuve-Saint-Jean
14000 Caen
02 31 86 19 93
www.cuisine-and-cook.com
Depuis cinquante ans, Cuisine & Cook propose une large gamme d'articles destinés à faciliter la cuisine au quotidien. Pour professionnels ou particuliers.

Eudier
150, rue Irène-Joliot-Curie
76620 Le Havre
02 35 54 62 00
www.eudier.fr
Supermarché de l'équipement de la maison, dépositaire de nombreuses marques.

Bretagne

Aux Arts Ménagers du Belzic
5, rue du Belzic
56400 Auray
02 97 24 28 72
www.artsmenagersdubelzic.com
Maison familiale depuis presque un siècle, Aux Arts Ménagers du Belzic sont situés dans une des rues les plus pittoresques de la ville d'Auray. On y trouve une grande variété de produits et de marques : Cristel, Demeyere, Le Creuset, Rösle, Mauviel, Magimix, Staub, Brabantia, H.B. Henriot.

Cocooning
55, rue Ville-Pépin
35400 Saint-Malo
02 99 81 74 98
Cocooning propose depuis trois ans des articles culinaires et des articles de vin. On y trouve les marques Cristel, Alessi, Eva Solo, Peugeot, Mastrad.

Pays-de-Loire

Établissements Puaud
Aux Arts de la Maison
98, rue des Hauts-Pavés
44000 Nantes
02 40 76 02 37
www.auxartsdelamaison.fr
Spécialisé en arts culinaires, ménagers et accessoires de cheminée, Aux Arts de la Maison fournit en ustensiles de qualité des milliers de clients de la région nantaise. Les plus grandes marques y sont présentées, chacune dans un assortiment très complet : Cristel, Fissler, Le Creuset, Peugeot, Guzzini, Revol, Mastrad, Déglon, Screwpull, Bodum, Brabantia, Wesco, Rösle…

Aquitaine

Béjottes
1, place des Grands-Hommes
33000 Bordeaux
05 56 48 09 30
www.bejottes.fr
Au cur de Bordeaux depuis 1830, la droguerie Béjottes présente une sélection pertinente de produits et propose ses conseils dans la recherche d'ustensiles, leurs applications, leurs avantages et même les listes de mariage. C'est aussi toute une gamme d'articles exclusifs difficiles à trouver ailleurs : moules à cannelés, planchas, poivriers.

Coutellerie Castant
5 bis, rue Michel-Montaigne
33000 Bordeaux
05 56 52 06 36
http://coutelleriecastant.com
Depuis 1917, coutellerie de prestige présentant les plus grandes marques : chasse, loisirs, luxe, affûtage, réparation, restauration, arts de la table.

La Cuisinerie des Chartrons
50, cours Portal
33000 Bordeaux
05 57 87 65 40
www.lacuisineriedeschartrons.com
Spécialiste des articles et ustensiles de cuisine et des robots électroménagers. Vaste choix de grandes marques : Cristel, Magimix, Wüsthof, Staub, Rösle…

Comme un Chef
5, place des Augustins
33170 Gradignan
05 57 35 37 14
www.com1chef.fr
Toute nouvelle enseigne, Comme un Chef est spécialisé dans tout le matériel de cuisine, de vrais ustensiles de qualité professionnelle, des articles culinaires beaux, fiables et performants. Les fournisseurs sélectionnés équipent aussi les professionnels de la restauration et de l'alimentaire.

Midi-Pyrénées

Habiague
44, rue d'Alsace-Lorraine
31000 Toulouse
05 61 21 56 61
www.habiague.com

Maison familiale plus que centenaire, proposant des accessoires culinaires (Cristel, Demeyere, Le Creuset), de l'électroménager (Magimix, Kenwood, Jura) et de la coutellerie (Sabatier, Zwilling, Wüsthof).

La Maison du Laguiole
2, place de la Patte-d'Oie
12210 Laguiole
05 65 48 44 22
www.maison-laguiole.com
Coutellerie artisanale. Vente en gros et au détail dans les lieux mêmes de création de cette célèbre marque.

Set sur Table Lasbouygues
87, boulevard Léon-Gambetta
46000 Cahors
05 65 35 14 06
et
96, rue de la Fondue-Basse
46000 Cahors
05 65 22 33 60
Les boutiques Émile Henry à Cahors : cadeaux, arts de la table, listes de mariage, culinaire, ménage, électroménager.

LANGUEDOC-ROUSSILLON

Emprin
29-31, rue Guilhem
34000 Montpellier
04 67 60 69 71
www.emprin-poivre-sel.com
Emprin est l'un des plus anciens magasins de la ville. Il est spécialisé dans le cadeau, l'équipement et la décoration de la maison. Sur 300 m2 et en plusieurs espaces clairement identifiés, on y trouve les grandes marques d'art de la table, de décoration et de produits culinaires, des plus classiques aux plus contemporaines.

PROVENCE-ALPES-CÔTE D'AZUR

E.B.H. Arts de la table
Espace de vente et d'exposition
30, rue Gounod
06000 Nice
04 93 16 20 20
www.ebh-artsdelatable.com
Héritière directe d'une tradition, la société, basée à Nice, est spécialisée dans la fabrication et la distribution d'articles exclusifs des arts de la table destinés aux hôteliers et restaurateurs.

Société novatrice dans le concept des arts de la table, elle s'est adaptée aux nouvelles matières et matériaux pour mieux répondre aux exigences des plus grands professionnels.

Établissement Collet
11, avenue Capellette
13010 Marseille
04 91 78 85 85
www.etscollet.com
Société spécialisée depuis quinze ans et sur 250 m^2 dans l'équipement de la cuisine, la vente d'appareils électroménagers et d'accessoires de l'art culinaire.

Maison Empereur
4, rue des Récollettes
13001 Marseille
04 91 54 02 29
www.empereur.fr
Dans cette célèbre et traditionnelle quincaillerie marseillaise, 15 000 articles y sont référencés. L'art culinaire y est privilégié.

Rhône-Alpes

Émile Henry
18, rue de Brest
69002 Lyon
04 78 37 33 43
www.achat-Lyon.com/emile-henry
Entreprise internationale fondée en 1850, spécialisée dans la poterie culinaire. Elle signe chacun des plats faits à la main par des ouvriers potiers qui se transmettent leur savoir-faire de génération en génération.

Éosine
11, rue de la Charité
69002 Lyon
04 78 37 87 16
www.eosine-deco.com
Art de la table, articles de ménage et de cuisine, cadeaux, petits mobiliers, accessoires, dans une ambiance colorée, design et contemporaine.

Tous des Chefs
81, rue Boileau
69006 Lyon
04 78 52 49 33
et
4, rue Victor-Fort
69004 Lyon
04 78 29 86 20
www.tousdeschefs.fr

Vente en magasin et en ligne de nombreuses marques dans le domaine de l'art de la cuisine : Kitchen Aid, Staub, Magimix, Cristel, Wesco, Screwpull Rôsle, Mastrad, Haïku, Peugeot, Porsche design.

BOURGOGNE

Silit France
36, rue Paul-Sabatier
71530 Crissey
03 85 46 85 85
www.silit.fr
Détaillant du fabricant Silit, ce magasin propose des ustensiles de cuisson haut de gamme, inspirés d'une recherche technologique de pointe.

ALSACE-LORRAINE

Ambiance et Styles
5, place Saint-Pierre-le-Vieux
67000 Strasbourg
03 88 32 91 07
www.ambianceetstyles.com

Outre les détaillants, essayez les départements « Cuisine » des grands magasins traditionnels ou de ceux spécialisés dans l'équipement de la maison. Ils ont de nombreux magasins répartis sur tout le territoire, dont les adresses figurent sur leurs sites Web.

Galeries Lafayette
www.galerieslafayette.com

Printemps
www.printemps.com

BHV
www.bhv.fr

IKEA
www.ikea.com/fr

Habitat
www.habitat.fr

Seul, le célèbre Bon Marché possède une adresse unique, parisienne :

Bon marché
38, rue de Sèvres
75007 Paris
01 44 39 81 31
www.lebonmarche.fr

Il existe enfin des chaînes de magasins spécialisés dans l'équipement et les accessoires de la cuisine et de la table. Les caractéristiques, sites Internet et coordonnées des principaux de ces magasins sont indiqués ci-dessous.

Alice Délice
www.alicedelice.com
Alice Délice vend en ligne et dans quelques boutiques, surtout dans le nord de la France. L'enseigne se consacre essentiellement à la vente d'accessoires et ustensiles de cuisine, traditionnels ou à la pointe de la technologie, de petit électroménager et d'épicerie fine.

Culinarion
www.culinarion.com
Culinarion est une enseigne de magasins spécialisés dans les ustensiles de cuisine, qui proposent un large éventail de marques de qualité à prix accessibles et prodiguent des conseils à tous les passionnés, débutants, amateurs ou grands chefs confirmés.

Du Bruit dans la Cuisine
www.dubruitdanslacuisine.fr
Nouvelle enseigne qui célèbre le renouveau du plaisir de cuisiner et se veut un espace de découverte, de rencontre et d'initiation, Boutique qui propose tout le matériel pour la préparation culinaire et le complète par du linge de table et de la vaisselle.

Geneviève Lethu
www.genevievelethu.com/fr
Créée en 1972, cette enseigne comprend une centaine de magasins franchisés en France et poursuit son développement international. Elle couvre tous les accessoires de cuisine et de la table, en incarnant le charme et la douceur de vivre.

Guy Degrenne
www.guydegrenne.fr
Guy Degrenne, fondateur de l'entreprise au lendemain de la Seconde Guerre mondiale, avait pour ambition de démocratiser les couverts en acier inoxydable. Cela fait, il a élargi ses objectifs à tous les arts de la table, dont il est maintenant l'un des leaders.

La Bovida
www.labovida.com
Dans les années 1920, les 2 premières adresses s'implantèrent à Paris, là où se trouvaient le ventre de la ville (les Halles) et les abattoirs (la Villette). Ces magasins sont destinés aux professionnels, mais sont néanmoins ouverts au public : coutellerie, art de la table, cuivre et inox ainsi qu'épices et aromates. Matériel et ustensiles de cuisine et de découpe, équipement de laboratoire, appareils de cuisson et de mesure.

Le Torchon à Carreaux
www.torchonacarreaux.fr
Le Torchon à Carreaux se veut le spécialiste des cadeaux utiles, stylés et personnalisés. Il propose 2 000 articles dans le domaine de la cuisine, de la table et de la décoration dans de très nombreuses boutiques.

L'art culinaire allant généralement de pair avec les arts de la table – souvent, comme on l'a constaté, sous les mêmes enseignes –, on ne peut terminer ce chapitre sans citer quelques noms prestigieux de spécialistes des arts de la table, associés, cette fois, à la joaillerie, cristallerie, porcelaine.

Baccarat
www.baccarat.fr
Depuis 1764, la cristallerie Baccarat propose un art de vivre dans la grande tradition française : bijoux et accessoires, maison et décoration.

Bernardaud
www.bernardaud.fr
Fondée en 1863 à Limoges – Bernardaud est, à l'origine, un porcelainier – la maison poursuit sa vocation dans la grande tradition du luxe : arts de la table, porcelaines, orfèvrerie, cristal, cadeaux, bijoux, joaillerie.

Christofle
www.christofle.com
Depuis le milieu du XIXe siècle, maison spécialisée dans l'orfèvrerie et les arts décoratifs : bijoux, accessoires de table.

Lalique
www.cristallalique.fr
René Lalique, maître du bijou « Art nouveau », est le fondateur et l'inspirateur de cette entreprise prestigieuse, créatrice de cristaux et bijoux.

SITES WEB – ACHAT EN LIGNE

www.alicedelice.com
www.artetcuisson.fr
www.artsmaison.com
www.atylia.com
www.batterie-cuisine.com (Baumstal)
www.borner.fr
www.casserolescompagnie.fr
www.chef-studio.com
www.cocoonspirit.com
www.coutellerie-rua.com
www.cuisimania.fr
www.cuisinstore.com
www.cuistoland.com
www.decovente.com (arts de la table)
www.delamaison.fr (arts de la table)
www.e-roz.com
www.fortunat.fr
www.galantine.com
www.isaveurs.com
www.kitchenfactory.fr
www.kookit.com
www.laboutiquedeschefs.com
www.lacantiniere.com
www.lejeune.tm.fr
www.maisonetpassion.com
www.maisonfutee.com
www.mathon-fr.com
www.maxicook.com
www.meilleurduchef.com
www.mora.fr
www.natarianni.fr
www.nouveauxmarchands.com
www.patiwizz.com
www.pourlacuisine.com
www.priceminister.com
www.rueducommerce.fr
www.sabatier-k.com
www.sabalex.com
www.tombeaudelavaisselle.fr
www.tompress.com
www.tousdeschefs.fr
www.webdistrib.com

Index des recettes et des chefs

Remerciements de l'auteur

La production de cet ouvrage a été un projet extrêmement complexe qui a nécessité l'intervention de nombreuses personnes. Je tiens à remercier Jacqui Small qui a publié la nouvelle édition augmentée et les directrices de publication, Kate John et Judith Hannam qui ont piloté ce navire à travers des eaux parfois houleuses.

Un remerciement tout particulier à mes amis auteurs de livres de cuisine Nicola Graimes, Roz Denny et Susan Campbell : Nicola s'est chargé de trouver les sources, Roz a décrit les techniques et rédigé les légendes, et Susan m'a autorisée à utiliser des informations contenues dans son ouvrage *The Cook's Companion*.

Je dois beaucoup à feu Robert Welch qui m'a aidée et encouragée pour la première version du livre.

Je tiens également à exprimer ma gratitude aux nombreux chefs et auteurs de livres de cuisine qui m'ont aimablement fourni des recettes ; à Janet James qui a fait la mise en pages de ce bel ouvrage ; Alice Hart et Victoria Allen pour la présentation des aliments et des ustensiles ; David Munns et Mark Williams pour les photographies.

Remerciements de l'éditeur

Tous nos remerciements aux chefs et aux auteurs de recettes, ainsi qu'aux fournisseurs, Habitat, Conran Shop, Divertimenti, David Mellor, Steamer Trading, Sayell Foods, Lakeland et Gill Wing qui nous ont prêté de nombreux articles pour les photographies et nous ont aidés de leurs conseils. Un grand merci également à The Japanese Knife Company, Richardson Steel, Dexam International, All-Clad Metalcrafters, Global, Rösle, Professional Cookware, Wine Cellar (Laguiole), Peugeot, Oxo Good Grips, T & G Woodware, Cuisinart, Magimix, Dualit, Panasonic, Mermaid, Waring, Le Creuset, Fairfax Engineering (Calphalon, Jura), Tefal, Lafont, Gaggia, Salton Europe (Russell Hobbs), Scot Columbus (Tierra Negra), Saborear, Meyer, Cookrite, Rowlett, Kitchen Craft, Chomette (SKK), Herstal (Absolut Form), Salter, Gilberts Catering Company.

Nous remercions les personnes suivantes pour les recettes présentées dans ce livre :

Darina Allen : confiture de framboises et de cassis, Darina Allen©, 2007.

Monisha Bharadwaj : saibhaji, légumes à l'aneth, de *India's Vegetarian Cooking – A Regional Guide*, Kyle Cathie, Monisha Bharadwaj©, 2006.

Garlton Blackiston : gigot d'agneau de printemps à l'ail et au romarin, Garlton Blackiston©, 2007.

Raymond Blanc : friture de coquilles Saint-Jacques et de shiitakes de *Blanc Vite*, Headline, Raymond Blanc©, 1998.

Sam et Sam Clark : falafel, extrait de *Moro the Cookbook*, Ebury Press, Sam and Sam Clark©, 2001.

Alain Ducasse : soupe aux girolles et au potiron, extrait de *Ducasse Flavours of France*, Artisan, Alain Ducasse©, 1998.

Jill Dupleix : risotto aux saucisses et au vin rouge, Jill Dupleix©, 2000.

Bobby Flay : salsa de mangues aux haricots noirs, Bobby Flay©, 2007.

Paul Gayler : soupe de haricots cannellini avec fontina gremolata, extrait de *A Passion for Cheese*, Kyle Cathie, Paul Gayler©, 2007 ; pizza aux champignons sauvages et à la fontina, extrait de *World Beads*, Jacqui Small, Paul Gayler©, 2006 ; marinades, extrait de *Steak*, Jacqui Small, Paul Gayler©, 2006.

Nicola Graimes : jus de pomme et de carotte ; jus de fruits du verger ; smoothie à la banane et à la cardamome ; muffins au citron ; brownies au moka ; smoothie à la crème et aux fraises, Nicola Graimes©, 2007.

Peter Gordon : cailles grillées, extrait de *Cooking at Home with Peter Gordon*, Hodder & Stoughton, Peter Gordon©, 1999.

Bill Granger : pudding au citron, William Granger©, 2007.

Sam Hart : paella, Sam Hart©, 2007.

Marcella Hazan : tortelloni à la ricotta et à la menthe, extrait de *Marcella Cucina*, Macmillan, Marcella Hazan©, 1997.

Ken Hom : brocoli et mini-maïs à la mode de Hong-Kong, Ken Hom©, 2000.

Mark Hix : poulet au pot avec légumes, Mark Hix©, 2007.

Stephen Jackson : brioche, Stephen Jackson©, 2007.

Madhur Jaffrey : poulet et sa sauce au poivron rouge, extrait de *Madhur Jaffrey's Quick and Easy Cookery Course*, BBC Books, Madhur Jaffrey©, 1997.

Emi Kazuko : nigiri de thon moderne, extrait de *New Sushi*, Jacqui Small, Emi Kazuko©, 2006 ; ramen au porc et aux légumes, Emi Kazuko©, 2000.

Christine Manfield : crème aux fruits de la passion, Christine Manfield©, 2007.

Jamie Oliver : porc grillé, extrait de *The Naked Chef*, Michael Joseph, Jamie Oliver©, 1999.

Sri Owen : rouleaux de printemps, Sri Owen©, 2007.

Roger Pizey : fond de tarte fourré au biscuit de Savoie, à la confiture et à la pâte d'amandes, extrait de *Small Cakes*, Jacqui Small, Roger Pizey©, 2007.

Wolfgang Puck : brochettes de fruits de mer au barbecue, Wolfgang Puck©, 1993.

Claudia Roden : tagine de poulet aux citrons confits, extrait de *Tamarind & Saffron*, Penguin Books, Claudia Roden©, 1999.

Ruth Rogers et Rose Gray : calamars grillés au piment, extrait de *The River Café Cookbook*, Ebury, Ruth Rodgers et Rose Gray©, 1995.

Michel Roux : poulet au pot à la bière et aux champignons, Michel Roux©, 2007.

Chris and James Tanner : soufflé à la vanille avec sauce au chocolat, extrait de *For Chocolate Lovers*, Jacqui Small, James et Chris Tanner©, 2006.

Éric Treuille et Ursula Ferrigno : pain suédois à l'aneth, extrait de *Bread*, Dorling Kindersley, Éric Treuille et Ursula Ferrigno©, 1998.

Charlie Trotter : blancs de poulet aux noix du Queensland avec émulsion de noix de coco et de citronnelle, Charlie Trotter©, 2000.

Mich Turner : roulé aux zestes de citrons jaune et vert, extrait de *Fantastic Party Cakes*, Jacqui Small, Mich Turner©, 2007 ; gâteau aux carottes, extrait de *Spectacular Cakes*, Jacqui Small, Mich Turner©, 2005.

Das Sreedharan : ragoût de légumes à la noix de coco, Das Sreedharan©, 2000.

Alice Waters, gratin de haricots frais, extrait de *Chez Panisse Vegetables*, HarperCollins, Alice Waters©, 1996. Repris avec l'autorisation de HarperCollins Publishers, Inc.

Anne Willan : salade de courges, extrait de *Burgundy*, Weidenfield and Nicholson, Anne Willan©, 2000.

Paula Wolfert : couscous tunisien avec légumes verts, piments verts et ail, extrait de *Mediterrean Cooking* (édition révisée), HarperPerennial, Paula Wolfert©, 1994.

Aldo Zilli : diablo de moules, extrait de *Fish Cook*, Jacqui Small, Aldo Zilli©, 2006.